O TRICKSTER NA CONTEMPORANEIDADE

Dados Internacionais de Catalogação na Publicação (CIP)
(Câmara Brasileira do Livro, SP, Brasil)

O trickster na Contemporaneidade : sua presença no mito, na cultura e na clínica / organização Durval Luiz de Faria, Denis Canal Mendes. – Petrópolis, RJ : Vozes, 2024. – (Coleção Reflexões Junguianas)

Vários autores.
ISBN 978-85-326-6883-7

1. Cultura 2. Psicologia analítica 3. Psicologia clínica
I. Faria, Durval Luiz de. II. Mendes, Denis Canal. III. Série.

24-200502 CDD-150.1954

Índices para catálogo sistemático:

1. Psicologia analítica 150.1954
Eliane de Freitas Leite – Bibliotecária – CRB 8/8415

Durval Luiz de Faria
Denis Canal Mendes (orgs.)

O TRICKSTER NA CONTEMPORANEIDADE

SUA PRESENÇA NO MITO, NA CULTURA E NA CLÍNICA

EDITORA VOZES
Petrópolis

Rua Frei Luís, 100
25689-900 Petrópolis, RJ
www.vozes.com.br
Brasil

Editoração: Débora Spanamberg Wink
Diagramação: Editora Vozes
Revisão gráfica: Michele Guedes Schmid
Capa: Editora Vozes
Ilustração de capa: Mandala produzida por uma paciente de Jung e reproduzida por ele em *Os arquétipos e o inconsciente*, vol. 9/1 da Obra Completa. 5. ed. Petrópolis: Vozes, 2007, p. 341, nota 182.

ISBN 978-85-326-6883-7

Este livro foi composto e impresso pela Editora Vozes Ltda.

Dedicamos este livro aos que revelaram o trickster *e a malandragem no Brasil: Moreira da Silva, Chico Buarque, Madame Satã, Roberto DaMatta, Mário e Oswald de Andrade, Glauber Rocha, Zé Celso e outros dedicados a compreender a alma brasileira.*

Aos que vivenciaram em corpo e alma personagens tricksterianos: Dercy Gonçalves, Chico Anysio, Jô Soares, Arrelia e Pimentinha, Oscarito, Grande Otelo, Raul, Cazuza e Cássia Eller, entre tantos outros. Sem eles, estaríamos tristes e sem inspiração!

Sumário

Prefácio

No registro do dia 18 de dezembro de 1913 de *Os livros negros* de Jung, está anotado um sonho o qual ele chamou "sonho assustador": o herói mitológico da tradição wagneriana Siegfried surge numa curva do caminho, com toda sua imponência heroica, em uma carruagem – ameaçador. Logo a seguir, aparece ao lado do sonhador um homenzinho de pele bronzeada (ao qual Jung irá chamar nos *Seminários sobre psicologia analítica*, de 1925, de "o homenzinho trigueiro") que o ajuda a preparar uma armadilha, e a partir disso assassinam juntos o orgulhoso herói a tiros de espingarda. O sonhador sobe então uma montanha escarpada, e uma chuva torrencial desaba. O enigmático sonho foi depois pintado no *Livro vermelho*.

Não vamos aqui entrar nas diversas abordagens possíveis desse complexo sonho, apenas assinalar que a morte do herói Siegfried é necessária para o processo que se desenrolaria a seguir de descida ao mundo dos mortos e iniciação. O sacrifício do orgulhoso herói seria necessário para o processo de transformação psicológica. Nesse sentido, muito se falou sobre o simbolismo de Siegfried, mas pouco se reflete sobre o importante papel do pequenino "homem trigueiro" de pele morena. Sem dúvida, sem a sua intervenção, todo o processo de morte ritual e *katabasis* não teria acontecido. Jung comenta, no referido seminário de 1925, que se enfrentasse o herói solar em duelo franco certamente seria derrotado. Faz-se necessária uma sorrateira armadilha para a derrota do herói, e aqui vemos a função criativa do *trickster*, sua importância como condutor às nossas raízes instintivas perdidas, devido a uma atitude exageradamente espiritual, onipotente e superior, semelhante à de Siegfried.

Sem dúvida esse registro de 1913 nos *Livros negros* constitui a primeira aparição da figura do *trickster* na literatura junguiana. Esse é apenas um entre muitos exemplos de brotamento espontâneo, nos *Livros negros*, de figuras arquetípicas que propiciarão, muito mais tarde, a formulação de conceitos psicológicos. Assim, a experiência psicológica direta é transformada em conceito psicológico. Na pesquisa sistemática dos *Livros negros* de Jung, é fascinante observar esse processo criativo. No caso em questão, somente em obra tardia de 1954, *O trapaceiro divino*, juntamente com o etnólogo Paul Radin e o mitólogo Károly Kerényi, Jung poderá organizar finalmente em conceito teórico a sua experiência original de 1913. Sua contribuição para essa publicação irá aparecer no volume 9/1 de suas *Obras completas* como "A psicologia da figura do 'trickster'".

Observando-se a psicodinâmica da figura do *trickster* para o processo de individuação de Jung, podemos entender a dinâmica geral do *trickster* no psiquismo individual e coletivo, essa constante compensação ao herói exageradamente ideal, que fatalmente sofrerá sua *hybris*. Toda a esperteza, a instintividade, a criatividade do *trickster* e sua impressionante capacidade de encontrar novas soluções quando a lógica consciente se esgota remetem ao tema da criatividade. Encontramos essa mesma polarização *trickster*-herói idealizado já na *Ilíada* de Homero, quando as façanhas do protótipo da *paidea* grega, o herói idealizado, Aquiles, não são suficientes para a superação das muralhas de Tróia. Somente após 10 anos, pela esperteza de Ulisses com a produção do estratagema do cavalo, podem os aqueus ter sucesso. Odisseu é um descendente de Autólico, famoso *trickster*, ele próprio descendente mitológico de Hermes. Reza a antiga lenda que a cidade de Lisboa teria sido fundada por um general do grupo de Ulisses, de volta à casa após a vitória sobre Tróia. Fundou a cidade com o nome de *Ulissipona*, a cidade de Ulisses – daí derivaria o nome "Lisboa", segundo essa origem lendária. De qualquer maneira, a figura mítica do *trickster* estaria presente em nossas próprias origens ibéricas. Sabemos que todos os mitos e lendas, por mais que não tenham alicerce na realidade objetiva, são em si mesmos reais, do ponto de vista do imaginal. Nesse sentido, a presença do trapaceiro mítico já se faz sentir mesmo em nossas raízes portuguesas, antes mesmo do descobrimento. E ele continua a fazer sua aparição imaginal sob diversos disfarces através de mitos, imaginações, contos infantis e lendas populares.

O presente livro aborda múltiplos brotamentos da figura do *trickster* na clínica e na cultura, em especial na cultura brasileira. Um livro de vários autores com múltiplos olhares é a melhor maneira de se aproximar do caráter fugidio, elusivo e proteiforme desse curioso personagem ancestral. É gratificante ver aqui essa retomada da memória brasileira guiada pelas mãos habilidosas do *trickster*. O colonialismo, um dos mais importantes complexos culturais latino-americanos, deixou entre nós seus rastros nefastos que permanecem até hoje: o complexo de vira-lata denunciado por Nelson Rodrigues, com um permanente olhar para fora e uma busca contínua de modelos imitativos na Europa e na América do Norte. Perdemos assim contato com nossa América profunda, como a chamou Rodolfo Kusch, antropólogo e pesquisador das culturas andinas. A memória da América profunda não obedece às fronteiras criadas pelos colonizadores portugueses e espanhóis, mas guarda os limites originalmente vividos pelas etnias que aqui viveram e se expressa em seus mitos e suas tradições. A figura do *trickster* ocupa lugar proeminente nessas raízes ancestrais; assim sendo, sem dúvida uma aproximação maior com a figura do trapaceiro divino nos coloca em contato com nossas raízes tão esquecidas.

Sem dúvida, o *trickster*, com sua astúcia e suas travessuras, encontra um lar acolhedor nas tradições e mitologias do Brasil. Em nosso país, permeado por uma rica diversidade cultural, encontramos diversas manifestações desse arquétipo intrigante, tanto nas lendas populares quanto nas expressões artísticas. No folclore brasileiro, uma figura emblemática que incorpora o espírito do *trickster* é o Saci-Pererê. Este pequeno ser travesso, com apenas uma perna, é conhecido por suas brincadeiras e travessuras nas florestas e nas casas das pessoas. No entanto, por trás de suas travessuras, muitas vezes há uma sabedoria oculta, uma lição para ser aprendida. O Saci desafia as convenções sociais e as autoridades e provoca confusão onde estiver. É um personagem complexo, como a maioria dos personagens de nossa tradição. Câmara Cascudo, nosso maior folclorista, descobre em seu gorro vermelho, o *pileus*, uma origem na Roma antiga, já que Petrônio em *Satíricon* já o menciona. Uma manifestação ornitomórfica do Saci é o Matintapereira, pequena coruja na qual os indígenas viam pajés transformados. Era a maneira pela qual os pajés realizavam seu transporte de um local para outro, da noite para o dia; seria uma forma mercurial *trickster* do Saci, portanto.

Além do Saci-Pererê, encontramos outras figuras do folclore brasileiro que compartilham traços do *trickster*, como o Curupira, o Caipora e o Boiúna, cada um com suas próprias características e lendas associadas. Esses seres fantásticos não apenas divertem e assustam, mas também ensinam lições importantes sobre respeito pela natureza, justiça e equilíbrio. O Curupira, com sua aparência curiosa de pés voltados para trás, merece a reflexão simbólica que Patricia De Conti lhe dedica em seu capítulo, e Gilzete Magalhães lança seu olhar sobre todo o tricksterismo do Boto, sedutor de mulheres, nesta obra. A figura ambígua do trapaceiro aparece também na religião popular. Zé Pelintra, sobre o qual discorrem Irene Gaeta e Leonardo Tondato, tem origem mítica fascinante. Aparece como malandro carioca e agressivo, participa de brigas e confrontos e acaba por morrer em briga de navalha na Lapa carioca. Reaparece como curador poderoso na religião do Catimbó nordestino, como um verdadeiro *curador-ferido* do inconsciente cultural brasileiro.

Mas não só no folclore o trapaceiro divino está presente; no campo das artes, também encontra expressão em diversas formas. Na literatura, podemos citar obras como as de Monteiro Lobato, que incorporam personagens como o Saci em suas histórias infantis, ou Guimarães Rosa, que, em sua prosa rica e labiríntica, muitas vezes evoca o *trickster* em suas figuras míticas e em suas tramas complexas. Liliana Wahba aborda a forte presença do *trickster* como entidade libertária no universo do feminino pós-moderno criativo na escrita de Hilda Hilst e nas peças de Dercy Gonçalves, um "tricksterismo bruto" (Hilst e Dercy) e um "humor refinado" (Hilda Hilst), nas palavras de Wahba. O forte *trickster* presente no deboche de Dercy Gonçalves reaparece no capítulo de Michel Fillus. Ainda no campo das artes, o Arlequim de Picasso é lembrado no interessante capítulo de Davi de Almeida Lira e Walter Mello.

Na música popular brasileira, encontramos o *trickster* em personagens como o malandro, o esperto que sobrevive às margens da sociedade, retratado em canções de artistas como Bezerra da Silva, Adoniran Barbosa e Chico Buarque, este último particularmente abordado neste livro, em dois fascinantes capítulos: o de Carlos Pedroso e Durval de Faria, e o de Durval de Faria, Eduardo Sautchuk, Fábio Rezeck e Raul Barreto Lima. Principalmente em *Ópera do malandro*, encontramos um desfilar riquíssimo da figura arquetípica do malandro, com seu variável leque de manifestações, desde o perigo marginal até o fascinante e inventivo músico de grande criatividade. As letras das músicas de Chico muitas vezes celebram a esperteza, a malícia e o humor como formas de resistência e sobrevivência em um mundo de dificuldades sociais.

Além disso, nas artes cênicas, o *trickster* pode ser visto em peças de teatro, como aquelas inspiradas na tradição do teatro de rua, onde personagens extravagantes desafiam as normas sociais e convidam o público a questionar suas próprias suposições sobre o mundo. Em suma, o *trickster* é uma presença vibrante e multifacetada no folclore e nas artes do Brasil, desafiando-nos a olhar além das aparências, a abraçar o absurdo e a encontrar sabedoria no inesperado.

Quando mergulhamos nas profundezas do folclore, da mitologia e do inconsciente cultural, encontramos esse personagem fascinante que atravessa fronteiras culturais e temporais. Este livro é uma jornada para desvendar os mistérios por trás desse arquétipo multifacetado, cuja presença reverbera através dos tempos e das narrativas humanas. O *trickster* não é facilmente definido, pois ele desafia as categorizações simplistas. Ele pode ser tanto herói quanto vilão, criador e destruidor, professor e aluno. Sua natureza é fluida e sua essência é contraditória, mas é exatamente essa ambiguidade que o torna tão intrigante. Ao longo das páginas deste livro, são exploradas as muitas manifestações do *trickster* em diferentes culturas e tradições, com ênfase na cultura brasileira. Da astúcia de Hermes na mitologia grega à travessura de Loki na mitologia nórdica, da brincadeira de Esú nas histórias da tradição nagô à travessura do bobo da corte na obra de Shakespeare *O Rei Lear*, cada expressão do *trickster* revela uma faceta única da psique humana. No entanto, o *trickster* não é apenas uma figura do passado. Ele está vivo e ativo em nosso mundo contemporâneo, manifestando-se em personagens populares, figuras políticas e até mesmo em nossas próprias vidas cotidianas. Ele nos induz a questionar as normas estabelecidas, desafiar o *status quo* e enxergar o mundo de novas maneiras.

Mas o que torna o *trickster* verdadeiramente relevante é a sua capacidade de nos ensinar lições valiosas. Por trás de suas travessuras aparentemente caóticas, encontramos uma sabedoria profunda sobre a natureza humana e sobre o próprio tecido do universo. Ele nos lembra que, às vezes, é preciso desafiar as regras para descobrir a verdade, que o riso pode ser uma forma de resistência e que a criatividade pode surgir do caos.

À medida que nos aventuramos neste estudo do *trickster*, este livro nos convida a abraçar a ambiguidade, celebrar o absurdo e assumir a incerteza. Pois é no espaço entre a ordem e o caos, entre o sério e o ridículo, que encontramos o verdadeiro espírito do *trickster* e, talvez, um vislumbre de nossa própria humanidade.

Que este livro seja uma inspiração para todos aqueles que ousam desafiar as convenções, abraçar o desconhecido e, acima de tudo, aprender com o *trickster*.

Walter Boechat

Rio de Janeiro, abril de 2024

Apresentação

Um dia eu simplesmente apareci no mundo.
Bispo do Rosário (1982)

Este livro é fruto do trabalho de uma rede de pesquisadores que reúne o Núcleo de Estudos Junguianos do Programa de Pós-Graduação em Psicologia Clínica da Pontifícia Universidade Católica de São Paulo (PUC-SP), o Instituto de Psicologia da Universidade de São Paulo (USP), a Universidade Federal de São João Del Rey (UFSJ), a Universidade Federal de Juiz de Fora (UFJF), a Universidade Estadual do Rio de Janeiro (UERJ), a Sociedade Brasileira de Psicologia Analítica (SBPA) e a Associação Junguiana do Brasil (AJB).

Ele trata do simbolismo do arquétipo do *trickster* na cultura brasileira, que emerge nas manifestações da arte, na narrativa popular, nos mitos, nas lendas e no folclore, originado da mescla de etnias e de povos que constituem o substrato, ou o que Jung (1975) chamou de "rizoma", da alma brasileira. Na abordagem junguiana, a clínica se enriquece de aportes ampliados da subjetividade, sem retirar-lhe seu caráter pessoal e particular.

A compreensão simbólica arquetípica que embasa nossas pesquisas se insere na perspectiva junguiana, sem deixar de contar com os autores clássicos e os pós-junguianos. O arquétipo, no sujeito, aparece como conteúdo emocional e imagem que o impelem a se voltar para sua interioridade e para a significação do seu mundo relacional.

Os arquétipos se manifestam através de imagens poderosas carregadas de emoção que se materializam em ações, movimentos, ideias e sentimentos e que mobilizam nações, grupos e pessoas. Sua fenomenologia é complexa; advinda do inconsciente coletivo, atravessa a amplidão da vida da alma onde quer que ela se manifeste, desde as atitudes cotidianas até os meandros da política, da religião, da clínica. Seriam dinamismos processuais e situacionais, mais do que objetos internalizados. Um desses portentosos dinamismos presentes desde os primórdios da humanidade é a sombra primitiva, tudo que é oculto, o que nos assalta. Ela incita os atos mais desvairados e cruéis, assim como promove impulsos de mudança e de desafio.

Quando a sombra se manifesta no *trickster*, em parte evoca o dito jeitinho brasileiro, a malandragem, o olhar e andar "de viés", o subterfúgio, o engano, o oportunismo e a mentira. A esse respeito, uma pesquisa recente (Bonaventura, 2022) mostrou que o brasileiro se encontra na escala de maior desconfiança do próximo se comparado a pessoas de outros países, inclusive da América Latina. Essa faceta desapontadora agrega luminosidade ao evocar também aspectos da criatividade, da solução intuitiva dos problemas, quando a atitude disruptiva muitas vezes conduz à transformação.

Essa imagem intrigante elude tentativas de classificação imediata e padronizada, e é próprio dela acercar-se na ambiguidade, ora parecendo aquilo, ora desfazendo o que antes parecia; personificada, diverte-se confundindo e abolindo certezas. Uma de suas vantagens é ser imune ao fanatismo, o que realça sua função, na dinâmica psíquica, individual e coletiva, de elemento de criatividade e transformação, sem, entretanto, deixar de ser também elemento de regressão à sombra e à patologia.

Cabe ressaltar que os autores desta coletânea propõem um olhar ímpar para as diversas perspectivas sobre o tema do *trickster*. A partir de agora, apresentamos o resumo de cada capítulo do livro, seguindo a ordem do sumário.

No primeiro capítulo deste livro, "A *trickster* na mítica e a mítica *trickster*", Sylvia Mello Silvia Baptista nos apresenta o arquétipo do *trickster* à luz da proposta original de C. G. Jung (2011). Segundo ele, o *trickster* é o representante do espírito que prega peças, o traquinas, o desobediente que revolve a ordem estabelecida e abre espaço para o criativo. A autora amplia o conceito citando que ele, na mitologia, tem sua mais fiel expressão em Hermes, o deus do movimento, ao mesmo tempo ladrão e dispensador de bens. Hermes, com sua qualidade *trickster*, desenha-se como universo indispensável a ser acessado no trabalho psicológico e na vida. Baptista, no entanto, relata a necessidade de ampliar esse nosso olhar e considerar a faceta feminina desse arquétipo. Nesse sentido, convida as deusas Hécate e Métis, bem como a heroína Penélope, a compor esse cenário.

O segundo capítulo, "A alma brasileira e o *puer trickster* sombrio", de Terezinha Zimbrão da Silva, diz respeito aos estudos sobre identidade e diferença culturais registrados pela produção literária brasileira, parte integrante de uma pesquisa interdisciplinar desenvolvida como contribuição ao preenchimento da carência de diálogo entre as áreas da literatura e da psicologia junguiana. A autora busca uma reflexão produtiva, tanto para a área da literatura quanto para a área da psicologia, sobre a alma brasileira e o *puer trickster* sombrio. Sua principal referência é a pesquisa desenvolvida por Gambini (Dias, & Gambini, 1999), que defende a aplicação da teoria psicológica de Jung ao estudo de situações coletivas, promovendo uma investigação cujo alvo é a própria alma brasileira. O trabalho considera também que, no arquétipo do herói brasileiro, encontra-se a presença marcante da estrutura *puer trickster* com suas qualidades positivas reconhecíveis. Contudo, é o *puer trickster* sombrio que o trabalho toma como objeto de reflexão.

Já no terceiro capítulo, intitulado "Espelhos da alma: uma reflexão simbólica sobre a sombra coletiva e individual na cultura brasileira", Giselli Gonçalves e Patricia Cristina De Conti buscam lançar luz sobre o paradigma da amabilidade presente na psique coletiva brasileira, visando discorrer sobre as ambivalências, os aspectos sombrios e os desequilíbrios no âmbito dos valores coletivos e individuais. O percurso proposto no texto tenta amplificar essas questões por meio da leitura simbólica do mito de Exu Mirim, aqui representado pela fala da entidade conhecida como Exu Mirim Tempestade. Foi possível fazer uma relação entre o conhecimento produzido pela psicologia analítica e aquele apresentado na umbanda, sobretudo no que diz respeito ao desenvolvimento da consciência (notadamente, em sua relação com o princípio masculino), à dicotomia *persona*-sombra, à imagem do *trickster* e ao processo de individuação.

Em "A malandragem nas canções de Chico Buarque: uma compreensão do arquétipo do *trickster*", o quarto capítulo desta obra, Carlos Eduardo Pedroso e Durval Luiz de Faria objetivam compreender a malandragem enredada nas composições de Chico Buarque de Hollanda pela ótica da psicologia analítica. A malandragem é uma das mais relevantes marcas da cultura brasileira, expressa no famoso jeitinho, seja pela astúcia e pela criatividade, seja pela trapaça e pela falcatrua, estando simbolizada em diversas obras artísticas, como canções da música popular nacional. Por meio da psicologia analítica, a malandragem pode ser entendida como uma vivência coletiva de aspectos inconscientes, mais precisamente como manifestação do arquétipo do *trickster*. Nesse estudo, canções selecionadas sobre tal temática do referido compositor foram analisadas à luz do método de análise de conteúdo. Conclui-se que o arquétipo do *trickster* é simbolizado na malandragem pelos aspectos da inversão e da impulsividade, expressando-se de forma contrária e compensatória à polaridade do contexto sociocultural da época.

No quinto capítulo – "As mulheres *trickster*: novas imagens femininas e perspectivas emergentes na cultura contemporânea" –, Barbara Tancetti e Luna Gimenez tecem considerações acerca da pós-modernidade, da mulher contemporânea e de sua potência de transformação, seja da sua própria consciência e/ou da realidade em que vive. Adotando-se como ponto de partida a obra *The female trickster*, de Tannen (2007), e uma abordagem crítica da teoria junguiana no que diz respeito ao gênero, há uma apropriação das noções do conceito arquetípico de *trickster* de Jung e seu aspecto tradicional, passando por revisões dos pós-junguianos e suas diferenciações em relação à *trickster* pós-moderna, com o objetivo de compreender sob esses viés a energia de transformação. Ao traçar os contextos históricos, jurídicos e imaginativos em que as mulheres ocidentais foram se inserindo, denunciando de que formas tais contextos excluíram tanto o imaginário quanto a experiência concreta da mulher, Tannen (2007) acrescenta uma dimensão significativa à definição tradicionalmente utilizada na teoria junguiana da imagem do *trickster*. Para a autora, a mulher *trickster*, como energia transformativa à disposição da mulher, encontra-se embebida de autoridade pessoal e corporal e de expressão genuína das próprias subjetividade e experiência da mulher, tão largamente ignoradas nas expressões disseminadas pelos cânones de produção cultural, artística e teórica. Como norteadoras dessa reflexão, algumas perguntas foram feitas: a energia arquetípica *trickster* seria manifesta de uma forma específica na mulher? O que denunciaria a atitude da mulher como *trickster*? O que a imaginação da mulher *trickster* produziu e continua produzindo? Como poderá ser visto nesse capítulo, a energia da mulher *trickster* pode ser manifestada nessa experiência de mulheres que escrevem sobre mulheres e para mulheres. A fim de abordar os questionamentos levantados, as tessituras teóricas serão ilustradas por exemplos de manifestações da *trickster* feminina encontradas na cultura popular e artística contemporânea, tendo como base e principal recorte sua relevância nos discursos atuais, seus aspectos transgressores e seu potencial transformativo em relação aos discursos, imagens e narrativas tradicionalmente reservados às mulheres.

O sexto capítulo é marcado pela perspectiva da teoria decolonial em conversa com a perspectiva junguiana. Em "'Deus lhe pague': colonização, malandragem, fatalismo e aspectos da identidade brasileira nas músicas de Chico Buarque", Durval Luiz de Faria, Eduardo Arruda Sautchuk, Fábio Rezeck e Raul Alves Barreto Lima tiveram por objetivo refletir sobre alguns aspectos da identidade brasileira, considerando expressões individuais e coletivas verificadas em nove músicas de Chico Buarque de Hollanda. Partindo de fatos históricos e de certas expressões que muito são atribuídas ao povo brasileiro e que influenciaram decisivamente a constituição de nossa brasilidade, fundamentados pelo referencial teórico junguiano, passamos a refletir sobre nossa própria história e sobre fenômenos de nossa realidade atual. As letras das composições possibilitaram-nos discutir temas como colonização, exploração e opressão, a malandragem e a imagem do *trickster*, a repetição e a esterilidade da vida, o fatalismo, a perda de Eros, a morte.

No sétimo capítulo, "O caipira", Patricia Cristina De Conti trabalha sobre a imagem do caipira, como apresentada em diferentes expressões artísticas e culturais. Refere-se ao homem simples, religioso e amante da natureza, que não se adapta ao modo de vida dos grandes centros urbanos, enfrenta dificuldades extremas, de maneira instintiva encontra soluções criativas e desperta em outras pessoas espanto, riso e compaixão. Com o objetivo de lançar luz sobre as dinâmicas presentes na psique, nos âmbitos coletivo e individual, esse capítulo propõe uma análise simbólica do caipira, assim como uma aproximação do "*trickster*" e do "homem arcaico". Conclui-se que a imagem simbólica do caipira, repleta de ambivalências, congrega importantes recursos psíquicos. Nessa dinâmica, o alento, a superação dos problemas e a satisfação são alcançados de maneiras inusitadas, a esperança é renovada, o olhar triste e cabisbaixo se levanta, a trajetória continua e vive-se um pouco melhor a cada dia.

Em "Nos descaminhos desse rio: o arquétipo do *trickster* na lenda amazônica *O Boto*", oitavo capítulo do livro, Gilzete Passos Magalhães considera a psicologia analítica uma abordagem que entende que a psique se expressa por meio de mitos relacionados aos processos histórico-culturais. A autora, então, adota essa perspectiva para analisar o arquétipo do *trickster* expresso na lenda *O Boto*. Para tanto, adotou o método de análise qualitativa, por meio de revisão de literatura, a partir do que foram selecionadas narrativas sobre o encantado presentes nos depoimentos de pessoas de comunidades ribeirinhas compilados por estudiosos da história, da antropologia e da psicologia analítica. O material eleito foi submetido ao processamento simbólico arquetípico (Penna, 2009), fundamentado nos pressupostos epistemológicos da psicologia analítica. Os resultados sugerem a associação do personagem Boto ao arquétipo do *trickster* e à influência dos aspectos geográficos e culturais do imaginário ribeirinho.

No nono capítulo do livro, "Salve a malandragem! Zé Pelintra, o malandro brasileiro", Irene Gaeta e Leonardo Tondato tratam do tema de uma figura conhecida nas religiões de matriz africana: Sr. Zé Pelintra. Através de pontos, cantigas antigas, prosas e relatos de sacerdotes, os autores trazem à luz essa versão da transição dessa figura, antes tida como profana, posteriormente sendo sacralizada e depois conhecida como malandro sagrado, até chegar à expressão divinizada e pluralizada do *trickster*.

Em "Losangos, descidas e artimanhas: Pablo Picasso e as peripécias do Arlequim", o décimo capítulo, Davi de Almeida Lira e Walter Mello fazem o estudo do Arlequim, uma das imagens recorrentes na obra de Pablo Picasso. Diversas dessas imagens foram apresentadas na exposição de 1932 no museu de artes de Zurique, o Kunsthaus. Na ocasião, Jung elaborou um breve artigo sobre os aspectos psicológicos presentes na série de pinturas de Picasso: o crescente afastamento em relação aos objetos empíricos, o caráter eminentemente simbólico e o símbolo da Nekya relacionado à preponderância da cor azul e à figura do Arlequim. Nesse capítulo, esses fatores são relacionados às capacidades de entretenimento, diversão, sedução, estranheza e luxúria desse personagem.

No décimo primeiro capítulo, "Dercy Gonçalves: uma imagem da *trickster* à brasileira", Michel Alexandre Fillus apresenta uma análise dos aspectos da vida e da comédia de Dercy Gonçalves, ícone do teatro brasileiro e representante legítima da identidade e da cultura do nosso país. Encarnando uma mulher esperta e emancipada, experimentou inúmeros preconceitos, cujo modo de reagir a coroou "rainha do escracho". Sobreviveu à marginalidade e à exclusão social graças à sua esperteza e irreverência. Seu aspecto *trickster*, como uma malandra, lograda, associado à Mercúrio, aproximou-a da sua faceta salvadora – aquele que fere, mas que também traz a cura em seu íntimo, remediando o sofrimento. A sabedoria para descrever-se e a criatividade de suas afirmações resultam de um laborioso e resiliente modo de viver. O legado de Dercy é puramente brasileiro: uma vida resiliente e um tom debochado, malandro, forte e esperto. Em suma: mais brasileira, impossível!

No capítulo seguinte, "O deboche e o escárnio: a escritora e a atriz", Liliana Liviano Wahba realiza uma leitura analítica sobre os escritos de Hilda Hilst que abarcam *O caderno rosa de Lori Lamby*, *Contos d'escárnio*, *Textos grotescos* e *Cartas de um sedutor*, focando *Textos grotescos*. A escritora utiliza o humor, a sátira e o grotesco em uma mordaz crítica social e política. Blumberg (2015, p. 123) considera que a combinação de sarcasmo, erotismo e humor são uma "resposta grotesca à absoluta perda de esperança e de sentido com relação ao mundo e ao gênero humano". Wahba também aborda o deboche como resposta ao descaso social e a afirmação libertária da mulher utilizado por Dercy Gonçalves no teatro de revista, a qual emprega uma comicidade bufa, espontânea, criativa e particular que a atriz irá desenvolver até idade avançada. O espírito tricksteriano da mulher contestadora, irônica, quebrando regras de conveniência, irrompe para operar mudanças nos costumes tradicionais e arraigados: o *trickster* subverte, assombra e potencializa ciclos de renovação.

No décimo terceiro capítulo, intitulado "Arte e lou(cura): o inventário do universo de Arthur Bispo – um *trickster*?", os autores Carlos Luis Melo Bichuetti, Denis Canal Mendes e Fábio Rezeck, comprometidos com a perspectiva do *trickster*, propõem-se a investigar certos aspectos da vida e da obra de Arthur Bispo do Rosário. Homem simples que fez de sua vida uma aventura; marinheiro e boxeador, ao se tornar paciente de uma instituição psiquiátrica desperta o interesse do mundo, que se deslumbra diante de suas criações artísticas. Bispo choca ao transgredir a compreensão acerca do mundo psíquico. Sua produção artística encontra-se exposta no Museu Contemporâneo, em Jacarepaguá, no Rio de Janeiro, com mais de 800 peças, que são um convite a um novo pensar sobre a loucura e a arte. Ao investigar Arthur Bispo do Rosário, o estudo apresenta aos leitores seu aspecto tricksteriano: um homem que nunca quis ser artista, mas que brinca com o mundo através de sua arte bruta, propondo à ciência um questionamento ao tema da loucura.

No último capítulo, "Quando subverter é a norma: aproximações entre a perversão e o *trickster* na clínica junguiana", Douglas Kawaguchi, Mateus Donia Martinez, Ricardo Nogueira Ribeiro e Wellington Zangari nos convidam a discutir o tema da clínica junguiana e seu arcabouço relacional. O tema da perversão e seu dinamismo constitui-se de grande importância para clínica da psicanálise, porém é de pouco interesse para Jung, especialmente após seu rompimento com Freud. Ainda hoje, as referências ao tema na clínica junguiana são extremamente escassas na literatura internacional e praticamente ausentes em estudos realizados em nosso meio. Essa lacuna dificulta, quando não impossibilita, o tratamento adequado de demandas assemelhadas àquelas típicas dos sujeitos definidos como perversos. Os poucos trabalhos junguianos dedicados à perversão relacionam alguns de seus aspectos ao *trickster*, arquétipo presente nas mais diversas culturas e relacionado com a subversão da ordem, a enganação, a narrativa, a independência, o movimento, a transformação, a imprevisibilidade, a escatologia, o apetite, a infância e a animalidade. Se, por um lado, muitas das manifestações típicas da perversão guardam notáveis semelhanças com o arquétipo do *trickster*, por outro suas importantes diferenças devem ser levadas em consideração na teoria e na prática junguiana do tema. Nessa linha, esse trabalho sugere um diálogo preliminar entre o arquétipo do *trickster* e a perversão. Propõe-se, para tanto, uma discussão que relaciona a literatura recente da perspectiva da psicologia analítica sobre perversão e referências clássicas e atuais da simbologia e da mitologia do *trickster*, entremeada pelas ilustrações provenientes da vinheta de um caso clínico compreendido como perversão. Por fim, comparam-se, analisam-se e interpretam-se as aproximações e os distanciamentos entre ambas as proposições e sugerem-se alguns caminhos que podem ser trilhados no tratamento de casos que se apresentam na tensão entre perversão e inflação do arquétipo do *trickster*.

Enfim, é de suma importância destacar como cada um dos autores apresentaram e desenvolveram ao longo destes quatorze capítulos o tema do arquétipo do *trickster*, a fim de explicitar essa poderosa figura configurada em nossa cultura, nos mitos, nas artes e na clínica. Acreditamos que este livro e as inúmeras facetas do *trickster* possam colaborar para uma reflexão dessa presença em nossa alma, assim como construir uma psicologia junguiana crítica dessa figura multidimensional, com suas ambiguidades e seus paradoxos.

Durval Luiz de Faria e Denis Canal Mendes
Organizadores

1 A *trickster* na mítica e a mítica *trickster*

Sylvia Mello Silvia Baptista

O arquétipo do *trickster* foi proposto por C. G. Jung como representante do espírito que prega peças, o traquinas e, portanto, aquilo que em nós desobedece a ordem estabelecida e abre espaço para o criativo através do lúdico e muitas vezes do desconcertante. Talvez seja na arte que possa melhor ser flagrado e, certamente, na mitologia tem sua mais fiel expressão em Hermes, o deus do movimento, ao mesmo tempo ladrão e dispensador de bens, e tantos outros inúmeros atributos que o fazem um deus dos paradoxos, de riqueza ímpar de significados. Hermes, com sua qualidade *trickster*, desenha-se como universo indispensável a ser acessado no trabalho psicológico e na vida. Conhecê-lo melhor e trazê-lo à luz é sempre uma aventura emocionante. Mas, para além de Hermes, podemos esticar nosso olhar para outras divindades que também se candidatam a possuir essa qualidade. Estou aqui a propor, além disso, que olhemos também para o advérbio *trickster* e não apenas para o substantivo; um advérbio em sua função de amplificador de sentido; um modo *trickster* de ser. Quais deuses ou heróis traduziriam essa função? Sem querer esgotar essa perspectiva, desejo que o leitor aceite meu convite para caminhar por entre essas ideias. Vamos lá?

Jung, num dos dois textos[1] dedicados exclusivamente ao arquétipo do *trickster*, "A psicologia da figura do *trickster*" (OC 9/1, § 456-488), define-o como "a figura da sombra coletiva, uma soma de todos os traços de caráter inferior" (OC 9/1, § 484). Escrito em 1954, é difícil dizer se o que Jung chama de inferior se refere a um julgamento de valor, a uma equivalência ao que ele muitas vezes chamava de primitivo, ou simplesmente a algo relacionado ao inconsciente, sobretudo para nós, de língua portuguesa/brasileira, no fim de uma longa cadeia de traduções. Gosto de pensar que ele se refere ao que está na raiz. No caso do *trickster*, parece se direcionar ao contracultural, digamos assim, pelo caráter desobediente e transgressor dessa figura. Um pouco antes da frase citada, ele diz: "O '*trickster*' é um ser originário 'cósmico', de natureza *divino-animal*, por um lado, superior ao homem, graças à sua qualidade sobre-humana e, por outro, inferior a ele, devido à sua insensatez inconsciente" (OC 9/1, § 473). Uma coisa é certa: ao falarmos no *trickster*, estamos no campo da desobediência ao dado, e, por essa razão, sua localização é o canto sombrio da psique, com toda a riqueza de significados aí contidos – aspectos pouco iluminados, toscos, terríveis, criativos, numinosos etc.

É bom que se diga ser, na atualidade, interessante podermos transpor termos como *inferior* e *primitivo* a fim de acessarmos o que realmente nos interessa: a complexidade do arquétipo e da dimensão inconsciente, para além de julgamentos e traduções. Ao lado disso, vamos construindo novas expressões, novas linguagens que ampliem e diversifiquem nossos olhares e apontem para a qualidade polimórfica da psique. Cada geração

1. O outro texto referido é "O espírito Mercurius" (OC 13, § 239-303, Hopcke, 2011).

e cada época têm a tarefa de retirar os véus estreitos de uma perspectiva condicionada e propor novas, mais arejadas.

Hermes, expressão primeira

A proximidade da figura do *trickster* com o deus grego Hermes é notória, uma vez que essa divindade traz em seu mito, desde o início, os atributos da curiosidade e do rompimento das normas.

Em um ensaio que escrevi sobre esse arquétipo na escrita de Jorge Amado, particularmente em duas obras onde é possível identificar nos personagens a figura do assim chamado malandro (*Capitães da Areia* e *A morte e a morte de Quincas Berro D'água*), descrevo tal vizinhança da imagem arquetípica e o deus grego:

> Uma expressão que encarna o arquétipo do *trickster*, tão cantada por Jung, é o deus grego Hermes. Como se sabe, ele é o deus ladrão e trapaceiro, deus dos viajantes e caminhantes, capaz de transitar pelos três mundos e levar luz às trevas e escuridão à claridade. Une os opostos e traz dali o terceiro elemento, revolucionando o posto. Para mim, a palavra e o conceito que mais definem esse deus e o que ele representa é **movimento**. O *trickster*, na figura de Hermes, movimenta o que tende a estagnar. E Jorge Amado incorpora a sua faceta Hermes em duas pontas: numa, na pessoa do escritor, que foi capaz de iniciar seu caminho pela escrita por meio do engajamento político e da crença no socialismo, fazendo da pena seu instrumento de luta. [...] Foi hermético, no sentido mercurial, mítico-alquímico, movimentando o que se desenhava estático. Assumiu outra identidade, e outra e outra: foi romancista, contista, letrista, declamador, novelista... A diversidade hermética de Amado revela, assim, a sua capacidade de ser muitos em um.

> O outro rosto de Hermes-*trickster* em Jorge Amado, ele o projeta em seus personagens que subvertem a ordem. Aquele que está à margem da sociedade tem algo de precioso a dizer a respeito da sombra. Traz dali uma luz, incômoda muitas vezes, até insuportável. [...] Parece simples, mas como tudo o que é simples, carrega o segredo da vivência e o talento da expressão. Ele próprio é, portanto, um *trickster* que brinca com o leitor (Baptista, 2019, p. 151-152).

Hermes é também associado a Mercúrio, central nos tratados alquímicos medievais como o elemento que participa ativamente da transformação da matéria prima em ouro não vulgar, e batiza os escritos como *Corpus Hermiticum*. Em seus *Estudos alquímicos*, Jung afirma:

> [...] o 'mercúrio filosófico', tão caro aos alquimistas como substância arcana de transformação, representa evidentemente a projeção do inconsciente, que ocorre sempre que a inteligência investigadora se ocupa com autocrítica insuficiente de uma grandeza desconhecida (OC 13, § 259).

> [...] Devido à sua dupla natureza unificada, Mercurius é considerado hermafrodita. Ora se diz que seu corpo é feminino e seu espírito masculino, ora o inverso. O *Rosarium philosophorum* por exemplo apresenta as duas versões (OC 13 § 268).

> [...] Hermes é um deus dos ladrões e impostores, mas também um deus da revelação, e deu seu nome à nossa filosofia antiga: a filosofia hermética (OC 13, § 303).

A coincidência entre o Hermes, Mercúrio, e a figura do *trickster* não os faz sinônimos, mas traz um enriquecimento na compreensão de suas complexidades, tomadas aqui como inspiradoras de uma reflexão. No comentário ao Hino Homérico a Hermes (*Hinos Homéricos*, 2010), de número 16, a antropóloga Sílvia de Carvalho traz algumas aproximações importantes ao aspecto *trickster* do deus, além da discussão sobre o "primitivo":

> É essa característica de "enganador", de "embusteiro", que aproxima Hermes das entidades míticas dos nossos índios e de outros povos comumente – e erroneamente – designados como "primitivos". A figura mais conhecida, menos pela Antropologia que pela literatura, é Macunaíma, herói mítico dos *Taulipang*, *Arekuná* e *Makuxi* de Roraima (*Hinos Homéricos*, 2010, p. 456).

Sílvia de Carvalho lembra da figura do Curupira e suas estratégias de deixar pegadas invertidas para despistar inimigos da floresta, técnica que Hermes utilizou para enganar Apolo no roubo do gado do irmão. Tais truques se localizam em épocas longínquas, de caçadores-coletores e de horticultores de floresta, irmanando a figura grega antiga com indígenas sul-americanos. É dela também a afirmação:

> Essa preocupação constante com um reequilíbrio das relações "comunidade humana *versus* natureza" exige outro tipo de moral que não a atual, antropocêntrica e individualista: é por essa razão que as ações dos personagens míticos são às vezes "a favor da natureza" e contra um ou outro indivíduo da comunidade humana, justamente para que a comunidade possa continuar a existir. A práxis explica, assim, o caráter dos heróis que são definidos como *tricksters*, o que leva à hipótese de que o contexto histórico em que surgiu o culto a Hermes deve ter sido o de uma comunidade com estruturas sociais menos complexas, e o próprio hino pode ser melhor elucidado com um exame mais detalhado das semelhanças entre Hermes e os *tricksters* indígenas, cotejados com dados arqueológicos (*Hinos Homéricos*, 2010, p. 458).

A ligação do modo de expressão do deus com um momento da humanidade em que o feminino enquanto princípio reinava, de alguma forma, também está marcada naquilo que a autora considerou "a primeira ação *trickster*" de Hermes, a saber, a transformação da tartaruga em lira. Está no mito, lembremos, que o pequeno Hermes recém-nascido, depois de roubar algumas cabeças de gado de Apolo e sacrificar duas delas aos deuses, volta à sua caverna, tropeça numa tartaruga e resolve fazer dela uma lira, usando seu casco e as tripas dos bois mortos. A tartaruga, animal de caráter feminino, é igualmente morto como um sacrifício mais do que como uma simples matança. Hermes teria se dirigido a ela com doces palavras, como fazem os indígenas quando caçam para alimentar sua aldeia, pedindo licença e exaltando aquele ser que será consagrado e sempre lembrado com respeito. A lira irá cantar louvores aos deuses, ligando eternamente a materialidade daquele animal ao espiritual divino.

Jung e Karl Kerényi (2004), ao escreverem sobre Hermes, sublinham que a tartaruga é considerada por algumas culturas o ser mais antigo do mundo. Os chineses a viam como a verdadeira mãe original entre os animais, venerada também pelos hindus como portadora do corpo do mundo. A etimologia da forma latina *tartaruga* remonta à Antiguidade Tardia, quando era designada como *tartaruchos*, ou seja, a portadora do Tártaro. Como se sabe, o Tártaro é uma parte dos Ínferos, a mais escura do mundo das almas, imagem essa que nos dá a dimensão da ancestralidade do animal que ficou na mira do pequeno Hermes. Curioso encontro este do deus dos caminhos com tal animal de nome simbólico, se levarmos em conta as palavras de Marcel Détienne e Jean-Pierre Vernant (2008, p. 261-262), citando Hesíodo, ao descrever o Tártaro como "habitado pelos ventos furiosos, atravessado pelos turbilhões, lugar da confusão total, espaço não orientado, privado de direções fixas e de referências regulares"; e ainda: "Como se, por não ser transponível, o espaço do Tártaro tivesse também o privilégio de atar e encadear para sempre". Ao transformar a tartaruga em lira, além de demonstrar uma infinita criatividade, fazendo do tropeço música, Hermes coloca suas digitais – se é que um deus as têm – na ação ordenadora do caos do Tártaro. Ordem hermética, bem dito. Com o animal transformado em instrumento, de certa forma deixa claro sua (precoce) potência na arte de atar e desatar que o caracteriza, ao lado de Hefesto e Atena, deus da *techné*. Tal situação se liga à possibilidade de se vincular e desvincular, de se apegar e desapegar, de se conectar e desconectar, de juntar e cindir, de integrar e desintegrar, de emparceirar e desemparceirar, de agregar e segregar. Pense isso na vida...

Hécate, parceira noturna de Hermes

O profundo estudioso de mitos Karl Kerényi (1986) dedicou a Hermes um livro cujo título traz seu aspecto de *guia de almas* [*Hermes: guide of souls*], iluminando a grande complexidade dessa figura. Ali, ele nos coloca frente a frente com o impacto do encontro com essa imantada figura, que cria todo um mundo.

> Com Hermes como líder na vida – assim nos ensina a tradição clássica – o mundo revela uma nuance especial, o sotaque hermético da forma como o conhecemos. Esse aspecto hermético é totalmente empírico e permanece dentro do reino de uma experiência natural do mundo. A soma total de caminhos como *playground* de Hermes; o aciden-

> tal "caindo em seu colo" como o material hermético; sua transformação através da descoberta – roubo – do evento hermético – em uma obra de arte hermética, a qual é sempre uma espécie de astuciosa ilusão de ótica, em riqueza, amor, poesia e todo tipo de evasão das restrições e confinamento impostos por leis, circunstâncias, destinos – como poderiam essas realidades ser *meramente* psíquicas? Eles são *o* mundo e eles são *um* mundo, ou seja, aquele mundo que Hermes abre para nós (Kerényi, 1986, p. 53-54)[2].

Kerényi nos lembra também que Hécate, da mesma forma que Hermes, pode transportar almas, sendo ambos guardiães do mundo dos Ínferos. Ela seria, igualmente, uma *angelos*, ou mensageira dos deuses. Trago aqui a figura de Hécate como lembrete de deusas que ficaram menos vistas por uma cosmologia que priorizou Zeus como o grande expoente olímpico, ajudando a criar uma linguagem e, portanto, uma realidade – uma vez que a linguagem constrói realidades – onde a prevalência do poder masculino se deu (e se dá) durante séculos. Falando do enigma que Hermes nos coloca, Kerényi (1986, p. 55) acaba por me oferecer uma fala que casa com o que acabo de afirmar:

> Falando mitologicamente, cada Deus é a fonte de um mundo que, sem ele, permanece invisível, mas com ele se revela em sua própria luz, e esse mundo vai além da imagem de mundo ou das ciências naturais. Também Hermes, portanto, é mais do que apenas a ideia luminosa de um mundo. Ele é a sua fonte, por meio de quem esse mundo se originou e por meio de quem se torna inteligível. Como base para a compreensão do mundo, ele também é ideia, embora ainda não o tenhamos compreendido totalmente. O Deus noturno das aventuras parece estar sozinho na mitologia grega, sem paralelo e totalmente estranho.

2. Nesta obra, a tradução de todos os textos em língua estrangeira, quando feita, foi realizada pelos autores dos respectivos capítulos [N.E.].

Apesar da singularidade absoluta do deus dos caminhos, Kerényi faz Hécate visível como a mais hermética das grandes deusas, a mensageira alada e guia de almas, atribuindo a ela e Hermes um pertencimento recíproco. A deusa trina – com três corpos que miram os quatro cantos dos caminhos –, deusa das encruzilhadas, recebe oferendas e atende aos que a ela recorrem. É a parceira noturna de Hermes.

Em outro livro, em coautoria com Jung, Kerényi vai à essência da mitologia e descreve Hécate numa tríade com Core/Perséfone e Deméter. A deusa trina foi a única que ouviu os gritos de Core ao ser raptada por Hades e é também quem está presente no reencontro de filha e mãe, e, "neste instante, converte-se em sua companheira: tão inseparável de Perséfone como de Deméter" (Jung, & Kerényi, 2004, p. 138). É a deusa portadora de luz, através das tochas que empunha, além de soberana nos três âmbitos: terra, mar e céu, antes da supremacia de Zeus, como se pode conferir na *Teogonia*, de Hesíodo (2001, p. 129-130, § 404-452). Jung e Kerényi (2004, p. 140-141) nos alertam para um fato de suma importância:

> A figura da Hécate clássica aparece, no mundo grego, rígida e estranha: erigida sobre um triângulo, com os rostos alinhados nas três direções. Tentou-se sobrepor à rigidez dessas estátuas de Hécate e dissolver, de certa forma, o triplo aspecto da deusa única nas figuras de três jovens donzelas dançarinas. Mas, para além do período clássico de Hesíodo, as épocas posteriores sustentaram-se firmemente na base fundamental da estrutura: no característico número três. [Segundo a concepção cósmica que Hesíodo tinha para o número três,] todos os cruzamentos de três caminhos provam clara e ostensivamente a possível trissecção do mundo. Mas Hécate, senhora dos

> espectros, ao mesmo tempo advertia os gregos, lembrando-lhes que a divisão tripartite deveria dar espaço – ao lado do mundo ordenado de Zeus – para um âmbito caótico em que o amorfo do mundo original se perpetuava sob o aspecto do mundo dos Ínferos. Para o mundo grego, um polimorfismo como o de Hécate se identificava com o mundo infernal.

E eles concluem:

> Mas nem por um instante devemos esquecer que a ideia fundamental não corresponde àquela de uma Hécate clássica, nem mesmo posterior, mas sim à de uma Deméter e uma Hécate fundidas em "uma" pessoa.

Não perder de vista as características originárias de certas figuras míticas nos faz resgatar suas essências, trabalho que Jung e Kerényi realizam exemplarmente ao nos encaminhar, como Hermes o faria, a um uno complexo que ao longo das eras foi se repartindo em muitos, e por vezes perdendo sua integralidade. Ao aproximar a Hécate pré-clássica de Hermes, traz-se, a meu ver, o aspecto *trickster* para essa expressão feminina do arquétipo, e desse modo isso enriquece o nosso olhar para a realidade que eles representam.

Assim, após ter me encantado justamente com a profundidade e a vastidão de significados de Hermes, estudado seu mito e escrito sobre ele (Baptista, 2019), volto aqui para propor algo em si mesmo da ordem do *trickster*.

Convido o leitor a olhar para essa manifestação arquetípica no seu aspecto feminino. Ora, Hermes não congrega, como afirmou Jung, as duas naturezas – a masculina e a feminina? Não representa, por sua qualidade paradoxal, os dois lados da mesma moeda? Por qual razão, portanto, caracterizamos o *trickster* a ele associado sempre como masculino? Haveria uma ou mais deusas que trariam no seu âmbito facetas traquinas, ampliando os matizes desse intrincado arquétipo? Encontrei um possível olhar para esse desafio. Deixemos por hora Hécate ao lado de Hermes, e vamos viajar por outra ideia. Caro leitor, acompanhe-me.

Métis, a deusa trickster

Ao me perguntar, portanto, sobre a face feminina do arquétipo *trickster*, uma resposta foi soprada em meu ouvido – talvez o próprio Hermes, deus cujo oráculo se dava pela audição[3], tenha me provocado –, e a deusa Métis surgiu em minha imaginação. Quem é Métis?

Métis é nome próprio e substantivo, além de, vejam só, também advérbio de modo. Quem melhor escreveu e descreveu essa divindade primordial que marca tão significativamente a era olímpica dos deuses foi a dupla Marcel Détienne e Jean-Pierre Vernant (2008), em seu *Métis: as astúcias da inteligência*. Cito os autores:

> A *métis* é uma forma de pensamento, um modo de conhecer; ela implica um conjunto complexo, mas muito coerente, de atitudes mentais, de comportamentos intelectuais que combinam o faro, a sagacidade, a previsão, a sutileza de espírito, o fingimento, o desembaraço, a atenção vigilante, o senso de oportunidade, habilidades diversas, uma experiência longamente adquirida; ela se aplica a realidades fugazes, móveis, desconcertantes e ambíguas, que não se prestam nem à medida precisa, nem ao cálculo exato, nem ao raciocínio rigoroso (Détienne, & Vernant, 2008, p. 11).

3. Para mais informações, cf. Souza, Lopez e Baptista (2007).

Tais características os gregos condensaram na figura da deusa, Métis com M maiúsculo, descrita como portadora dos predicados da prudência, da sabedoria, da inteligência prática e de todos os modos de conhecimento descritos. Filha de Oceano e Tétis, é, portanto, da primeira geração de divinos. Segundo Junito Brandão (2000), quando a deusa – primeira esposa de Zeus – ficou grávida, as duas divindades ancestrais, Urano e Geia, revelaram a ele que Métis teria uma filha e mais tarde um filho que o destronaria, fato perpetrado por ele contra seu pai, Crono. "A conselho de Geia ou da própria esposa, Zeus a engoliu e no tempo devido nasceu Atena das meninges do deus, tendo-se esta, por sinal, permanecido virgem" (Brandão, 2000, p. 121). Zeus, por cautela, teria sido ainda mais precavido do que a própria autoridade no assunto?

Sendo Métis a astúcia personificada, digamos que, numa primeira leitura, talvez não tenha sido muito prudente entrar no jogo de transformações com Zeus e se deixar engolir pelo próximo grande regente, que assim passava a ser ele próprio possuidor de tal inteligência. Será? Hesíodo (2001, p. 155-156, v. 885-900) na *Teogonia*, conta em versos:

> Zeus rei dos Deuses primeiro desposou Astúcia
> mais sábia que os Deuses e os homens mortais.
> Mas quando ia parir a Deusa de olhos glaucos Atena,
> ele enganou suas entranhas com ardil,
> com palavras sedutoras, e engoliu-a ventre abaixo,
> por conselhos da Terra e do Céu constelado [...]
> para que a Deusa lhe indicasse o bem e o mal.

Parece-me que, se a sapiência de Métis pode ser traduzida por "astúcia" e "ardil", seria pretensão nossa assumir que ela se deixou enganar – conforme consta nas versões canônicas. Nós, reles e humildes mortais. Pode ser que a deusa soubesse exatamente a dimensão do encontro que se dava entre ela e Zeus e tenha se deixado engolir, movida por seus próprios artifícios. E uma nova divindade viria dali.

Métis teria encontrado uma forma marcadamente feminina de fazer-se presente, pela via indireta, sem o confronto, com *métis*. Depois de algum tempo, de dentro da cabeça do grande regente, a semente germinada de Métis e Zeus brotou e emergiu com a ajuda do machado de Hefesto. Dali despontou Atena, a deusa da inteligência aplicada à vida – seguindo a linhagem materna –, aquela que domina Kairós, a ocasião. Será uma das divindades mais adoradas pelos gregos, inspiradora do nome da capital do país, onde, entre tantos santuários, está o Partenon, templo dedicado à patrona da cidade que a guarda do alto da Acróplole.

A deusa guerreira e sábia é também a deusa tecelã. Costuro com Kerényi (2008, p. 47) essas duas figuras, mãe e filha, quando este afirma: "os liames são as armas privilegiadas da *métis*. Trançar e torcer são as palavras mestras de seu vocabulário". Herdeira dessas aptidões, Atena é tecelã tanto no plano concreto – como no concurso com Aracne[4] – quanto na linguagem ou nos enfrentamentos, tecendo retóricas convincentes, tramando ao lado de seus heróis protegidos, cosendo estratégias e arrematando planos. Costumamos, os estudiosos da mitologia grega, mirar Atena como uma deusa sem mãe. Repenso e discordo. Métis não a pariu, não a amamentou ou a "maternou", mas está ali, inscrita em seu DNA divino.

4. Para mais dados sobre Atena e Aracne, cf. Baptista (2019, p. 166-167).

Acrescento meu olhar a partir de outra perspectiva, detendo-me em alguns detalhes, a fim de corroborar a engenhosidade da deusa. Penso que, ao ser engolida por Zeus, Métis ganha mãos para agir através da figura do regente. Ela se corporifica, se é que podemos falar em "matéria" no caso de um deus. No amálgama Métis-Zeus, a deusa, ciente do universo patriarcal que comporia, encontra uma forma bastante perspicaz de permanecer ativa. Além disso, se os oráculos se realizam, de uma forma ou de outra, lancemos uma mirada para o desenrolar dos fatos míticos.

Atena nasce da cabeça de Zeus, e este continua sendo o mais poderoso entre os olímpicos. No entanto, o próprio Kerényi (2002), citando Olimpiodoro, recorda-nos de que Dioniso será o quarto regente, superando Zeus de modo não violento. Como isso se dá? Lembremos que, quando Hera persegue Dioniso bebê por ser ele filho bastardo de seu esposo, manda os Titãs até ele para o enganar e o despedaçar. Isso é feito; dele cozinham uma sopa e o engolem (notem como o tema do engolimento se repete). Mas resta da sopa devorada, ali, esquecido num canto, justamente o coração do pequeno deus. Quem resgata esse órgão tão simbolicamente ligado ao sentimento é ninguém mais, ninguém menos que a deusa Atena. Ela o leva ao pai, que, vejam que curioso, entrega-o para Sêmele, a princesa tebana, sua amante, engolir e gestar em seu corpo mortal. Mais tarde, Hera, disfarçada de uma velha, convence-a a pedir a Zeus que se mostre a ela em sua plenitude, e isso a fulmina. Um(a) mortal não suporta encarar diretamente, em todo o seu esplendor, uma divindade. E aí é a vez de Zeus colocar Dioniso, ainda em formação, em seu próprio corpo – mais exatamente em sua coxa –, até que possa nascer. Ao fazê-lo, dá continuidade ao oráculo, não é mesmo? Pois que de Atena, e de seu ato de recuperação do coração de Dioniso, este poderá nascer e se fazer regente subsequente a Zeus. Dioniso, esse deus de complexidade ímpar, foi homem e mulher, bode, despedaçado e reconstruído, gestado por uma deusa, por uma mortal e por seu pai divino, soberano dos deuses, talvez a figura mítica mais diversa no panteão grego.

Volto assim, por conseguinte, a Métis e à confirmação oracular, e prudentemente ouso afirmar que ela sabia exatamente a direção de sua (a nós) aparente submissão a Zeus. Digo isso para que a sabedoria desse feminino possa ser evidenciada, e possamos sair de uma explicação rápida e androcêntrica.

Vejamos agora como sua filha Atena, de olhos glaucos, sopra nos ouvidos de seu favorito, Odisseu, artimanhas para sua *performance* na guerra e no seu longo retorno a Ítaca. Como se dá essa trama no plano dos heróis?

Odisseu, o herói polymetis

O epíteto *polymetis*, atribuído ao herói da Odisseia[5], também o é a Hefesto e a Hermes. Hefesto é o deus *faber* e, ao lado de Atena, domina entre os olímpicos a arte do tecer, sendo seu artesanato o das armas e das joias, além da famosa rede, invisível de tão fina, que cobriu e imobilizou sua mulher, Afrodite, e o amante, Ares, num épico flagrante. Tanto o deus ferreiro quanto Hermes são igualmente conhecidos por suas capacidades de dar e desdar nós, atar e desatar – uma imagem recheada de simbolismos. Em quantos nós nos enredamos, emaranhamo-nos em nossas vidas, em nossos pensamentos,

5. Sobre a Odisseia e seu herói maior, convido à leitura de Alvarenga e Baptista (2011).

em nossas relações? Métis está imbricada nessa arte de desamarrar armadilhas, literais e abstratas, nas expressões de Hefesto, Hermes e Atena.

No universo dos heróis, Odisseu (Ulisses) se faz acompanhar por Hermes, ao longo de todo o seu caminho, e por Atena, mais de perto, tramando disfarces e estratagemas para proteger seu predileto. A deusa não faz pelo herói, mas o ladeia e o instrui em sonhos e visões.

Na já citada obra de Détienne e Vernant (2008, p. 54) sobre Métis, eles descrevem assim o herói e seus desdobramentos argutos na vida:

> A inteligência deve, portanto, por força da flexibilidade, fazer-se ela mesma movimento incessante, polimorfismo, revirada, fingimento e duplicidade. [...] em Homero, Ulisses [é] a encarnação humana da *métis*. Estratagemas do guerreiro quando ele age de surpresa, com dolo ou em emboscada, arte do piloto dirigindo o navio contra ventos e marés, artifícios verbais do sofista que retorna contra o adversário o argumento muito forte de que ele se serviu, engenhosidade do banqueiro e do comerciante que, como os prestidigitadores, faz muito dinheiro do nada, prudência avisada do político cujo faro sabe pressentir, de antemão, o curso incerto dos acontecimentos, destreza da mão, segredos de ofício que dão aos artesãos posse de uma matéria sempre mais ou menos rebelde a seu esforço industrioso: a *métis* preside a todas as atividades que o homem deve aprender a manobrar forças hostis, muito poderosas para serem diretamente controladas, mas que podem ser utilizadas a despeito delas, sem jamais as enfrentar de cara, para fazer atingir por um viés imprevisto o projeto que se meditou.

O trecho sintetiza um tanto do que foi sendo apontado sobre a incidência dessa qualidade de inteligência ardilosa –

métis/trickster – no herói homérico. Permito-me o arrojo de propor uma alteração – "o homem" por "a pessoa" – na afirmação "a *métis* preside a todas as atividades que **a pessoa** deve aprender a manobrar [...]", cuidando da linguagem, que cria realidades que precisamos rever. Tomo esse gancho para trazer, justamente, outro aspecto do feminino *trickster* nesse universo: a esposa de Odisseu.

Penélope, a heroína trickster

Numa nota de rodapé, a antropóloga Sílvia Carvalho nos lembra, no já citado comentário aos Hinos Homéricos a Hermes, que o deus "nunca foi um deus solar. Hermes está também relacionado aos silenos e a Pã, a quem gerou, unido a Penélope, quando ela foi abandonada por Ulisses" (*Hinos Homéricos*, 2010, p. 457, nota 5). A menção a Penélope como mãe de Pã – essa criatura divina controversa, que em outra versão teria sido abandonada com um grito assim que parida por sua mãe Dríope, e levada por Hermes, seu pai, ao Olimpo – chama-me atenção pelo lado *trickster* da mulher de Ulisses. Penélope engana os pretendentes ao trono de Ítaca com maestria e astúcia, tecendo uma mortalha para o sogro de dia e desfazendo-a à noite, como forma de ganhar tempo e adiar a escolha por aquele que ocuparia o lugar do marido que intuía estar vivo. A esposa do herói *polymetis* teria sido, dessa forma, amada pelo próprio deus Hermes para dar à luz Pã (aquele que trouxe alegria a todos do Olimpo, donde Pã = "tudo"). Sendo assim, teria provado da qualidade *trickster* do deus dos caminhos, possivelmente por afinidades entre o divino e a mortal. É muito significativo que nesse encontro tenha sido gerada uma criatura a um só tempo assustadora e cativante, com pujança e fertilidade incomparáveis. Passemos agora à literatura para ver como esses tecidos podem revelar uma outra e importante narrativa.

Em um delicioso romance, a escritora canadense Margaret Atwood (2005) relê o mito de Penélope e Odisseu através da voz de Penélope. Seu olhar feminista toma a perspectiva da mulher na história milenar e se alia às servas, enforcadas ao final do mito depois de serem forçadas a servir sexualmente, por anos, muitos dos pretendentes que coabitavam o palácio. Denuncia, assim, o abuso de Ulisses nos assassinatos daquelas mulheres, perpetuando o poder do homem na sociedade. Homero deixou tal ato eternizado para gerações naquela que foi “a Bíblia” da cultura grega e, portanto, da civilização ocidental.

A Penélope de Atwood sabe, desde o início, que aquele mendigo que adentrara sua casa era Odisseu disfarçado com o propósito de sentir a temperatura do ambiente e planejar o morticínio dos pretendentes, desejosos de casar com a rainha e herdar o reino. A versão doce e ingênua de uma Penélope casta à espera do marido por 20 anos é subvertida para a de uma ardilosa mulher (com *métis*!) conhecedora da situação e sabedora dos riscos que ela e ele corriam se suas identidades fossem reveladas. Todo o ardil consagrado a Odisseu tinha, na verdade, um conhecimento intuitivo e certeiro de Penélope: o disfarce, o estratagema criado por ela para que Euricleia lavasse seus pés e o reconhecesse, a prova com os 12 machados que, ela sabia, somente ele poderia lograr, a conversa a dois no quarto, cheia de meias verdades.

> Agora proclamo a verdade. Eu sabia que só Odisseu seria capaz de tal façanha com o arco. Sabia que o mendigo era Odisseu. Não houve coincidência. Preparei tudo de propósito (Atwood, 2005, p. 115).

O que Atwood contesta através da voz de Penélope, esta que foi (nessa versão, ao lado de Hermes) mãe de Pã (a personificação da diversidade, como já pontuei), é algo que passa despercebido no mito: o assassinato das 12 servas. Ressaltá-lo traz à luz e desnuda a arbitrariedade da matança de um coletivo de mulheres que marca, pela violência, a supremacia do masculino num contexto marcadamente patriarcal. Para que Ulisses reinasse soberano em Ítaca, depois de toda a sua odisseia, não bastavam sua volta e seu reencontro com Penélope. Era preciso uma particular caça às bruxas. A autora cria uma cena nos Ínferos, onde já estariam todos – Ulisses, Penélope e as 12 servas assassinadas –, e dá voz a essas mulheres. Elas se dizem "escravizadas sem nome" e enumeram as tarefas que cumpriram para o conforto e o regozijo de Ulisses e seu reino, sendo pagas com um estrangulamento sem piedade ou justificativa. E lá estão elas, nas profundezas do Hades, caminhando atrás dele, para todo o sempre, tão perto do fantasma do herói *como um beijo, perto como sua pele* (Atwood, 2005, p. 153).

Atribuo a qualidade *trickster* a Atwood porque ela nos rouba a versão única da Odisseia como a repetimos há anos e anos. Propõe um novo olhar a partir do feminino e expõe as crueldades da versão heroica. Faz-nos enxergar o avesso da mortalha tecida por Penélope e nos lembra de que o paradoxo contido na figura de Hermes fica amputado e mutilado se tomamos apenas o verso. Odisseu luta por sua honra e sua imagem; vai à guerra, vai a Calipso, vai a Circe, vai a Nausícaa e finalmente chega a Penélope. Mas a que preço? Quando se conta a história com os óculos do feminino, como convida Atwood, temos que levar em conta a outra face do paradoxo: a imposição da lei do herói em detrimento da morte das heroínas que ali estiveram servindo e suspendendo o tempo para que o herói cumprisse sua odisseia.

Se a figura do *trickster*, seja masculina ou feminina, desorganiza a ordem, essa qualidade hermética em Atwood nos movimenta na direção do reverso, na não aceitação da unilateralidade da versão única. A imagem das 12 servas enforcadas e expostas como em um varal é chocante. Como toda imagem, movimenta nossa psique e, assim, cumpre seu papel hermético de nos tirar da monotonia, da monotipia.

Conclusão

Na nossa cultura marcadamente patriarcal, e antropo e androcêntrica, a soberania de Zeus, engolidor de Métis e, portanto, possuidor de todas as inteligências, impõe-se como história única. Mas se quisermos tricksterianamente levar a cabo uma perspectiva politeísta, polimorfa, *polymetis*, devemos dar voz à singularidade das deusas que compuseram tal teogonia, reverenciando-as e sublinhando-as. Para início de conversa, cabe mencionar a própria Geia, deusa primordial e primeira, originada do Caos e matriz de todo o Cosmos. Com sua arte *trickster*, lembremos que é dela a ideia de pôr fim à violação incessante de Urano e separar céu e terra através da ajuda da foice de sílex e do filho Crono. Nada mais sagaz.

Construindo novas narrativas, façamos da atitude *trickster* e do advérbio *trickster* o nosso verbo, naquilo que ele nos aponta como flexibilidade e diversidade de perspectivas. É preciso dar espaço às Penélopes, às Métis, às Hécates, às Geias, às Atenas, ao feminino que nos habita a todos e cuja voz tem sido ora desprezada, ora sobreposta, ora violentamente calada.

Tecendo essas reflexões, trago uma afirmação da escritora Silvia Federici, estudiosa do feminismo, que abre uma enorme janela para que possamos contextualizar as experiências vividas e assim multiplicar as versões e perspectivas, mesmo sobre textos que sempre nos pareceram tão definitivos:

> Como registrei em *Calibã e a bruxa*, a caça às bruxas instituiu um regime de terror contra todas as mulheres, do qual emergiu um novo modelo de feminilidade a que as mulheres tiveram de se conformar para serem socialmente aceitas durante o desenvolvimento da sociedade capitalista: a feminilidade assexuada, obediente, submissa, resignada à subordinação ao mundo masculino, aceitando como natural o confinamento a uma esfera de atividades que foram completamente depreciadas no capitalismo (Federici, 2019, p. 70-71).

As servas enforcadas por Odisseu somos nós, que perdemos com a parcialidade da história única, com o engolimento de Métis entendido como supremacia de Zeus, com a depreciação do caráter noturno e lunar de Hécate, com a romantização da figura de Penélope. Convoco as palavras da poeta Adélia Prado para arrematar essa ideias, quando, no poema "Alvará de demolição", ela nos diz: "O que precisa nascer aparece no sonho buscando frinchas no teto, réstias de luz e ar".

Referências

Alvarenga, M. Z., & Baptista S. M. S. (2011). *Ulisses: o herói da astúcia*. Casa do Psicólogo.

Atwood, M. (2005). *A odisseia de Penélope: o mito de Penélope e Odisseu*. Companhia das Letras.

Baptista, S. M. S. (2019). *Venenos e antídotos: ensaios sobre a clínica junguiana e mitologia grega*. Artêra.

Brandão, J. (2000). *Dicionário mítico-etimológico*. Vozes.

Détienne, M., & Vernant, J.-P. (2008). *Métis: as astúcias da inteligência*. Odysseus.

Federici, S. (2019). *Mulheres e caça às bruxas*. Boitempo.

Hesíodo. (2001). *Teogonia: a origem dos deuses*. Estudo e tradução de Jaa Torrano. Iluminuras.

Hinos Homéricos. (2010). Editora Unesp.

Jung, C. G. (2011). *Obra completa*. Vozes.

Jung, C. G., & Kerényi, K. (2004). *Introducción a la esencia de la mitologia: el mito del niño divino y los misterios eleusinos*. Biblioteca de Ensayo Siruela.

Kerényi, K. (1986). *Hermes: guide of souls*. Spring.

Kerényi, K. (2002). *Dioniso: a imagem arquetípica da vida indestrutível*. Odysseus.

Souza, A. C. R. de, Lopez, E. M., & Baptista, S. M. S. (2007). Um olhar diferente para a função intuição. *Revista Junguiana 25*, 103-112.

2 A alma brasileira e o *puer trickster* sombrio

Teresinha Zimbrão da Silva

Introdução

> *É certo e até mesmo evidente que a psicologia, ciência dos processos anímicos, pode relacionar-se com o campo da literatura.*
> Jung (OC 15, § 133).

Este trabalho, sobre a alma brasileira e o *puer trickster* sombrio, inicia-se chamando a atenção para o fato de que a sua autoria é do crítico literário e não do psicólogo. Na verdade, ele integra uma pesquisa que tem uma proposta interdisciplinar: contribuir para o diálogo entre literatura e psicologia junguiana.

As relações entre literatura e psicologia são discutidas por Carl Gustav Jung em um conjunto de ensaios publicados em português sob o título *O espírito na arte e na ciência* (OC 15). Nesses ensaios, Jung defende o diálogo, que nos dias de hoje chamaríamos interdisciplinar, entre esses dois campos de conhecimento, espaço onde este trabalho pretende se situar.

Tendo concluído uma pós-graduação *lato sensu* em psicologia junguiana, com a monografia intitulada *Literatura e psicologia analítica* (Silva, 2006), a autora deste trabalho, profissional da área de Letras, propõe-se a divulgar no meio acadêmico brasileiro os estudos sobre literatura e psicologia junguiana, do qual faz parte o presente trabalho, entre outros com semelhante proposta.

No que diz respeito à interdisciplinaridade em geral entre literatura e psicologia, pode-se afirmar que já existe um número consistente de trabalhos que promovem o diálogo do campo literário com o referencial teórico freudiano/lacaniano, contudo o mesmo não se pode dizer em relação ao referencial junguiano. Sendo assim, esses estudos interdisciplinares intentam contribuir então para preencher a carência de diálogo da literatura com a psicologia de Jung.

No caso do presente trabalho, a proposta é motivar uma reflexão sobre a alma brasileira e o *puer trickster* sombrio, reflexão que se espera ser produtiva tanto para o campo da literatura quanto para o campo da psicologia.

Identidade e diferença culturais

> *Os psicólogos têm a tendência a não ver senão os efeitos individuais desses arquétipos; importa agora apreciar-lhes as consequências sociais.*
> Maffesoli (1998, p. 100)

Não há como refletir sobre a alma brasileira e o *puer trickster* sombrio sem considerar questões relacionadas ao coletivo, tais como identidade e diferença culturais. Ora, como chama a atenção o sociólogo francês Michel Maffesoli (1998), a psicologia em geral, e nos interessa aqui a junguiana em particular, tende ao estudo de casos individuais, ignorando, na maioria das vezes, a possibilidade de estudar a coletividade – possibilidade para a qual o próprio Jung chegou a apontar, quando em determinado momento defendeu: "O médico em mim se nega a crer que a vida psíquica de um povo esteja além das regras psicológicas fundamentais. A psique de um povo tem uma configuração apenas um pouco mais complexa do que a psique do indivíduo" (OC 10/3, § 175).

Roberto Gambini, sociólogo brasileiro e analista junguiano, também defende a possibilidade de estudar psicologicamente a coletividade. E sublinha: "se uma teoria psicológica é válida para o indivíduo, deve poder também ser aplicada a situações coletivas" (Gambini, 2000, p. 35).

Pois este trabalho, ao refletir sobre a alma brasileira e o *puer trickster* sombrio, além de promover o diálogo entre o referencial teórico junguiano e o campo literário, pretende também contribuir para os estudos interdisciplinares sobre a coletividade. Sabe-se que o campo da literatura estuda já há muitos anos as questões relacionadas ao coletivo sobre identidade e diferença culturais e, no que diz respeito à literatura brasileira, há extensa produção bibliográfica sobre o tema. Este trabalho defende que a psicologia junguiana pode contribuir, e muito, para os estudos literários sobre identidade e diferença culturais, do mesmo modo que esses estudos literários podem também contribuir, e muito, para os estudos psicológicos da coletividade.

A alma brasileira

> *Sem anima e com sombra. Olha como foi que nós começamos.*
> Gambini (Dias, & Gambini, 1999, p. 34)

Trabalhar com questões sobre a alma brasileira a partir da psicologia junguiana implica admitir que é possível colocar o Brasil num divã. Sendo assim, a principal referência teórica é o trabalho desenvolvido pelo sociólogo Roberto Gambini, que defende a aplicação da teoria psicológica de Jung ao estudo de situações coletivas. Gambini pratica uma psicologia da história do Brasil, uma investigação cujo alvo é a própria alma brasileira.

Ao colocar a alma brasileira no divã, Gambini narra a história de suas origens e diagnostica a sua psicopatologia: "O espírito feminino estava muito mal colocado na civilização europeia. Estava reprimido. A Inquisição e a perseguição às bruxas são a própria representação desse estado de coisas" (Dias & Gambini, 1999, p. 34). Além disso, de certo modo, pode-se dizer que o português aventureiro não traz consigo a anima criativa, inspiradora da arte portuguesa renascentista, para o Novo Mundo. Quando embarca, "o lado feminino dele fica lá, porque aqui só iria atrapalhar sua obsessão de conquista" (Dias, & Gambini, 1999, p. 34).

Não há pecado debaixo da Linha do Equador, decretou com autoridade o Papa Paulo III no século XVI. E os portugueses, tendo deixado sua anima criativa na Europa a fim de empreender a sua aventura fálica de conquista, liberaram a sua sombra-pecado no Novo Mundo. Então, "aqui no Novo Mundo, onde não havia pecado, dava para ser absolutamente fálico" (Dias, & Gambini, 1999, p. 34).

Não se tem certeza se as índias foram estupradas pelos portugueses, mas se pode afirmar que "o primeiro brasileiro é filho de pai branco e mãe índia" (Dias, & Gambini, 1999, p. 29). Considerando as qualidades maternas e paternas que vão influenciar suas origens, vê-se aí que o brasileiro já nasce com "sérios problemas" (Dias, & Gambini, 1999, p. 30). O pai branco é um conquistador fálico e um aventureiro sombrio, e a mãe índia é tão somente um ventre que não vai poder transmitir ao filho sua ancestralidade. Gambini conclui seu diagnóstico: "Sem anima e com sombra. Olha como foi que nós começamos" (Dias, & Gambini, 1999, p. 34).

De *Iracema* a *Macunaíma*

> *O Brasil continua trabalhando contra seu próprio arquétipo [...] – quando devíamos assumir profundamente o arquétipo da mistura.*
> Gambini (Dias, & Gambini, 1999, p. 202)

O presente trabalho considera o diagnóstico de Gambini sobre a psicopatologia da alma brasileira em suas origens: "sem anima e com sombra" (Dias, & Gambini, 1999, p. 34), e, ao estudar a identidade e a diferença culturais, dialogando com a produção literária brasileira, propõe-se a refletir sobre as implicações posteriores dessa psicopatologia original. Por exemplo, no romance *Iracema* do escritor José de Alencar, publicado em meados do século XIX, em pleno nacionalismo e indianismo românticos, a idealização do encontro original do índio com o branco é tamanha, que o autor coloca a índia dando de beber ao branco uma poção, e é sob o efeito dessa poção, imaginando que se trata de um sonho e não de realidade, que o branco se deita com ela:

> Assim, a virgem do sertão, aninhou-se nos braços do guerreiro. [...] Vendo Martim a virgem unida ao seu coração, cuidou que o sonho continuava; cerrou os olhos para torná-los a abrir. [...] Os beijos de Iracema são doces no sonho; o guerreiro branco encheu deles sua alma (Alencar, 1997, p. 45).

Martim imagina que foi tudo um doce sonho. E Iracema, não mais a virgem dos tabajaras, deixa que ele pense assim:

> A filha de Araquém escondeu no coração a sua ventura. Ficou tímida e inquieta como a ave que pressente a borrasca no horizonte. Afastou-se rápida e partiu. As águas do rio banharam o corpo casto da recente esposa. Tupã já não tinha sua virgem na terra dos tabajaras (Alencar, 1997, p. 45-46).

No registro literário do nacionalismo romântico, é a bela índia, com total consciência do que está fazendo, quem seduz o honrado branco, de todo inconsciente dos seus atos, e daí nasce o brasileiro. Note-se então o quanto a provável violência do encontro original está completamente reprimida no inconsciente coletivo brasileiro do século XIX. Note-se, também, que o romance registra que o Brasil só admitia então o índio como ancestral da forma mais idealizada possível, jamais como possível vítima de estupro.

Quanto ao negro, este está ainda mais reprimido do que o índio no inconsciente desse Brasil escravocrata, de todo ausente da consciência coletiva da formação do brasileiro, e nem sequer figura como personagem nesse romance nacionalista que pretende tematizar tal formação. Em suma, a "mistura" continua sendo negada em pleno 1800. O negro só seria admitido de fato como ancestral, assim como o índio na forma não idealizada, no romance modernista *Macunaíma*, do escritor Mário de Andrade, publicado na segunda década do século XX, 100 anos depois de proclamada a independência do país.

Parodiando *Iracema*, a versão idealizada da formação da alma brasileira, *Macunaíma: o herói sem nenhum caráter* conta a história de um índio, "preto retinto" (Andrade, 1986, p. 9), que ao longo da narrativa se transforma em branco de olhos azuis. Como anuncia o subtítulo, é o herói sem nenhum caráter, ou seja, sem nenhuma característica que o identifique, daí os transformismos: índio, preto e branco. O nacionalismo modernista é que iria produzir o registro literário das presenças definitivas do negro e do índio, até então reprimidas no inconsciente coletivo brasileiro, como partes integrantes da alma do Brasil, e somente então a "mistura" começaria a ser culturalmente assumida.

O preto de alma branca

> *Qual é a função da dor e do sofrimento, como esse causado pela escravidão, na constituição de um povo e de uma alma? Não é possível pensarmos que isso passou com o fim da escravidão e não deixou marcas.*
> Gambini (Dias, & Gambini, 1999, p. 65)

Segundo Gambini, a formação do povo brasileiro começa com um ato de destruição e de negação: o índio é o objeto da primeira negação do branco, e logo em seguida vem a segunda negação – a do negro. "Como é que se inseriram esses três grupos para começar a construir uma identidade, se dois deles serão negados na sua humanidade, nos seus valores e na sua alma?" (Dias, & Gambini, 1999, p. 65). A frase "o preto de alma branca" indica mais do que um preconceito racial: indica um preconceito anímico.

Gambini sublinha que, "desde o começo, se dizia que o índio era um animal e o negro uma mercadoria, e que nenhum dos dois tinha alma" (Dias, & Gambini, 1999, p. 69). Há uma recusa por parte do branco dominante de incluir a identidade do índio e do negro dominados, originando um débito psíquico, um "roubo de alma" que persistiria até os dias de hoje. "Continua a haver um mecanismo perverso de impedir que pedaços da alma brasileira façam parte do todo" (Dias, & Gambini, 1999, p. 67).

Trata-se de um estado de ditadura psíquica na qual um setor da psique silencia o outro, e assim o índio e o negro se transformam na sombra do branco. Considerando a imagem de um todo feito de partes, pode-se afirmar que a alma brasileira está amarrada, mas não sintetizada – entendendo-se síntese aqui não como homogeneização, não como média, e sim como respeito à diferença, como aceitação das singularidades de cada uma das partes. Só que não há tal síntese, porque há negação. De fato, partes dessa alma continuam sendo negadas e vieram a se tornar sombrias.

Na interpretação do teólogo Leonardo Boff (2016): "Esse Brasil cindido, com lados contrapostos, constitui uma contradição viva e escandalosa. Possui uma herança sombria que nos vem do etnocídio indígena que ainda persiste". A isso podemos acrescentar a tortura e a escravidão dos negros, herança sombria que "se manifesta pelo fosso que cinde o país de cima a baixo e nos faz herdeiros de uma república com uma democracia, mais farsa que realidade" (Boff, 2016), já que não existe nesta democracia, de fato, a igualdade de direitos.

Como afirma o antropólogo Darcy Ribeiro (1995, p. 120): "Nenhum povo que tenha sofrido isso [a escravidão] como sua rotina diária através dos séculos não sairia dela sem ser marcado indelevelmente". Afinal, a dor e o sofrimento causados pela escravidão e pela tortura de índios e negros marcaram em definitivo a alma brasileira. Ribeiro sublinha (1995, p. 120): "Todos nós brasileiros somos da mesma carne daqueles índios e negros torturados. Todos nós brasileiros somos, da mesma forma, a mão possessa que os torturou". E conclui: "O lado mais terrível de nossa herança é sempre carregar conosco a cicatriz do torturador impressa em nossa alma pronta a explodir em sua brutalidade".

A cicatriz sombria do torturador

> *[...] o país foi mesmo construído com sangue, suor e lágrimas. [...] a consciência coletiva brasileira precisa reconhecer que praticou uma perversidade.*
> Gambini (Dias, & Gambini, 1999, p. 82-83)

Como já mencionamos, trabalhar com questões sobre identidade e diferença culturais brasileiras a partir da psicologia de Jung implica deitar o Brasil num divã e estudar psicologicamente a coletividade: a alma brasileira. No caso deste trabalho, o estudo do coletivo se dá considerando o diálogo entre o referencial teórico junguiano e o campo literário. Para tanto, convocamos mais uma cena antológica, no caso, da literatura machadiana, recortada às páginas do romance *Memórias póstumas de Brás Cubas*, publicado em fins do século XIX.

Eis a cena: o personagem Prudêncio, escravo de Brás Cubas na infância, sofrera da parte deste inúmeros espancamentos. Anos depois de dar alforria ao seu escravo, Brás Cubas encontra Prudêncio espancando um outro negro. Surpreso, ele pede para que Prudêncio pare com aquilo e é de imediato atendido. O ex-escravo era agora dono de escravo e estava tratando um outro ser humano como havia sido tratado antes por seu dono. Brás Cubas conclui da cena:

> Era um modo que o Prudêncio tinha de se desfazer das pancadas recebidas, – transmitindo-as a outro. Eu, em criança, montava-o, punha-lhe um freio na boca, e desancava-o sem compaixão; ele gemia e sofria. Agora, porém, que era livre, dispunha de si mesmo, dos braços, das pernas, podia trabalhar, folgar, dormir, desagriolhado da antiga condição, agora é que ele se desbancava: comprou um escravo, e ia-lhe pagando, com alto juro, as quantias que de mim recebera (Machado de Assis, 1997, p. 582).

Machado de Assis registra na sua literatura a imitação inconsciente do torturado em relação ao seu torturador. A tortura que Prudêncio viveu foi contextualizada como algo tão natural, que assim que este teve uma oportunidade, e sem maior consciência disso, repetiu-a, tornando-se também um torturador. Quer o brasileiro tenha vivido diretamente a situação de tortura, como Prudêncio, ou indiretamente como história do seu país, note-se, como sublinha Darcy Ribeiro, que a cicatriz sombria do torturador está impressa na alma de todo brasileiro, prestes a explodir em sua brutalidade. Ou ainda, nas palavras do educador Paulo Freire (2018), a tendência do oprimido é se tornar ele também um opressor. Notem que, ao longo da sua história, os brasileiros foram em diversos níveis ora oprimidos, ora opressores. No nível étnico, o branco local foi oprimido pelo branco português, e o índio e o negro pelo branco local. Pois Freire chama a atenção para a tendência de os oprimidos introjetarem as sombras dos opressores e acabarem por aderir às suas pautas: "É que a realidade opressora, ao constituir-se como um quase mecanismo de absorção dos que nela se encontram, funciona como uma força de imersão das consciências" (Freire, 2018, p. 52). Ou seja, as consciências oprimidas são absorvidas pelas consciências opressoras, instaurando "a dualidade existencial dos oprimidos que, 'hospedando' o opressor cuja 'sombra' eles 'introjetam', são eles e ao mesmo tempo são o outro" (Freire, 2018, p. 67). É o caso de Prudêncio, ex-escravo que se torna ele mesmo um senhor de escravo.

Retomando Darcy Ribeiro (1995, p. 120), o lado mais terrível da herança do brasileiro – herança constituída pelas marcas do oprimido torturado e, ao mesmo tempo, pela mão opressora que o torturou – é carregar sempre consigo a cicatriz do torturador impressa em sua alma "pronta a explodir em sua brutalidade". Pois é essa cicatriz sombria do torturador que o escritor Machado de Assis parece ter acessado do inconsciente coletivo brasileiro e deixou registrada na sua obra através dos personagens Brás Cubas, o ex-escravo Prudêncio e o escravo deste.

O Brasil *puer*

> *Mas fica um "eguinho" cristão, bobo, na ilusão de que é o portador das virtudes [...]. Daí projeta a sombra no índio e no negro, no pobre ou na mulher. É um extremo estado de ignorância inconsciente.*
> Gambini (Dias, & Gambini, 1999, p. 55-56)

E assim, com a negação do índio e do negro, vítimas da escravidão e da tortura, a sombra passou a organizar a vida das pessoas no Brasil desde as suas origens, impedindo o desenvolvimento do ego, que permaneceu imaturo. Nas palavras de

Gambini: "Quando a sombra está organizando a vida de uma pessoa, há uma repressão das boas qualidades do ego, que são o quê? Saber lidar com a regra, com a lei, com a ética, com o justo e o injusto, com o legítimo e o não legítimo, com o pode, não pode" (Dias & Gambini, 1999, p. 54-55). Trata-se de uma aprendizagem de todo necessária para a pessoa. "Ela então vai aprendendo que nem todos os desejos podem ser satisfeitos, que não pode ter tudo, que é preciso respeitar os outros, que é necessário dividir. Mas quem aprende? É o ego que aprende tendo um diálogo com a sombra" (Dias, & Gambini, 1999, p. 55).

No caso do brasileiro e sua alma sombria, "houve uma atrofia do lado construtivo do ego que, nessa condição, gerou um ego absolutamente imaturo" (Dias, & Gambini, 1999, p. 55), um ego que se quer virtuosamente branco e que não se responsabiliza por suas sombras. De fato, dois anos depois de proclamada a libertação dos escravos, dizia a letra que Joaquim Albuquerque compôs para o hino à República: "Nós nem cremos que escravos outrora/Tenha havido em tão nobre país..." (Sousa, 2007). Ou seja, em apenas dois anos o brasileiro já tinha se desresponsabilizado pela sombra da escravidão, relegando-a ao inconsciente. Um ego sombriamente *puer*, imaturo e irresponsável. "Daí projeta a sombra no índio e no negro, no pobre ou na mulher" (Dias, & Gambini, 1999, p. 55-56).

O puer *trickster*

> *O que o português vinha buscar era, sem dúvida, a riqueza, mas riqueza que custa ousadia, não riqueza que custa trabalho [...] Todos queriam extrair do solo excessivos benefícios sem grandes sacrifícios.*
> Holanda (1975, p. 18-21)

No arquétipo do herói brasileiro, encontra-se a presença marcante da estrutura *puer trickster*. A improvisação no lugar da programação, o "dar um jeito" no lugar da solução. Malandros, gozadores, brincalhões, inconsequentes, eternos adolescentes que burlam a lei imposta pelo Pai e se recusam a viver sob "ordem e progresso" (mesmo sendo esse, ironicamente, o emblema da bandeira nacional). É verdade que as qualidades positivas do herói malandro *puer trickster* são reconhecíveis no brasileiro: "dar um jeito" revela, do lado luminoso, espontaneidade, criatividade e ludicidade.

O português, ousado aventureiro que chega ao Novo Mundo, como sublinha o historiador e sociólogo Sérgio Buarque de Holanda (1975), vinha em busca de riqueza fácil e não de sacrifício e trabalho. Talvez se possa dizer que a imagem do malandro como símbolo nacional remonta às próprias origens do Brasil. Posteriormente, a malandragem veio a se manifestar também como um sistema de defesa contra a opressão dos portugueses, e, passando o Brasil de colônia à nação, contra as leis por demais burocráticas do país e contra a própria pobreza cada vez mais reinante. Contudo, é sobre o *puer trickster* sombrio que o presente trabalho se propõe refletir. Pois voltemos ao romance *Macunaíma*.

O herói sem nenhum caráter

> *Acho que é uma leitura muito descomprometida dizer: "Ah, nós somos assim mesmo sem caráter e isso é que é legal, nós damos um jeito". Isso é o arquétipo do eterno adolescente. Nós já sabemos que o fim é trágico. Macunaíma desaparece, basta ler direito a história.*
> Gambini (Dias, & Gambini, 1999, p. 140)

Macunaíma: o herói sem nenhum caráter, de autoria do modernista Mário de Andrade, conta a história de um índio que nasce preto retinto no fundo do mato-virgem. Em determinado momento, mata por engano a mãe, e daí resolve deixar sua maloca e sair pelo mundo afora. De índio negro, vira branco de olhos azuis, e vai sobrevivendo, tanto na selva de árvore quanto na selva de pedra, na base do jeitinho malandro.

À procura da alma brasileira, Gambini se depara com a história indígena de Macunaíma, apropriada pela literatura modernista, e percebe que aquilo que ele procura está expresso na linguagem artística: "Mário de Andrade tinha uma rara capacidade de acessar o inconsciente coletivo brasileiro, do qual emanaram todas essas desconcertantes porém riquíssimas imagens" (Dias, & Gambini, 1999, p. 129).

Como sublinha Gambini, na história de Macunaíma falta um pai. A mãe é morta; sendo assim, o filho não pode ser amado nem nutrido por essa mãe, como também não pode se relacionar com um pai que nem aparece na narrativa. "O filho não tem as referências iniciais para viver sua individuação, descobrir-se a si mesmo e cumprir um destino" (Dias, & Gambini, 1999, p. 128). Ele não consegue construir uma identidade, um caráter, e assim não cumpre o seu trajeto heroico. "No entanto, essa é a expressão perfeita do arquétipo de herói, porque exprime o que acontece no Brasil. Aqui, o herói não pode ser herói por completo" (Dias, & Gambini, 1999, p. 129). Mas o que seria essa completude? "Constituir-se plenamente como individualidade integrando as três raças" (Dias, & Gambini, 1999, p. 129).

Pois desde o subtítulo da história, Macunaíma, "herói de nossa gente" (Andrade, 1986, p. 9), que nasce índio negro e se torna louro de olhos azuis, é definido pela ausência de caráter. "Poderíamos dizer que o brasileiro não pode se ver nem como branco, nem como negro, nem como índio [...] não há integração, não há síntese, e então prevalece a sombra, sinal dessa dissociação" (Dias, & Gambini, 1999, p. 130).

É o que acontece com Macunaíma, o herói sem nenhum caráter, o herói dissociado. Na verdade, continua Gambini: "É a inconsciência do ser. Quem não sabe quem é, ora é uma coisa, ora é outra, nunca junta tudo para criar alguém com um caráter" (Dias, & Gambini, 1999, p. 130). Por outro lado, é um total descomprometimento afirmar: "Ah, nós somos assim mesmo sem caráter e isso é que é legal, nós damos um jeito" (Dias, & Gambini, 1999, p. 140).

Isso é o arquétipo do *puer*, o eterno adolescente que não consegue crescer e construir uma identidade, um caráter. "Na ausência de caráter entra o oportunismo" (Dias, & Gambini, 1999, p. 130). Entra a malandragem. Entra o *puer trickster* sombrio que, na estória, tem um fim triste: Macunaíma desiste de viver na terra e foge para o céu. "A Ursa Maior é Macunaíma. É mesmo o herói capenga que de tanto penar na terra sem saúde e com muita saúva, se aborreceu de tudo, foi-se embora e banza solitário no campo vasto do céu" (Andrade, 1986, p. 133).

Do malandro ao marginal

> *É quando o malandro corre o risco de deixar de viver do jeito e do expediente para viver dos golpes, virando então um autêntico marginal ou bandido.*
> DaMatta (1997, p. 269)

Importa notar que a malandragem não é uniforme e tem suas gradações. É o que explica o antropólogo Roberto DaMatta (1997, p. 269): "O campo da malangragem vai, numa gradação, da malandragem socialmente aprovada e vista entre nós como esperteza e vivacidade, ao ponto mais pesado do gesto francamente desonesto". Eis a conclusão inevitável: "É quando o malandro corre o risco de deixar de viver do jeito e do expediente para viver dos golpes, virando então um autêntico marginal ou bandido" (DaMatta, 1997, p. 269).

Comparando o herói malandro em *Macunaíma* (Andrade, 1986) – livro publicado no início do século XX – e o herói marginal, bandido, traficante, violento e corrupto em *Cidade de Deus* (Lins, 2002) – livro de autoria de Paulo Lins publicado no final do século XX –, percebe-se o registro literário explícito dessa gradação no campo da malandragem. A imagem do país charmoso e tropical do malandro, personagem que transita livremente do centro da sociedade às margens, vivendo às custas do jeitinho e de pequenos golpes, procurando assim conciliar as diferenças sociais, dá lugar à imagem do país caótico e violento dos marginais, personagens excluídos de todo do centro e condenados às margens e à desigualdade social. Diferentemente do malandro, que tinha esperanças de inserção social, o marginal não encontra mais por onde se inserir socialmente. Seu destino parece ser mesmo a total exclusão, daí a sua violência como resposta.

Talvez se possa dizer, junto com o crítico literário João Cezar de Castro Rocha (2006), que arte, cinema e literatura no Brasil contemporâneo apontam para o fato de que a dialética da malandragem, conceito criado pelo crítico literário Antonio Candido (1970), que muito bem descreve o herói malandro até meados do século XX, está cedendo a vez à dialética da marginalidade.

Explica Castro Rocha (2006, p. 37): "Enquanto a 'dialética da malandragem' representa o modo jovial de lidar com as desigualdades sociais, como também com a vida cotidiana, a 'dialética da marginalidade', ao contrário, apresenta-se através da exploração e da exacerbação da violência, vista como um modo de repudiar o dilema social brasileiro". Em outras palavras, o malandro jovial e conciliador das desigualdades virou o marginal repudiador das conciliações e, de todo, violento, e essa "violência parece não apenas predominar na vida cotidiana, especialmente em centros urbanos como Rio de Janeiro e São Paulo, mas também prevalece na produção cultural de nossos dias" (Castro Rocha, 2006, p. 37). O autor ainda defende que "o desenvolvimento do conceito de 'dialética da marginalidade' pode ajudar a compreender o surgimento de uma produção cultural contemporânea centrada na violência" (Castro Rocha, 2006, p. 27) que tematiza os marginais. A representação cultural da identidade brasileira estaria assim em transformação: os traços do malandro cedendo a vez aos do marginal.

Se esse é o diagnóstico cultural, o diagnóstico psicológico de Gambini sobre o Brasil das últimas décadas explicita-se na afirmação que se segue: "A primeira coisa que me vem à mente é que o herói sem nenhum caráter acabou virando mau-caráter" (Dias, & Gambini, 1999, p. 150). Ou, nos termos de Roberto DaMatta (1997), o malandro que vivia do jeito acabou virando o marginal que vive do golpe.

Se amplificarmos esse raciocínio para incluir como marginal não só os excluídos socialmente, mas também os incluídos, como a classe política do Brasil, veremos que nos últimos anos diversos políticos de amplo espectro partidário se revelaram verdadeiros marginais e bandidos a aplicar golpes para escapar da justiça. Isso é tão verdadeiro que, às vésperas das Olímpiadas de 2016, sediada no Rio de Janeiro, a classe política brasileira ganhou fama internacional como campeã da corrupção, da bandidagem e do mau-caratismo – esse foi o troféu ganho pelo Brasil em tempos olímpicos. É verdade que malandragem não é sinônimo de corrupção, mas, como defende a analista junguiana Camila Novaes (2016, p. 8), que pesquisou a corrupção no país: "Só que o *trickster* não gosta de trabalhar e no Brasil ele se tornou malandro profissional: o do colarinho branco".

Na conclusão de Gambini: "Então nós estamos, em termos junguianos, no terreno das negatividades ou da sombra" (Dias, & Gambini, 1999, p. 150), ou seja, de um *puer trickster* cujas qualidades luminosas estariam se apagando, enquanto predomina cada vez mais o seu lado sombrio. Em princípio, um prognóstico por demais pessimista. Contudo, importa considerar que, psicologicamente, é preciso, às vezes, descer aos infernos sombrios, morrer... para depois enfim, como fênix, renascer...

Papai morreu...

> *"Papai morreu, papai tá gagá, papai não sabe. Somos nós que vamos ter que fazer."*
> Gambini (Dias, & Gambini, 1999, p. 208)

Em seus estudos sobre a alma brasileira, Gambini sublinha diversas vezes que o problema do pai no Brasil é gravíssimo, pois o pai histórico é patológico: "Não adianta continuar esperando o arquétipo paterno se manifestar no Brasil porque, aqui, ele é manco mesmo" (Dias, & Gambini, 1999, p. 207). Esse arquétipo paterno sombrio condicionou a história do país, gerando um povo que se sente órfão, deserdado, bastardo. A fixação nessa paternidade manca, sentida como ausência, significa permanecer eternamente à procura do pai. Gambini aconselha: "Eu diria que está na hora de os filhos começarem a pensar que esse é o pai que eles têm e que, portanto, é preciso tomar nas mãos a tarefa de 'inventar o Brasil' mesmo sem ele" (Dias, & Gambini, 1999, p. 207).

É verdade que não se muda de arquétipo como se muda de roupa, mas é possível procurar, conscientemente, um outro tipo de conexão com o arquétipo. O *puer* precisa crescer, sem perder sua alegria e sua criatividade. O *trickster* precisa reencontrar o seu lado luminoso. Como sublinha o analista junguiano Walter Boechat (2014, p. 13): "O Malandro aparece como num espectro que oscila desde o psicopata perigoso até personagens extremamente criativos". Pois é essa criatividade que o Brasil precisa aprender a utilizar de modo construtivo.

Se o *trickster* flexível e improvisador parece ser a solução para sistemas políticos por demais rígidos, esse não é o caso brasileiro. Como defende Novaes (2016, p. 8), "essas soluções não se aplicam ao Brasil! Nosso sistema já tem flexibilidade e improvisação demais!" E propõe: "Temos, então, que ver o *trickster* como a possibilidade de mudança, de virar o jogo" (Novaes, 2016, p. 8). O toque de malandragem, no caso brasileiro, seria o oposto, ou seja, "trazer mais organização ao que é caótico, mas sem perder a nossa alegria, a nossa brasilidade" (Novaes, 2016, p. 8).

De seu lado, Gambini, otimista, prognostica: "Pode ser pura utopia [...] um despertar de um adulto que não precisa mais de pai e mãe e que olha para si mesmo e vê a parte que tem que carregar, porque não tem jeito, é dele, mas também vê a força que possui e confia nela. E vai pensar, vai criar, vai agir. A utopia é essa" (Dias, & Gambini, 1999, p. 209).

Considerações finais

Este trabalho, que, como mencionamos, é da autoria do crítico literário e não do psicólogo, procurou motivar os estudos interdisciplinares sobre o coletivo, promovendo o diálogo entre o referencial teórico junguiano e o campo literário, sobretudo no que diz respeito aos estudos sobre identidade e diferença culturais. Ele é parte integrante de uma pesquisa interdisciplinar desenvolvida como contribuição ao preenchimento da carência de diálogo entre as áreas da literatura e da psicologia junguiana e pretende motivar uma reflexão produtiva, tanto para a área da literatura quanto para a área da psicologia, sobre a alma brasileira e o *puer trickster* sombrio. O trabalho considerou o diagnóstico de Roberto Gambini sobre a psicopatologia da alma brasileira em suas origens e, ao dialogar com a produção literária brasileira, refletiu sobre as implicações posteriores dessa psicopatologia original. Considerou também que, no arquétipo do herói brasileiro, encontra-se a presença marcante da estrutura *puer trickster* com as suas qualidades positivas reconhecíveis. Contudo, é o *puer trickster* sombrio que o trabalho tomou como objeto de reflexão.

Referências

Alencar, J. de. (1997). *Iracema*. Ática.

Andrade, M. de. (1986). *Macunaíma: o herói sem nenhum caráter*. Itatiaia.

Boechat, W. (2014). *A alma brasileira: luzes e sombra*. Vozes.

Boff, L. (2016, abr. 27). O Brasil real e o virtual. *Leonardo Boff*. https://leonardoboff.wordpress.com/2016/04/27/o-brasil-real-e-o-brasil-virtual/

Candido, A. (1970). Dialética da malandragem: caracterização das Memórias de um sargento de milícias. *Revista do Instituto de Estudos Brasileiros 8*, 67-89.

Castro Rocha, J. C. de. (2006). A guerra de relatos no Brasil contemporâneo. Ou: "a dialética da marginalidade". *Letras 32*, 23-70.

DaMatta, R. (1997). *Carnavais, malandros e heróis: para uma sociologia do dilema brasileiro*. Rocco.

Dias, L., & Gambini, R. (1999). *Outros 500: uma conversa sobre a alma brasileira*. Senac.

Freire, P. (2018). *Pedagogia do oprimido*. Paz e Terra.

Gambini, R. (2000). *Espelho índio: a formação da alma brasileira*. Axis Mundi; Terceiro Nome.

Holanda, S. B de. (1975). *Raízes do Brasil*. José Olympio.

Jung, C. G. (2011). *Obra completa*. Vozes.

Lins, P. (2002). *Cidade de Deus*. Companhia das Letras.

Machado de Assis, J. M. (1997). *Obra completa* (Vol. 1). Nova Aguilar.

Maffesoli, M. (1998). *Elogio da razão sensível*. Vozes.

Novaes, C. S. (2016). Corrupção no Brasil: uma visão da psicologia analítica. *Junguiana, 34*(2), 5-17.

Ribeiro, D. (1995). *O povo brasileiro: a formação e o sentido do Brasil*. Companhia das Letras.

Silva, T. V. Z. da. (2006). *Literatura e psicologia analítica*. [Monografia de Especialização, Instituto Brasileiro de Medicina de Reabilitação].

Sousa, R. G. (2007, abr. 13). Hino da Proclamação da República. *Brasil Escola*. https://brasilescola.uol.com.br/historiab/hinodaproclamacaodarepublica.htm

3 Espelhos da alma

Uma reflexão simbólica sobre a sombra coletiva e individual na cultura brasileira

Giselli Gonçalves e Patricia Cristina De Conti

Este capítulo objetiva lançar luz sobre o paradigma da amabilidade presente na psique coletiva brasileira, para ampliar a consciência sobre as ambivalências, os aspectos sombrios e os desequilíbrios no âmbito dos valores coletivos e individuais.

Abordaremos essas questões promovendo um diálogo entre o conhecimento apresentado na umbanda e aquele produzido pela psicologia analítica. Apresentaremos uma leitura simbólica do mito Exu Mirim, relacionando-o a conceitos fundamentais da obra de C. G. Jung, notadamente a questão do desenvolvimento da consciência – sobretudo em sua relação com o princípio arquetípico masculino, a dicotomia *persona*-sombra, a imagem do *trickster* e o processo de individuação.

Historicamente, o Brasil sustenta a imagem de país acolhedor que recebe com gentileza pessoas de todas as nações. Essa imagem parece ter sido progressivamente construída de forma a compensar conteúdos que subjazem na sombra[6] coletiva – notadamente, o preconceito, a discriminação social e a negligência com a população menos favorecida, que sobrevive em situação de extrema vulnerabilidade social. Nos porões de nossa história, movimentam-se os rastros deixados pelo genocídio indígena e pela escravidão de povos africanos, passado esse que, embora reprimido, continua a produzir efeitos na consciência.

Nos últimos anos, crescentes reivindicações populares indicam a emergência de uma força parcialmente consciente que, ao denunciar a corrupção e a criminalidade no país, busca promover mudanças políticas e sociais. Esse processo envolve discussões a respeito da redução da maioridade penal, considerando que, ao menos em parte, os jovens marginalizados acabaram por receber, nessa vigorosa movimentação da consciência coletiva, a projeção de alguns de seus aspectos sombrios. Segundo nossa compreensão, a marginalização dos jovens pode ofuscar problemas historicamente enraizados em nossa sociedade, como a falta de acesso à educação de base e a desigualdade social. Igualmente, pode ofuscar a criação de uma profusão de bodes expiatórios, representantes da sombra coletiva e de importantes aspectos da personalidade que são reprimidos em nome da *persona* ou de uma suposta adaptação social frágil e desequilibrada, que não se sustenta diante dos desafios do cotidiano.

Em nosso trabalho, optamos por amplificar essas questões utilizando a imagem simbólica do mito do orixá Exu Mirim, proveniente da umbanda. Sua qualidade imagética, a nosso ver,

6. Whitmont (1994) sintetiza o conceito junguiano de sombra como a parte da personalidade que foi reprimida em benefício do ego ideal. No nível individual, a sombra é composta por conteúdos psíquicos incompatíveis com a orientação da consciência individual. No nível coletivo, é composta por conteúdos incompatíveis com a orientação da consciência coletiva.

convida-nos a circum-ambular em torno de seus símbolos, pois o contato com essas imagens pode proporcionar autorreflexão, conscientização, mudança de paradigmas e eventual transformação nos indivíduos, favorecendo o processo de individuação. Sobretudo nos casos em que a psique se encontra em situação de sofrimento, notadamente quando este é ocasionado por problemas como transgressões sociais, uso abusivo de drogas, dependência afetiva e depressão, acreditamos ser bastante prolífico o diálogo com essas imagens, pois permite o contato do ego com aspectos sombrios e potencialidades mal elaboradas e contribui para aproximações de pontos de vista aparentemente discrepantes, assim como para ampliação da consciência, adequação desses aspectos às necessidades humanas, individuais e coletivas e promoção de importantes melhorias na qualidade de vida de modo geral.

Ao amplificarmos uma imagem simbólica e mitológica do orixá Exu Mirim à luz da psicologia analítica, não desmerecemos as visões antropológica, sociológica e religiosa, pois elas partem de paradigmas diferentes; não divergentes, mas complementares. O enfoque deste trabalho recai sobre os aspectos míticos e simbólicos, individuais e coletivos, e visa fornecer subsídios para a compreensão do significado deles na psique coletiva brasileira.

O contato do ego com a imagem simbólica e mitológica dos orixás, apoiado pela contenção e pela orientação ritualística exercida pela religião, ou mesmo pelo *setting* psicológico e pelas técnicas psicoterapêuticas, possibilita o contato da consciência do indivíduo com ideias e afetos carregados de energia, para que receba os efeitos estruturantes das características do mito sem os riscos da dissociação psíquica.

Cabe observar que a umbanda é uma religião legitimamente brasileira, fundada em 15 de novembro de 1907, no Rio de Janeiro, pelo médium Zélio Fernandino de Moraes. Fruto de um grande sincretismo religioso, apresenta uma mescla de tradições e culturas africanas (entre elas a iorubá e a banto) agregadas às crenças católicas e kardecistas europeias, às tradições indígenas e orientais. Sendo assim, congrega vários elementos e rituais provenientes das tradições e culturas constituintes do povo brasileiro. Destacamos a prática da caridade cristã; o uso de altares com santos católicos; o desenvolvimento dos adeptos por meio do estudo de obras espíritas e, em alguns casos, de práticas mediúnicas similares às do kardecismo europeu; o uso de defumações e banhos de ervas, típicos da pajelança indígena; o culto aos orixás provenientes do candomblé, adaptados e sintetizados nas Sete Linhas da Umbanda; a expressão de entidades que são configurações míticas de elementos do inconsciente individual e da psique coletiva da cultura popular brasileira, tais como os caboclos, os marinheiros, os boiadeiros, os pretos velhos, os baianos e os ciganos; além do uso de elementos simbólicos tais como velas, cristais, fitas, charutos, comidas, bebidas, flores, perfumes, músicas e danças.

A umbanda se caracteriza por ser uma religião ritualística e simbólica, na qual é possível identificar elementos individuais e elementos arquetípicos que unem os adeptos em torno de alguns eixos significativos. Essas características promovem a vivência tanto da universalidade como da individualidade (Malandrino, 2007). De acordo com Zacharias (1998), por intermédio de suas práticas simbólicas e da manifestação de suas entidades características, ela oferece um mapa da realidade cultural e religiosa para expressão de forças inconscientes que buscam integrar-se ao ego e assim promove o resgate de elementos dissociados nas culturas, bem como favorece a compreensão da fragilidade do ego e sua ligação com componentes do inconsciente pessoal e coletivo.

De acordo com Saraceni (2005, 2014), na visão da umbanda, cada orixá é em si um poder divino realizador, que exerce muitas funções relacionadas à evolução dos seres e à manutenção dos meios que os abrigam. Eles irradiam fatores ou energias direcionados à realização de trabalhos específicos. Esses fatores condensam-se e afixam-se no mental do ser e a partir dele tornam-se expressões vivas e humanas.

Desde que a umbanda começou a ser cultuada, surgiram manifestações do orixá Exu Mirim nos terreiros, durante as giras[7]. Ele se mostra naturalmente irrequieto e curioso. Suas atitudes e seus comportamentos refletem o inconsciente das pessoas com as quais interage, principalmente suas intenções, desde as mais nobres até as mais primitivas. Algumas das principais potencialidades psíquicas associadas a esse orixá são os atributos de retrocededor, regredidor, ocultador, intencionador, "dementador", "avessador" e complicador (Saraceni, 2014).

Destacamos uma das lendas associadas a Exu Mirim: a "Lenda sobre os espertinhos", conforme apresentada por Saraceni (2014, p. 44-50). Nessa narrativa, Exu gabava-se de que em seu domínio natural da criação, que é o estado do vazio absoluto, nada poderia subsistir. Ele gargalhava e se divertia com a preocupação dos outros orixás, que se desdobravam para conter os desequilíbrios isolados que surgiam e que poderiam contaminar seus domínios. Alguns orixás já estavam a ponto de

7. Termo que designa tradicionalmente os rituais da religião nos quais é estabelecido o contato dos adeptos com as entidades que ali se expressam.

voltarem seus mistérios contra Exu, tão irritados que estavam com suas gargalhadas e observações fora de hora.

Eis que Exu Mirim, que também irritava sobremaneira a todos com o ato de assoviar suas irritantes musiquinhas, parou de assoviá-las, atraindo de imediato a atenção dos orixás. Quando todos estavam olhando para ele, inflou o peito e deu sua maior risada já ouvida até então, e começou a rir sem parar. Os orixás ficaram irritadíssimos, pois Exu Mirim gera o fator irritador. Ele fica sempre alegre e rindo de algo que alguém fez contra si.

O orixá Omolu, que não achava graça alguma nas gargalhadas alheias, considerou que seria melhor Exu Mirim irritar-se rindo para dentro do que irritar a todos os orixás com seu riso incontido, o qual indica que algum deles cometeu um erro crasso, embora não se saiba quem foi que o cometeu. Então irradiou seu fator paralisador em Exu Mirim e determinou que só iria suspender a paralisia se ele explicasse o motivo das irritantes risadas.

Exu Mirim, em um gesto involuntário de apertar a cabeça com as mãos, percebeu que com sua boca paralisada passaria a rir para dentro e, então, quem ficaria irritado seria ele próprio. O orixá Oxalá, ciente de que quando Exu Mirim aperta a cabeça com as mãos surgem insuperáveis complicações para todos os outros orixás, pediu a Omolu que retirasse a paralisia, pois seria melhor para todos suportar a irritação causada pelas risadas do que a irritação dos que vivem no lado de dentro da criação, inclusive do divino criador Olorum. "Já estou sabendo e desparalisando a boca dele. Mas, uma noite dessas, eu aplico um corretivo inesquecível em Exu Mirim, sabe?" Omolu, atendendo à solicitação de Oxalá, retirou a paralisia da boca de Exu

Mirim, que ficou embirrado com o fato de ter que rir para dentro, parou de rir e nada mais fez ou falou.

O tempo passou, e como Exu Mirim havia se recolhido ao seu domínio na criação, que é o Nada, suas funções deixaram de ser executadas. Aos poucos, tudo foi saindo do controle dos outros orixás, que viam seus domínios e os seres regidos por eles regredirem. Isso porque os espertos começaram a se multiplicar, e suas espertezas atrapalhavam muito a evolução dos seres. Todos os orixás sabiam que o que estava acontecendo tinha a ver com o recolhimento total de Exu Mirim ao seu domínio, que é o Nada. Mas nem assim se irritavam, porque o fator irritador de Exu Mirim não estava atuando neles nem em seus domínios.

Oxalá, vendo o descontrole total devido ao recolhimento de Exu Mirim e percebendo que os outros Orixás nem sequer se irritavam com isso, já que não sofriam a ação de seu fator irritador, convocou uma reunião com os orixás. Todos compareceram, menos Exu Mirim. Foi uma reunião apática, na qual foram expostas as dificuldades de cada orixá em combater a disseminação da esperteza como forma de relacionamento entre os seres. Como não se achava uma solução, Oxalá convocou Orumilá, o adivinhador divino, e determinou-lhe que revelasse o que deveria ser feito para que Exu Mirim voltasse a executar suas funções.

Orumilá descobriu que Exu Mirim havia se avessado devido à intenção de Omolu de aplicar-lhe um grande castigo, e o único jeito de desavessá-lo seria que todos os orixás enviassem, ao mesmo tempo, oferendas desavessadoras, acompanhadas da garantia de que ele poderia rir à vontade das desgraças alheias, sem temer qualquer punição.

Depois das oferendas e dos compromissos realizados, Exu Mirim desavessou-se, saiu de seus domínios, voltou a irradiar seus fatores e a executar suas funções na criação. Quem não gostou disso foram os espertinhos que, de um momento para o outro, começaram a idiotizar-se.

Diante desse fato, Ogum notou que "é mais fácil proteger um idiota que se defender das falsidades, enganações, mentiras e deslealdades dos espertinhos". Após refletir sobre esse fato, Oxalá proferiu a seguinte lei: "Todo aquele que proteger um ser idiotizado ficará livre das espertezas dos espertinhos e só ficariam irritados com as gargalhadas de Exu Mirim, Exu e Pombagira os seres a quem elas fossem destinadas".

Após essa nova lei, Exu Mirim voltou a dar seu riso irritante, e apenas Exu continuou a se irritar com ele. Estranhando essa situação, Exu perguntou a Exu Mirim o motivo daquela risada e da irritação que lhe causava. E a resposta foi a seguinte: "Todas as vezes que os outros orixás ficavam atarefados e preocupados devido às condutas dos seres regidos por eles, você se divertia porque se julgava muito esperto por reger o Vazio, pois tudo e todos que nele caem são esvaziados e não perturbam o seu sossego. Porém, observe que o seu Vazio está completamente esburacado. Acontece que você gera o fator "espertador", que torna esperto quem o absorve. Logo, os buracos que eles abrem sob os próprios pés com suas espertezas desequilibradas, e que tanto dificultam o trabalho dos outros orixás em ampararem aos que são lesados por eles, atravessam o Vazio e chegam ao meu domínio, que é o Nada".

Exu Mirim achava que Exu iria parar de rir, mas não foi isso o que aconteceu. Exu parou de rir dos outros orixás, mas passou a rir muito e gargalhar à solta dos erros dos espertinhos que fazem buracos debaixo dos próprios pés e caem no domínio de Exu Mirim, que é o Nada.

Podemos observar nessa lenda várias imagens que se relacionam a temas destacados pela psicologia analítica, entre os quais evidenciam-se a questão dos desequilíbrios, da *persona* e da sombra. Sugerimos, aqui, algumas possíveis reflexões a respeito.

As ações de Exu Mirim apresentam paralelos com a dinâmica da energia psíquica. A lenda expressa a ideia de que, conforme argumenta Jung (OC 8/1), todas as extravagâncias e comportamentos exagerados exigem uma ação coordenadora do impulso contrário. Nessas circunstâncias, é possível notar que a psique lança mão de mecanismos de controle tanto da progressão quanto da regressão da energia psíquica.

O mito de Exu Mirim nos remete a uma força que estimula e impulsiona a ação visando atender às exigências de realidade. Contudo, quando houver algum tipo de excesso, alienação ou desequilíbrio psíquico mais grave, essa força desencadeia uma espécie de colapso afetivo que cessa a progressão da energia psíquica. Nesse momento, desaparece o sentimento vital e irrompem conteúdos, reações e sentimentos que são intensos e incômodos. A reação carrega-se de afetos e tende a explosões derivadas do choque entre elementos psíquicos aparentemente opostos.

Para amplificar o estudo sobre esse tema, neste trabalho nós nos utilizaremos de trechos do discurso da entidade Exu Mirim Tempestade, extraídos da transcrição de vídeos do projeto "Diálogo com os Espíritos" (representado pela sigla DcE), produzidos por Jefferson Viscardi. Ele consiste na gravação direta da psicofonia de entidades que se manifestam nas giras de umbanda, apresentadas em áudio, sem cortes ou censura. Os vídeos utilizados são os diálogos de número 127, 128, 135, 136 e 137, disponibilizados no YouTube. Nessas gravações, a entidade Exu Mirim Tempestade se manifesta por meio da médium Angela Maria Gonçalves, respondendo às perguntas feitas por Viscardi, que lhe serve de interlocutor. Apresentamos o Exu Mirim Tempestade a partir de trechos de sua própria fala, marcada por um estilo extremamente casual e repleto de gírias.

Ao ser inquirida sobre sua aparência, a entidade afirma ter o aspecto de um adolescente de 13 anos de idade. Seu linguajar e sua roupagem se adaptam como se fossem uma espécie de uniforme de trabalho, um facilitador de contato, algo mais apropriado à compreensão das pessoas com as quais lida mais frequentemente.

É possível traçar um paralelo entre a função típica dos Exus Mirins e aquela desempenhada por Mercúrio ou Hermes. Remetendo-nos a Zacharias (1998), podemos caracterizar Hermes como detentor da função de mensageiro entre os deuses e os homens, assim como de protetor nos caminhos e passagens. Portanto, assim como ocorre com a imagem simbólica de Hermes, a imagem simbólica de Exu Mirim está associada à faculdade de proteção, de orientação e regulação da energia psíquica.

Enquanto regulador do fluxo de energia psíquica, Exu Mirim rege a passagem de conteúdos entre consciência e inconsciente. Assim, apresentando a possibilidade de subversão da ordem estabelecida, de tornar errado o que é certo, e vice-versa, Exu Mirim participa do processo de enantiodromia, isto é, a reversão do fluxo de energia ao seu oposto, quando ela se encontra excessivamente polarizada. Esse mensageiro do inconsciente tem, portanto, a função simbólica de psicopompo.

O Exu Mirim Tempestade se utiliza da imagem do espelho para explicar ao interlocutor o fundamento de seu trabalho, quando isso lhe é indagado. Sua ação é a de refletir o interior dos seres, promovendo o contato da consciência com as zonas mais obscuras da psique, com a finalidade de transformá-las. Assim, a entidade afirma: "A única coisa que Mirim faz é imitar vocês, véio, fazer o espelho! E esse espelho aqui fala pra vocês, véio!" (DcE 127, 2020).

Em todos os diálogos gravados, a fala de Exu Mirim Tempestade é voltada para a conscientização dos indivíduos que padecem sob o signo da dependência: seja ela a dependência química, ocasionada pelo uso abusivo de substâncias psicoativas, seja a dependência afetiva da aprovação e do amor alheio. Seu vocabulário é sempre enérgico, diretivo, objetivo e nada sutil, como costuma ser, caracteristicamente, a fala dos exus mirim que se manifestam nos rituais de umbanda.

O discurso de Exu Mirim Tempestade expressa fundamentalmente a necessidade de rompimento com a inércia, de impulso para a mudança, de movimento, de desenvolvimento da capacidade de lidar com frustrações e de disciplina estruturante, ou seja, aquilo que pode favorecer o contato do indivíduo com a realidade. A nosso ver, sua fala pode ser compreendida como uma expressão arquetípica do princípio masculino – termo que utilizamos aqui conforme acepção de Neumann (1991, 1995).

Segundo Koss (2000), todo movimento, expressão ou comportamento é constituído de uma mescla das polaridades masculina e feminina, ainda que em proporções diferentes. Dessa forma, nada pode ser considerado unicamente feminino ou masculino, ideia representada pelo símbolo do Tao, que em cada polaridade apresenta o germe de seu oposto.

O princípio arquetípico feminino, de acordo com Whitmont (1994) e Koss (2000), é simbolicamente doador de forma e gerador, o ventre escuro da natureza que dá à luz os impulsos, os anseios, os instintos e a sexualidade e remete aos movimentos intuitivos, agregadores e acolhedores.

Como princípio arquetípico, o masculino, por sua vez, refere-se a algo que é iluminado pelo Sol, que reflete sua luminosidade. Encerra o elemento criativo ou gerador, a energia iniciadora. Esta se manifesta de forma assertiva, como atividade, força, impulsividade, agressividade, fecundação e destruição. É o divisor fálico como a espada e também é o poder de penetração, como a lança. Manifesta, ainda, disciplina, separação, distinção e individualização (Koss, 2000; Neumann, 1991; Whitmont, 1994).

O próprio nome utilizado por esse Exu Mirim para se manifestar relaciona-se, também, ao cânone simbólico em que se expressa o princípio arquetípico masculino e sintetiza sua forma de atuação. Ao ser questionado sobre o motivo de se autodenominar Tempestade, a entidade responde:

> Porque eu vim mudar. Tempestade é pra mudar. A tempestade lava o sujo e deixa limpo. É o que eu faço. [...] Não pode ficar do jeito que está. Daí, o que a gente faz? Traz a necessidade, pra poder mostrar que tem que mudar, né não? Porque se não sente apertar, nego não toma uma atitude (DcE 127, 2020).

> Tempestade é tempo bom. Tempo de limpeza pura. Se a tempestade tá caindo, é certeza que a bonança vem, meu irmão. Tem medo de tempestade é quem não sabe se cobrir, véio, quem não sabe se limpar (DcE 128, 2020).

Relacionada ao aspecto espiritual do princípio arquetípico masculino superior, o símbolo da tempestade, da mesma forma que a luz, o relâmpago e a chuva, representa a ideia de movimento, agressão, fecundação e destruição (Neumann, 1991). É esse movimento que lavará o que está sujo, que proporcionará a alteração de antigos padrões. A destruição causada pelas tempestades demanda uma nova construção, sobre novas bases. Por isso, ao preparar o solo para a fundação de novos alicerces, a tempestade implica também o presságio da bonança.

Disposto a atuar como espelho, ou seja, a favorecer o contato com os conteúdos sombrios dos indivíduos, o Exu Mirim Tempestade expressa um dos atributos essenciais do princípio arquetípico masculino: o desenvolvimento da consciência. De acordo com Neumann (1991, 1995, 1997) e Whitmont (1991), os princípios arquetípicos masculino e feminino estão estreitamente relacionados à história da evolução criativa da consciência humana, seja ela a consciência coletiva cultural, seja a consciência individual. Ambos os autores consideram que a evolução da consciência parte do nível matriarcal (em que prepondera o princípio arquetípico feminino) para o nível patriarcal (em que prepondera o princípio arquetípico masculino).

Ao realizar uma descrição mitológica do desenvolvimento da consciência, Neumann (1995) argumenta que, primariamente, a consciência primitiva experimenta uma situação urobórica, em que a psique vivencia a indiferenciação anterior ao nascimento do ego. Ainda contida no inconsciente, a consciência, nesse estágio simbólico, está imersa no "lago dos não nascidos" (Neumann, 1995, p. 29). Ao emergir da condição urobórica, ela assume nova orientação, adentrando o segundo ciclo de desenvolvimento que é regido pelo arquétipo da Grande Mãe. Aqui, a consciência experimenta o poder esmagador do inconsciente projetado tanto na imagem da Mãe Boa, das dádivas generosas e fecundas, como na imagem da Mãe Terrível, a destruidora, senhora da peste, da fome e da morte, que priva seus filhos de nutrição e afeto.

Diante dessa configuração arquetípica, o ego se experimenta pequeno e impotente perante a figura materna. Exposto aos perigos do inconsciente, ele experimenta a vida sob o signo da dependência das dádivas da Grande Mãe, uma vez que sua fragilidade contrasta com a superioridade numinosa do princípio arquetípico feminino. Paulatinamente, num movimento que visa constituir um novo indivíduo, progride a diferenciação entre o ego e o mundo materno. O ego começa a se instalar como centro e se estabelece como consciência independente, superando à força a situação arquetípica anterior (Neumann, 1995).

De acordo com Neumann (1995), a luta pela consolidação da consciência é expressa pela jornada heroica, que ilustra a construção da autonomia individual. Diferenciar-se do inconsciente significa, para o ego, experienciar a masculinidade arquetípica, ou seja, a autoconsciência cada vez mais ativa. Afirma o autor:

> O desenvolvimento da consciência e do ego [...] consiste na gradual libertação do envolvimento dominador do inconsciente [...]. Se observarmos este processo mais de perto, veremos que ele se trata da crescente independência do Masculino que, originalmente, só existia em germe, assim como o desdobramento do sistema do ego e da consciência, de que originalmente existiam apenas leves indícios, tal como os encontramos na primeira infância (Neumann, 1995, p. 101).

Ao sair da condição materna originária, o ego tem a possibilidade de romper com a dependência do outro, típica da infância. Nesse sentido, a ação do princípio arquetípico masculino é promotora da individualidade, pois rompe com a ação homogeneizadora do materno, que tende a conservar para si tudo aquilo a que dá origem. O princípio arquetípico masculino, promotor da vontade, instaura uma ruptura e dá ao ego nova substância, inserindo-o no mundo que existe fora do ventre. É por meio desse fortalecimento egoico que o indivíduo poderá desenvolver a capacidade de responder criativamente às situações de frustração que advêm com a experiência da realidade objetiva. No mundo da Mãe Boa, a frustração inexiste, pois não existem limites. O arquétipo do pai, disciplinador e regulador, é o responsável pela cisão estruturante, pelo aprendizado da lei e da possibilidade heroica de se suportar o desprazer, a dor e o sofrimento. Essa é uma imagem para a resignação diante do real e para a disposição em atuar sobre ele. É o que, na prática, impele o indivíduo a levantar-se após cada queda. Para o Exu Mirim, esse período em que se cai é pleno de possibilidades de tomada de consciência, redirecionamento da energia, desenvolvimento da vontade e ressignificação do sofrer.

Nesse sentido, podemos compreender determinadas falas da entidade como uma expressão dessa perspectiva simbólica:

> Não tem castigo. Não tem injustiça, tem consequência, mano. Assume as consequências, encara a vida como ela é, não é um passeio, tu não veio de férias pra cá, mano. Encara que vai ter que fazer muita coisa, vai ter que vencer obstáculo, que isso é um treinamento, né não? (DcE 127, 2020).

> Sabe a diferença do mano bom pro mano ruim? O mano bom nunca desiste, meu irmão. Sangue bom não desiste de jeito nenhum. [...] Parece aqueles bichos que os menino brinca, o João Bobo. Você bate, ele levanta, bate, ele levanta (DcE 135, 2020).

> Te fizeram mal, véio? O que importa é o que você vai fazer com esse mal que te fizeram. Tem nego aí, ó, que ficou até sem as perna por parada errada, e hoje é herói meu irmão, é herói, porque o mal que fizeram a ele não fez ele ficar mau. [...] O cara fez o quê? Deu sentido positivo, mostrou que pode vencer qualquer dificuldade, meu irmão. E não tem medo da vida. Nem da morte. Nada. Nada faz o homem bom parar, nada, absolutamente nada, faz o cara que tem certeza do que quer, parar. Pode arrancar tudo dele, o sonho dele tá lá dentro e ele continua a lutar (DcE 135, 2020).

Nas falas do Exu Mirim, identificamos a abordagem prática e realista de vivências desequilibradas características do mundo da marginalidade e da adicção, daquilo que a entidade considera falta de coragem de encarar o que existe dentro e fora de si. O denominador comum a tais experiências é a ausência de princípio da realidade e de limite, a busca pelo amortecimento, o que nos remete ao prazer do colo da Grande Mãe, que em excesso impedirá o crescimento (Neumann, 1991). Essa ilusão de aparente conforto intrauterino há que ser revelada e abalada, "a casa deve cair" para propiciar o novo nascimento. É assim a experiência de nascer: abandonar a suposta proteção e estabilidade do útero, onde a dor não nos convoca. Estar vivo é lidar com a dor, desenvolver consciência para suportá-la "sem muletas" que pareçam recriar, ilusoriamente, a satisfação indiferenciada do útero. Ao ser desestabilizada pela ação do mito, a psique se ilumina e desenvolve a consciência, ou tenderá para o que o Exu Mirim chama de *tenebris*, ou seja, a treva, que pode ser compreendida como a imersão na própria ferida e a identificação com a sombra:

> Todo Mirim sabe o que é pra fazer, e faz. Sem essa coisa de "tô com dozinha". [...] Não tenho dó nenhuma, não! Vou lá e faço o que tem que fazer. A casa cai. É pra cair a casa, mano, então nós faz ela cair. Porque só caindo a casa, o cara descobre que tem que fazer um alicerce. [...] Dó de quê? Nós faz é aplaudir, que vai começar a mudança. Ou muda de um jeito – que tem mudança pra cima e tem mudança pra baixo, né não? –, ou o cara é ruim mesmo, vai pro *tenebris* todinho. Ou vai "ilumiar" de novo, a luz dele vai dar um clarão, se quiser. [...] Mirim não tem dó de ninguém. É o pior sentimento que existe. Misericórdia é diferente. Bem diferente. Mirim tem misericórdia (DcE 128, 2020).

A ausência de dó não deve ser, aqui, equacionada com crueldade. O impulso arquetípico de movimento, de transformação, pode ser percebido pelo ego, à primeira vista, como indesejável, visto que a desestabilização que proporciona retira o indivíduo do universo indolor dos braços maternos, imprime-lhe responsabilidades e senso de consequência. A ação do princípio arquetípico masculino se dá, segundo Neumann (1991), no sentido de impedir que o ego seja dirigido apenas pelos impulsos instintivos de prazer. Contrariamente a esses impulsos, o princípio arquetípico masculino emite uma espécie de chamado para o crescimento, e sua autoridade é experienciada como superior porque se conecta com uma fonte de iluminação cujos símbolos centrais são o céu e o sol. Esse princípio mobilizador, violentamente cativante e fecundo, é sentido pelo indivíduo como o aspecto espiritual do princípio arquetípico masculino.

Nesse contexto, e tendo em vista sua finalidade, a ação do princípio arquetípico masculino, ainda que arrebatadora e violenta, ganha os contornos de um pai bondoso – ideia expressa no discurso do Exu Mirim pelo uso do termo "misericórdia". Na origem dessa palavra, encontra-se a junção dos termos latinos *miseris*, *cor* e *dare*, e ela pode ser interpretada como o gesto de dar aos miseráveis o coração.

A misericórdia, nesse sentido, não contradiz a orientação disciplinadora. Entre as falas mais enfáticas de Exu Mirim Tempestade estão aquelas direcionadas às situações de dependência química e de dependência afetiva, em que a ação disciplinante do princípio arquetípico masculino é evidenciada, como um chamado à construção da autonomia. Mencionamos algumas passagens características:

> O negócio é a carência, né? Povo anda numas história aí que tem que ter... Como fala? Alma gêmea... Que babaquice, meu irmão! Se o cara não for inteiro, como é que ele vai arrumar alguém pra completar? [...] Tem que ser cada um inteiro, pra transbordar, não é não? [...] Se você não tiver você mesmo, não adianta pôr ninguém, não. [...] Esquece de ser inteiro, né, véio? De ser o que é. [...] A segurança, a felicidade, meu irmão, ela começa dentro. Não é os outros que vai dar não, meu irmão. Certeza que não vai! Se depender de algo do lado de fora pra você ser feliz, já é, meu. Já foi. Esquece. [...] Não tem que achar alguém pra te completar. [...] Você é inteiro! Você não vai completar nada. Já viu metade completar metade? Não é assim. [...] Se você não se ama, vai amar o outro como? Me explica, porque eu não sei! Não tem jeito, mano! O seu jeito de ser, de se massacrar vai passar pro outro, meu irmão! (DcE 135, 2020).

> Tudo que vem de fora, tanto droga como marafo, cigarro [...], qual a diferença? Viciado é viciado, né não? [...] Tá buscando muleta de fora. É muleta! Pra poder sentir por dentro aquilo que quer: ficar de boa. Mas podia fazer isso sem. Tem muita gente que faz, né não? Mas os caras não conseguem, diz que tem que usar a muleta. [...] A pressão é pra mudar. E mudar incomoda, e fazer diferente incomoda, né não? [...] Ninguém precisa de muleta se não tá com o pé quebrado. Se tá usando muleta, é porque alguma coisa quebrou por dentro. Tem que consertar (DcE 127, 2020).

A crítica do Exu Mirim tem direcionamento específico ao comportamento de buscar, externamente, aquilo que o próprio indivíduo deve desenvolver para constituir-se como um ser autônomo. Seja a dependência de substâncias psicoativas ou do afeto do outro, o que importa é a função que o agente externo desempenha, ou seja, o preenchimento do vazio, da falta ou, nas palavras do Exu, da carência. Podemos compreender que o indivíduo pode ter a percepção de que inicialmente todas as suas necessidades afetivas seriam supridas pela mãe na situação psíquica original, quando o ego ainda se encontra sob o domínio do princípio arquetípico feminino. Desconhecedora de limites, a libido permaneceria, assim, numa posição regressiva, dentro de um universo preponderantemente matriarcal. Uma vez que haja algum desenvolvimento psíquico, ocorre a diferenciação entre mãe e filho, ou entre consciência e inconsciente. Nesse processo, cabe ao ego aprender a lidar com limites, conflitos e frustrações, assim como buscar a satisfação de suas necessidades desenvolvendo cada vez mais suas próprias habilidades.

De acordo com Zacharias (2010), diante da necessidade de desenvolver a separação e a individualização, a psique recorre à potência psíquica que, como um vetor dinâmico do Si-Mesmo, contribui para a diferenciação das partes que de outro modo permaneceriam indiferenciadas na inconsciência urobórica do todo. O autor equaciona essa proposição, em termos pessoais, com o desenvolvimento da psique e da construção dos aspectos pessoais de cada indivíduo.

Essa potência psíquica pode ser aproximada da ação do mito Exu Mirim. O chamado para o desenvolvimento da consciência, como nos mostra a fala de Exu Mirim Tempestade, muitas vezes acontece por meio de abalos violentos. É o desabar da casa, o desmoronamento da situação psíquica atual, para que outro ciclo possa ser vivenciado. Isso implica que, nas experiências de sofrimento, há a possibilidade da emergência de um sentido que até então a consciência não havia experienciado, o que permite sua ampliação e seu alargamento.

Zacharias (2010) nos lembra de que, quando a energia psíquica fica presa em algum complexo do inconsciente ou mesmo nas resistências do ego, um vetor dinâmico põe em movimento tanto outros complexos como eventos externos sincrônicos para que, no embate entre esses elementos, a homeostase seja restabelecida e o sistema novamente se estabilize. Para o autor, é possível entender o Si-Mesmo por meio de dois aspectos: um estrutural, estabilizador e centralizador, e outro como um vetor dinâmico, funcional, desestabilizador e descentralizador. A ação de Exu Mirim Tempestade pode ser vista, nesse sentido, como uma expressão da necessidade psíquica de desestabilizar a situação original para recriar algo a partir dela.

Tal necessidade é referida, da mesma forma, por Neumann (1991). Para o autor, o céu, como símbolo superior do mundo espiritual, ou seja, como morada dos deuses, não é morada apenas do bom mas também do terrível, que encarna o princípio arquetípico masculino e sua potência doadora da vida e da morte. Segundo essa perspectiva, a imagem do herói solar como deus arqueiro ilustra o simbolismo básico desse princípio arquetípico: o atributo de fecundar e destruir simultaneamente, sendo fecundante na destruição e destruidor na fecundação.

Mantendo essa linha de pensamento, é possível amplificar a imagem de Exu Mirim relacionando-o a determinados aspectos de Shiva Nataraja, o deus dançarino hindu, apresentado por

Neumann (1991) como a expressão da dinâmica fecundante, simultaneamente agressiva e destruidora. Essa dinâmica, segundo o autor, tem sido símbolo do princípio arquetípico masculino desde tempos primordiais, muito antes de os homens descobrirem o movimento fecundante dos gametas masculinos e a agressividade com a qual eles penetram o óvulo feminino em repouso. Determinadas narrativas míticas apresentadas por Penna (1993) descrevem que o deus Shiva teria enviado ondas vibrantes através da matéria inerte, despertando-a para a vida. Vivificada, a matéria transforma-se em sua consorte, Shakti, que simboliza a superação do estado de letargia. Vemos essa superação materializar-se na fala de Exu Mirim Tempestade, por meio de seu apelo constante ao movimento e ao abandono da posição inicialmente passiva e receptiva para que o ego, pela ação da vontade, desenvolva-se. Conforme as colocações de Exu Mirim Tempestade, nada pode fazer um homem bom parar. O movimento é o caminho. A ação de Exu Mirim movimenta a psique, amplia a consciência e promove sua transformação.

Essa transformação é uma possibilidade para todos, pois a ação de Exu Mirim pode ser compreendida como uma potência psíquica arquetípica. Segundo Exu Mirim Tempestade, todos têm aspectos relacionados a Exu Mirim em sua constituição humana. No entanto, para nos conectarmos a essas potencialidades, deve ocorrer algo crucial: a retirada das máscaras.

> Todo mundo tem Exu Mirim, certeza! Porque faz parte da natureza. [...] Mas se tem máscara, tira a máscara! [...] A consciência entretém os pensamentos e sentimentos ao vir se manifestar, pensar e sentir. Ou você esqueceu que existe toda uma rede de uns para com os outros, interferindo no mental uns dos outros? Uma rede, como vocês falam, coletiva. Tem muitos que não pensam, só entretêm

> os pensamentos que passam na cabeça deles. É aquele que fala assim: "Meu destino é tão difícil, meu destino está traçado!" Quer dizer que ele não tem escolha nenhuma, tudo era para acontecer, até que veio. Isso é falta de consciência, é entreter o pensamento, é ir na onda dos outros [...] Aí é hora de Exu Mirim tomar uma atitude!" (DcE 137, 2020).

A partir de um olhar reflexivo, podemos notar que em alguma medida todos temos momentos de desequilíbrio, nos quais vivenciamos grandes angústias. Alguns se perdem por mais tempo nesses estados e tornam-se marginalizados pela sociedade. Eles podem aparecer como pessoas que não querem agir da maneira considerada adequada, ou ainda como aqueles que vivem explorando os ocultos domínios da natureza humana que, muitas vezes, são negados por meio da cisão e da hipocrisia; aqueles que comercializam coisas que a consciência moralista da sociedade repreende, tais como drogas, materiais provenientes de contrabando ou lucros desmedidos. Nesse sentido, convém retomar Fjerkenstad (2005, p. 250), segundo o qual "eliminar todos os criminosos não eliminaria esses vícios – os vícios expressam algo essencial sobre a natureza humana, algo que precisa ser alquimicamente trabalhado, captado e incorporado; não apenas aprisionado, abandonado e usado como bode expiatório".

De acordo com Jung, "não são as tempestades, não são os trovões e os relâmpagos, nem a chuva e as nuvens que se fixam como imagens na alma, mas as fantasias causadas pelos afetos" (OC 8/2, § 331). Isso nos faz pensar e questionar: que afetos teriam tocado a alma de pessoas que se envolveram em vícios e comportamentos assim, tão desviantes da norma e muitas vezes autodestrutivos?

Para responder a essa questão, parece ser preciso ir além da *persona*, ir além dos desejos da superfície e reconhecer as profundidades mais abissais de cada ser, tirar a máscara, olhar no espelho da alma e acolher seus anseios e limitações circunstanciais. Isso nos remete à necessidade do ser humano de tornar-se aquilo que é, ou seja, buscar a inteireza pessoal em vez de procurar no outro o que falta em si. Pois quando somos inconscientes do que nos falta, projetamos em objetos externos, buscamos do lado de fora.

A fala de Exu Mirim Tempestade converge, nesse sentido, para a argumentação de Jung, que enfatiza, como parte do processo de individuação, a construção da autonomia e da individualidade. A solução para a inteireza nunca virá apenas de fora, dos padrões coletivos, da aprovação dos outros ou do amor de outra pessoa.

O discurso do Exu Mirim aborda a necessidade de questionamento dos padrões coletivos e de desenvolvimento de uma consciência individualizada, capaz de se posicionar criticamente diante da existência de comportamentos adotados apenas para se conformar ao meio em que se vive, para dele obter atenção e aprovação.

Jung (OC 7/2) concebe a *persona* como uma espécie de máscara destinada a produzir um determinado efeito sobre os outros e que, muitas vezes, é utilizada de forma a ocultar aspectos da verdadeira natureza do indivíduo. Naturalmente, a *persona* pode ser compreendida como uma imagem do arquétipo da adaptação, ou seja, uma função necessária da psique que possibilita a expressão e a manifestação do indivíduo no mundo externo. Ela pode facilitar a adaptação social na medida em que unifica e harmoniza linguagens, expressões e posturas. Entretanto, no processo de construção da *persona*, é necessário que o ego dela se diferencie, discernindo as exigências coletivas das necessidades e tendências particulares de cada ser. A construção de uma *persona* socialmente aceita implica, portanto, concessões ao mundo exterior. Nesse sentido, a aparente "falta de alma" de algumas pessoas demasiadamente preocupadas com sua adaptação social pode ser compreendida como uma compensação de intensos processos interiores, os quais, não raro, irrompem na consciência com extrema força sugestiva. Nesses casos é preciso um esforço consciente para se assimilar a sombra, considerada uma parte do Self que é antagônica aos valores da consciência.

Em alguns casos podemos observar que ocorre a dissociação ou dissociabilidade da personalidade. Uma dissociação pode apresentar dois aspectos distintos. O primeiro refere-se a conteúdos originariamente conscientes que se tornaram inconscientes ao serem reprimidos devido à sua natureza incompatível com a orientação da consciência. O segundo refere-se a conteúdos e processos inconscientes que a consciência não tem condições de receber por falta de compreensão. Assim, os conteúdos sintomáticos são em parte simbólicos e são representantes indiretos de estados e processos inconscientes. Segundo Jung,

> Esta peculiaridade se deve ao fato de que a ligação dos processos psíquicos entre si é uma ligação bastante condicionada. Não somente os processos inconscientes dependem notadamente das experiências da consciência, mas os próprios processos conscientes revelam uma frouxidão muito clara ou uma separação entre uns e outros (OC 8/2, § 365).

Uma compreensão e uma relativização dessa dissociação psíquica da personalidade passa necessariamente pela assimilação da sombra pessoal e coletiva. Esse é, também, um problema de ordem moral que costuma desencadear enormes resistências. Com algum esforço, a sombra pode ser integrada na personalidade, contudo alguns traços sombrios mais obstinados ligam-se a projeções que não são facilmente reconhecidas pelo indivíduo. A consequência das projeções é o isolamento do mundo exterior, o que tende a um estado de autoerotismo ou autismo, em que se sonha com um mundo cuja realidade é inatingível (OC 9/2).

Trabalhar a sombra implica desenvolver moralidade em vez de moralismo. O reconhecimento de nossos próprios aspectos sombrios pode promover mudanças poderosas e benéficas ao indivíduo, voltadas à humildade, bem como desenvolver senso de humor e capacidade de sermos menos críticos e mais amáveis uns com os outros. Os moralistas sobrevivem por causa de sansões existentes e da falta de autoconhecimento de muitas pessoas que adotam um padrão de conduta destituído de sensibilidade e senso humanitário (Sanford, 1988).

Na fala de Exu Mirim Tempestade, percebemos que a entidade incentiva a ampliação da consciência através da assimilação da sombra, identificada pela entidade como aquilo que nos incomoda, que nos desalinha e que evidencia onde estão nossas fragilidades.

> Sabe por que é que eu gosto de ficar zoando? Pra incomodar, véio... Porque se incomodou, vai ter que agir... E se agir, vai aprender... Que [tem que] dar conta, que é possível, né não? [...] Essa história aí de cutucar os outros não é maldade, tio, é a precisão. Porque [o indivíduo] está lá deitadão, e pedindo pra nós fazer... Pra desenrolar. Quer? Nós desenrola, mas é assim, fazendo agir, né não? Tem que agir, pô. Qual é. Tem uns aí que fala pra nós "Faz isso, faz aquilo". Nós viramos Pitbull: vai lá, pega e morde. A gente não mostra o dente se a gente não vai morder. [...] Nós fazemos a nossa parte, limpa o que tá sujo. Quando

> você vai fazer aquela limpeza sua, pega aqueles papel, que fica esparramado, você não tira tudo do lugar? Mirim faz a mesma coisa. Tira do lugar, limpa, aí depois devolve pro lugar tudo cada coisa já empilhada. Faxineiro bom tem que ser assim. Agora os cara vêm, nas nossas quebrada, pedir sem querer nada, quer só que a gente faça [...] Qual é? "Faz assim, faz assado; aí Mirim, faz aí pra mim." Faço não. Faço através. Através eu faço. Eu passo é por dentro. Porque é de dentro que tem que vir (DcE 127, 2020).

A fala de Exu Mirim evidencia que a entidade não se intimida ou se inibe com a postura queixosa de algumas pessoas que dizem: "Oh! Tudo dá errado para mim!" Isso porque, como sabemos, na sombra subjazem também amplas possibilidades de desenvolvimento do indivíduo, potencialidades extremamente positivas cuja conscientização em muito pode servir ao crescimento pessoal e à vivência criativa das situações de crise. Sempre que a consciência se identifica com uma imagem de fragilidade, podemos imaginar que na sombra esteja sua força, em estado germinal, clamando por conscientização.

> Uma que tudo não dá errado pra todo mundo. Tudo dá certo! O dia que vocês descobrirem que o mal é só um instrumento do bem, aí vocês começarão a acordar. Se vem a dor, é para acordar. Para saber que tem uma parte que está doente e tem que sarar. Não adianta amar a si próprio só uma metade. A sua sombra tem que se iluminar. A sua parte sombra, cadê? Vai pôr luz nela ou vai ficar escondendo até ela ficar visceral e vir para fora na hora errada? [...] Isso acontece o tempo todo [...] O cara tem uma raiva, segura ela [...] igual um bicho (DcE 137, 2020).

Assim, sobre essa potencialidade psíquica intensa – o poderoso monstro que muitas vezes nos domina – Exu Mirim Tempestade argumenta:

> É a sombra dele mesmo! É a sombra dele mesmo que não quis iluminar, não quis ter consciência de si próprio. Está fugindo de si mesmo, se julgando na própria sombra. Bateu, caiu, quicou e ainda não levantou... Mas é Mirim! [...] Está no processo, está na atividade! (DcE 127, 2020).

Nessa passagem, a fala de Exu Mirim Tempestade, a nosso ver, expressa a necessidade de relativizar e limitar a ação da *persona* para que a sombra seja percebida pela consciência, assimilada e harmonizada com a psique. Segundo ele, alguns indivíduos têm consciência disso, outros ainda estão dormindo; em outros termos, algumas pessoas têm seus conteúdos psíquicos muito dissociados. Para estas, a ação de Exu Mirim virá fecundar a matéria inerte, imprimindo-lhe suas vibrações vivificantes, propiciando o despertar e o movimento e fomentando a transformação.

> Tudo que te amortece, que tira a sua consciência e faz pensar que você é fraco, não serve mais para você, não. Não tem como parar a evolução. E não é tendo por fora que vai conseguir por dentro. Ah! O cara acha que a vida tem que ser fácil, acha que o céu é perto, que sobe uma escada... [...] Tem um lance, uma fábula, que os anjos desciam e subiam, e aí quebrou a escada. Ficaram todos ali parados até morrer, esperando para ver se a escada iria consertar, em vez de pegar um pedaço e construir, fazer a religação. É isso que está tudo mundo fazendo, morgando na vida em vez de fazer a religação. O céu não é perto para quem está longe de si próprio, o céu já é para quem é, já é aqui, você faz o seu céu e o seu inferno (DcE 127, 2020).

Em seu linguajar característico, o mito de Exu Mirim Tempestade evidencia a necessidade de ação, de mudança de atitude; a necessidade de fazermos a religação, de promovermos o diálogo da consciência com os profundos domínios do inconsciente.

Para Jung (OC 6), a psique tem uma função unificadora que ultrapassa os opostos, ou seja, que pode superar a dicotomia *persona*-sombra. Ao nos voltarmos para os conteúdos inconscientes, percebemos que, à medida que estes não forem negados, mas conscientizados, é possível a criação de um canal comum entre a superfície e as profundezas do ser. A função transcendente une a ambas por meio da formação de símbolos vivos.

Acreditamos que, na função de psicopompo, o mito de Exu Mirim Tempestade atue precisamente nesse canal. Ao atuar como espelho e possibilitar à consciência vislumbrar os abismos não iluminados da psique, esse mito subverte a ordem estabelecida para, por meio da desorganização dos elementos presentes na consciência, possibilitar sua reestruturação.

Por isso, compreendemos que seja possível traçar paralelos entre as dinâmicas expressas pelo mito de Exu Mirim e pelo mito do *trickster*. Personagem ambivalente e contraditório, este é apresentado por Queiroz (1991) como herói embusteiro, ardiloso, cômico e pregador de peças. Seu funcionamento, segundo o autor, é de difícil compreensão para a racionalidade ocidental, incapaz de congregar num mesmo ente atributos positivos e negativos, como luz e sombra, bondade e maldade. Deuses e demônios habitam, no Ocidente, em moradias separadas e incomunicáveis, na medida em que compõem categorias distintas e mutuamente excludentes.

Compreendemos que o mito de Exu Mirim e o do *trickster* expressam dinâmica semelhante, pois, quando eles se manifestam, criam intrigas e enigmas, induzem a dissensões e realizam traquinagens que levam à modificação no estado das coisas. Relembramos seus atributos de retrocededor, regredidor, ocultador, intencionador, dementador, "avessador" e complicador, enumerados por Saraceni (2014). Exu Mirim Tempestade se apresenta com roupagens e linguagem intimidadoras e narra abertamente que entre suas atribuições está fazer "a casa cair", ou seja, desmantelar o que a consciência construiu sobre alicerces frágeis, para impulsioná-la a construir novamente, sobre bases mais sólidas.

Compartilhamos do ponto de vista de Gabani e Serbena (2015), para quem a imagem arquetípica do *trickster* tem o poder de perturbar o balanço da consciência, pregando peças dolorosas na autoimportância grandiosa do ego, impelindo-o, assim, à transformação. Em seu aspecto *trickster*, Exu Mirim Tempestade perturba, atazana e incomoda a consciência identificada com a *persona* e força a contemplação dos abismos internos, onde estão os germes de desenvolvimento ainda ignorados.

Jung (OC 9/1) narra o chamado "ciclo do *trickster*" apresentado por Paul Radin, que descreve o processo civilizatório na cultura. O início do ciclo seria caracterizado por um estado originário, marcado pela mais profunda inconsciência. Esse estado seria superado à medida que os sinais da inconsciência fossem desaparecendo, ou seja, o *trickster* começaria a fazer coisas úteis e sensatas. A consciência, liberta do fascínio do mal, não seria mais obrigada a atuá-lo de forma compulsiva. Assim, ao atingir um nível superior, ela se destaca do estágio anterior, percebendo-o como algo diferente de si mesma e podendo, então, objetivá-lo. Essa ascensão da consciência possibilita olhar para trás, em direção a um nível mais baixo e inferior. Nesse retrocesso, aponta Jung, é inevitável que haja uma mistura de escárnio e desprezo diante do passado desagradável.

O final do mito do *trickster*, conforme Jung (OC 9/1), anuncia a figura do salvador, que assinala o reconhecimento de que uma calamidade ocorreu e foi conscientemente reconhecida. Nosso autor assevera:

> Somente no estágio de total desamparo e desespero surgirá a nostalgia do "salvador", isto é, o conhecimento e a integração inevitável da sombra criam um estado tal de angústia que, de certa forma, somente um salvador sobrenatural poderá desemaranhar o novo destino. [...] Tal como na forma coletivo-mitológica, a sombra individual também traz em si o germe da enantiodromia, da conversão em seu oposto (OC 9/1, § 487-488).

É possível traçarmos um paralelo entre o ciclo do *trickster* e a ação de Exu Mirim Tempestade, uma vez que, no nível subjetivo, esse ciclo é continuamente vivenciado por aqueles que se relacionam com o mito. Tempestade age na circunstância de inconsciência profunda, promovendo reviravoltas na energia psíquica que propiciam a mudança de atitude, rumo ao reconhecimento daquilo que é considerado útil e sensato. Essa é a criação da consciência que promove a mudança de estágio no ciclo, libertando os seres do fascínio do mal, da identificação com a sombra. Ao naturalizar a existência da dimensão obscura em todos nós, o mito Exu Mirim ensina a não escarnecermos de nosso passado desagradável e culposo, mas a acolhê-lo e transformá-lo. Ao fim do ciclo, o mito atua, ainda, portando a luminosidade da consciência, ou seja, trazendo o reconhecimento de um salvador inerente a todos nós. Opera-se, assim, a enantiodromia, e o que era sombra torna-se luz.

Ao integrar tanto a necessidade de nos voltarmos à sombra como a necessidade de desenvolvermos a luminosidade da consciência, a imagem de Exu Mirim Tempestade parece congregar opostos, irrompendo na consciência coletiva como um símbolo vivo, propiciando a transformação da energia psíquica para aqueles que, com tal imagem, relacionam-se. Ao unir aspectos luminosos e sombrios, a imagem desse Exu Mirim parece possibilitar o restabelecimento dessa *coniunctio* à psique daqueles em que tais aspectos encontram-se dissociados.

Como imagem proveniente de uma manifestação religiosa intrinsecamente brasileira, é possível compreender o papel de Exu Mirim, ainda, na autorregulação psíquica da coletividade, ao evidenciar os aspectos positivos, construtivos e criativos daquilo que a consciência coletiva marginaliza. Este pode ser um dos motivos pelos quais a entidade se expressa na roupagem de um adolescente infrator: possibilitar nossa reflexão sobre a situação de nosso menor abandonado interno, compreendermos até onde ele nos governa e o quanto essa imagem precisa ser amparada e acolhida em prol de nossa inteireza psíquica.

Referências bibliográficas

Fjerkenstad, J. (2005). Quem são os criminosos? In C. Zweig, & J. Abrams (orgs.), *Ao encontro da Sombra: o potencial oculto do lado escuro na natureza humana*. (p. 249-254). Cultrix.

Gabani, M. S. A., & Serbena, C. A. (2015). Exu: um trickster solto no "terreiro" psíquico. *Relegens Thréskeia 4*(2), 52-70.

Jung, C. G. (2011). *Obra completa*. Vozes.

Koss, M. U. E. von. (2000). *Feminino + masculino: uma nova coreografia para a eterna dança das polaridades*. Escrituras.

Malandrino, B. (2007). O universal e o individual nos símbolos da umbanda. *Jung & Corpo 7*, 21-32.

Neumann, E. (1991). *A criança: estrutura e dinâmica da personalidade em desenvolvimento desde o início de sua formação*. Cultrix.

Neumann, E. (1995). *História da origem da consciência*. Cultrix.

Neumann, E. (1997). *A Grande Mãe*. Cultrix.

Penna, L. C. (1993). *Dance e recrie o mundo: a força criativa do ventre*. Summus.

Queiroz, R. S. (1991). O herói-trapaceiro: reflexões sobre a figura do trickster. *Tempo Social 3*(1-2), 93-107.

Sanford, J. A. (1988). *Mal: o lado sombrio da realidade*. Paulus.

Saraceni, R. (2005). *Lendas da criação*. Madras.

Saraceni, R. (2014). *Orixá Exu Mirim: fundamentação do mistério na umbanda*. Madras.

Whitmont, E. C. (1991). *O retorno da deusa*. Summus.

Whitmont, E. C. (1994). *A busca do símbolo: conceitos básicos de psicologia analítica*. Cultrix.

Zacharias, J. J. M. (1998). *Ori Axé: a dimensão arquetípica dos orixás*. Vetor.

Zacharias, J. J. M. (2010). *O compadre: uma análise psicológica possível de Exu*. Vetor.

Referências audiovisuais

DcE 127 – Entidade Exu Mirim TEMPESTADE – Médium Angela Maria Gonçalves. (2020, out. 1). [Vídeo]. YouTube. https://www.youtube.com/watch?v=U7ZSa824q9s

DcE 128 – Entidade Exu Mirim TEMPESTADE – Médium Angela Maria Gonçalves. (2020, out. 1). [Vídeo]. YouTube. https://www.youtube.com/watch?v=ZxkIh4orT7w

DcE 135 – Entidade Exu Mirim TEMPESTADE – Médium Angela Maria Gonçalves. (2020, out. 1). [Vídeo]. YouTube. https://www.youtube.com/watch?v=lNCNZ40DOxY

DcE 136 – Entidade Exu Mirim TEMPESTADE – Médium Angela Maria Gonçalves. (2020, out. 1). [Vídeo]. YouTube. https://www.youtube.com/watch?v=qcijZZimH9I

DcE 137 – Entidade Exu Mirim TEMPESTADE – Médium Angela Maria Gonçalves. (2020, out. 1). [Vídeo]. YouTube. https://www.youtube.com/watch?v=VAkjvlly0dQ

4 A malandragem nas canções de Chico Buarque

Uma compreensão do arquétipo do *trickster*

Carlos Eduardo Pedroso e Durval Luiz de Faria

Introdução

O presente estudo é fruto da pesquisa *A expressão arquetípica do trickster na forma de malandragem nas canções de Chico Buarque* (Pedroso, 2009)[8], que foi adaptada para a apresentação deste capítulo.

A pesquisa visa compreender a identidade brasileira, mais precisamente alguns dos diferentes aspectos culturais que contribuem para a formação dessa identidade. Inegavelmente, constata-se neste trabalho a riqueza cultural do povo brasileiro, miscigenado através do encontro de diversas etnias e culturas, que construiu uma tradição cultural altamente sincrética.

8. Trabalho de iniciação científica com apoio do Programa Institucional de Bolsas de Iniciação Científica (PIBIC-CNPq), sob orientação do Prof. Dr. Durval Luiz de Farias.

Entre os diferentes aspectos culturais nacionais, foi escolhida a malandragem como objeto de estudo. O famoso "jeitinho brasileiro" que permeia as relações sociais, difundido no cotidiano pela astúcia de contrariar as dificuldades e as regras, é um dos aspectos marcantes da cultura brasileira.

A manifestação da malandragem toma diversas vias na cultura brasileira, seja na fala cotidiana, na dança, na literatura ou na música popular. A música popular foi o caminho escolhido no presente estudo, pois esse tipo de produção musical dialoga com o contexto social de sua época, expressando, portanto, valores, ideologias, sentimentos e aspectos da sociedade (Travancas, 1999).

Na música popular brasileira, encontram-se diversos cancionistas que abordaram a temática da malandragem em suas produções, desde os mais antigos, como Noel Rosa e Wilson Batista, até os mais recentes, como Paulinho da Viola, Bezerra da Silva, entre outros. Entre os diversos artistas que versaram sobre a malandragem, escolheu-se o compositor Chico Buarque de Hollanda por sua grande importância na história da música popular brasileira recente (Travancas, 1999) e pela sensibilidade peculiar demonstrada em suas obras, no sentido de captar a realidade cotidiana do brasileiro e de encontrar na linguagem popular o caminho para testemunhar a tradição popular e o contexto sociocultural de sua época (Meneses, 2002).

Portanto, neste estudo, busca-se entender a manifestação cultural da malandragem como um aspecto subjetivo da psique brasileira. Para tanto, foi escolhida a abordagem da psicologia analítica para explorar a malandragem nas canções de Chico Buarque.

A teoria da psicologia profunda entende a manifestação de aspectos da cultura, a exemplo da malandragem, como expressões simbólicas de formas preexistentes dotadas de sentidos e significados da experiência humana, as quais foram entendidas por Jung como arquétipos (Whitmont, 2002).

Arquétipo é uma construção teórica criada por Jung para compreender as formas preexistentes do inconsciente dotadas de significado e sentido incondicionais ao tempo e ao espaço e que conduzem a psique humana. Tais formas são partes da constituição básica da psique, estando *a priori* de qualquer experiência humana. Os arquétipos dizem respeito a temas universais da experiência humana com os quais a pessoa se defronta invariavelmente durante sua vida, reproduzindo-as segundo seu passado pessoal, mas sempre guiadas por esses motivos universais que formam o mais profundo significado humano. Jung, em seus estudos, constatou a correlação direta entre os temas coletivos dos arquétipos e os temas presentes em mitos, folclores, lendas e contos de fada.

Jung (OC 9/1) reconheceu a existência de diversos temas comuns da experiência humana, a partir dos quais conceituou os arquétipos, concluindo que a vivência destes influencia a vida e o desenvolvimento humanos. Portanto, o fenômeno da malandragem se refere exatamente à vivência de uma figura arquetípica que mobiliza as energias do ego em um determinado núcleo de significado, e a esse núcleo temático Jung identificou a figura do *trickster*.

Ele escreveu sobre essa figura no posfácio do livro *The trickster: a study in American Indian mythology*, de Paul Radin (1988), editado pela primeira vez em 1956. Neste, Jung discutiu sobre diversos aspectos do mito do *trickster* presente na mitologia da tribo indígena norte-americana Winnebago, estudados por Radin. Sobre o estudo específico da figura do *trickster*, Jung escreveu somente esse ensaio, colocado posteriormente em *Os arquétipos e o inconsciente coletivo* (OC 9/1). A imagem do *trickster* não diz respeito somente ao mito específico dos Winnebago, mas a uma ampla gama de outras imagens espalhadas em diversas outras mitologias e religiões.

A figura do *trickster* representa o que Jung chamou de "sombra coletiva", ou seja, todos os traços inferiores de uma consciência primitiva e indiferenciada que é negada pela consciência. Porém, essa consciência arcaica persiste em ser lembrada pela consciência elevada com grande desprezo. Quanto a esse aspecto, Jung (OC 9/1) comparou a sombra coletiva com a sombra individual: esta última é a representação pessoal da primeira, que é uma imagem coletiva e numinosa, sempre vivida e recriada pela perspectiva individual.

A efígie do *trickster* é uma imagem mutável que tem traços subumanos, humanos e sobre-humanos. Os aspectos subumanos do *trickster* são caracterizados pela sua total inconsciência quanto aos seus atos e a si mesmo, o que o torna agente das atitudes mais tolas, pueris e primitivas. Representa o espírito jocoso e brincalhão, ancorado numa inconsciência quase animal que o leva a cometer atrocidades, apesar de não ser mal por natureza. Por ser inconstante, seu caráter é fragmentado; não há unidade em si: brinca com seu próprio corpo; transforma-o; até mesmo cria coisas úteis a partir dele. Essa capacidade de criação marca seu caráter sobre-humano – divino –, pois "é do corpo de Deus que se cria o mundo" (OC 9/1, § 472). O *trickster* é o arauto da transformação, o contraventor por natureza, é aquele que carrega em si a marca da incompletude, sempre buscando sua mudança pela contradição, e por isso se equipara ao homem, que é fadado à incompletude e marcado pela capacidade de aprender e se desenvolver.

> O "*trickster*" é um ser originário "cósmico", de natureza divino-animal, por um lado, superior ao homem, graças à sua qualidade sobre-humana e, por outro, inferior a ele, devido à insensatez inconsciente. Nem está à altura do animal devido à notável falta de instinto e desajeitamento. Estes defeitos caracterizam sua natureza humana, a qual se adapta às condições do ambiente mais dificilmente do que um animal. Em compensação porém se candidata a um desenvolvimento da consciência superior, isto é, possui um desejo considerável de aprender, o qual também é devidamente ressaltado pelo mito (OC 9/1, § 473).

Segundo Jung, o mito do *trickster* obedece a uma ordem cíclica de transformação na qual os traços inconscientes da imagem mítica dão lugar a formas mais conscientes e úteis; é a nítida superação do "estado originário". O processo civilizatório é fruto do ciclo do *trickster*: ao se afastar do estado de inconsciência, a civilização torna-se menos indiferente e mais consciente de si, analogamente ao que ocorre com o processo de compreensão da sombra no caso individual.

Entender a malandragem brasileira como expressão de um símbolo arquetípico abre a possibilidade da compreensão desse aspecto na cultura nacional. Através da abordagem arquetípica, pode-se compreender por que a prática malandra persiste em se revelar nas relações cotidianas.

O quadro arquetípico que constitui a imagem do *trickster* é uma composição complexa de diversos aspectos, até mesmo contraditórios entre si. A malandragem como manifestação arquetípica dessa figura é somente um aspecto entre tantos que a formam. Ela se constitui a partir da função contraventora e compensatória da figura do *trickster*, que é muitas vezes encarada de forma negativa pela consciência, atribuindo-lhe juízos morais pejorativos. Entretanto, tal aspecto tricksteriano é passível de ser compreendido pela consciência, sendo elaborado pela capacidade inventiva que carrega a favor do desenvolvimento humano.

A malandragem e a música popular brasileira

A música popular brasileira tem sua origem no cruzamento entre o sistema rítmico europeu, forjado através de mensuração rígida, com a tradição musical afro-indígena, que é marcada pelo estilo livre da rítmica-oratória. Nascida entre a casa-grande e a senzala, a música popular brasileira se constrói sobre o elemento rítmico da síncopa, ou síncope, o qual funde a rítmica europeia com a afro-indígena.

O período escravocrata da história brasileira foi marcado pela repressão de qualquer manifestação cultural da tradição africana. O africano escravizado, para cultuar seus ritos, camuflou-os em formas sincréticas à tradição católica europeia cultivada pelos senhores da casa-grande. Dessa forma, o ritmo africano se fundiu ao europeu.

> O negro encontrou, no momento tangenciador da síncopa, uma possibilidade de dissimular, de ocultamento de uma outra linguagem. "Através dela o escravo – não podendo manter integralmente a música africana – infiltrou a sua concepção temporal-cósmica-rítmica nas formas musicais brancas. Era uma tática de falsa submissão: o negro acatava o sistema tonal europeu, mas ao mesmo tempo o desestabilizava, ritmicamente, através da síncopa – uma solução de compromisso." Minava-se por dentro os alicerces musicais europeus; a síncopa desenvolvia-se como uma linguagem malandra por excelência (Vasconcellos, 1984, p. 517).

Foi na época do Império que a música popular se desenvolveu conjuntamente com as cidades.

A classe intermediária de meados do século XIX era composta pelos homens livres, uma parcela da população urbana não submetida ao trabalho braçal nem à autoridade do mando da aristocracia e "que, não sendo escravos nem senhores, não podem prescindir da ordem nem viver dentro dela" (Oliven, 1984, p. 69)

No contexto sociocultural do Império, criou-se o ambiente propício para a formação da malandragem (Candido, 1970). Esta se perpetuou através do ambiente parasita dos favores e dos pequenos golpes no qual parte da classe mediana marginal sobrevivia. É dessa ascendência que descende a malandragem do início do século XX.

Após a abolição, a discriminação sistêmica da sociedade leva africanos e seus descendentes livres a firmarem-se pela aversão àquilo que constituía o alicerce básico da estrutura de classes trabalhadoras que se formavam: o trabalho. A postura assumida por essa parcela social oprimida tem o propósito de buscar sua identidade (Vasconcellos, 1984).

A malandragem passa a ser o subterfúgio necessário para as camadas subalternas sobreviverem na nova lógica capitalista que despontava.

> A malandragem, na época do apogeu na música popular brasileira (a década de 1930), se constitui simultaneamente em estratégia de sobrevivência e concepção de mundo das quais alguns segmentos das classes subalternas se recusam a aceitar a disciplina e a monotonia associadas ao universo do trabalho assalariado (Oliven, 1984, p. 70).

O malandro se coloca na contramão do trabalho assalariado, pois "a ojeriza do malandro ao trabalho se traduz como uma recusa à totalidade produtiva moderna, uma negação antropológica e uma vontade dissoluta de mergulhar na festa, no vinho e na música" (Vasconcellos, 1984, p. 514).

O músico, assim como o malandro, surge nos fins do século XIX no ambiente urbano, escapando "às fronteiras do trabalho braçal, sobrevivendo graças às imposições do arbítrio, às migalhas do favor senhorial, aos biscates escusos" (Vasconcellos, 1984, p. 507). Então, "podemos dizer que a música popular brasileira nasce neste berço folgado, à margem do trabalho pesado. Ela encontra sua origem e formação irregular propiciadora da dialética da malandragem, abençoada pela estrutura do favor" (Vasconcellos, 1984, p. 505). Com o crescimento da indústria fonográfica no início do século XX, a música aparece também como oportunidade de sucesso para alguns artistas das camadas marginais (Oliven, 1984).

Na década de 1930, a malandragem seria entoada por quase todos os compositores de expressão da época, destacando-se o compositor Noel Rosa, "um dos mais fecundos intérpretes da sensibilidade popular da época – incluindo o seu excepcional manejo do repertório próprio da malandragem" (Vasconcellos, 1984, p. 509). No samba, foi exaltada e consagrada a imagem do malandro, especificamente aquele das imediações da Lapa da capital carioca.

O malandro segue a tradição matreira dos contos de cordel do amarelo João Grilo, assim como das histórias do Jeca Tatu da cultura popular rural, passando pela imagem sincrética de Macunaíma (Andrade, 1999). Herdeiro da sagacidade, da esperteza e da apologia ao ócio, o malandro se inscreve como a nova personagem folclórica da vida urbana.

Ao longo da década de 1930, o samba se consolidou como gênero musical popular, vivendo sua época de ouro, ao mesmo tempo que o capitalismo industrial se desenvolvia, diminuindo gradativamente o espaço do malandro longe das fileiras do trabalho assalariado. No Estado Novo, o governo intervém nas produções musicais através do Departamento de Imprensa e Propaganda (DIP) com o propósito de inibir a exaltação da malandragem e consolidar a moral do trabalho (Oliven, 1984).

O que se viu nos anos democrático-liberais (1946-1964) foi o discurso malandro da música popular ceder espaço a novas influências musicais, fossem gêneros estrangeiros, como o jazz, fossem novos gêneros, como a bossa-nova.

Nos anos 1970, há uma explosão urbana com o crescimento das grandes cidades pela massa de migrantes rurais. A ditadura e as mudanças sociais da época proporcionaram a emergência da linguagem malandra, que, entretanto, também se modificou.

> O malandro vestido a caráter, com lenço no pescoço, navalha no bolso e chapéu de panamá, foi pouco a pouco substituído pelo não menos malandro "jeitinho brasileiro", na forma de um conjunto de práticas sociais mais domesticadas e purificadas e, até certo ponto, livre das representações marginais e ameaçadas de violência e perigo, inscritas na malandragem carioca de "antigamente" (Rocha, 2006, p. 117).

Nesse contexto, Chico Buarque surgiu como um dos principais compositores que versaram sobre a vida das camadas populares, ressaltando a malandragem, assim como outros cantores, como Bezerra da Silva e Paulinho da Viola.

Chico Buarque: o cantor do cotidiano

Compositor, dramaturgo e ficcionista são algumas das facetas do artista Francisco Buarque de Hollanda, que não cabem na autodefinição de "seresteiro, poeta e cantor" da canção "Noite dos mascarados", de 1966. Com criatividade afiada e sabedoria sublime, Chico Buarque não somente escreveu seu nome na história da música popular brasileira, como também se bem-aventurou nas produções teatrais e ficcionais, "derrubando barreiras de gêneros e formas", para se consagrar como o artesão da linguagem (Meneses, 2002).

Filho do historiador erudito Sérgio Buarque de Holanda e da senhora Maria Amélia Cesário Alvim, Chico Buarque cresceu em meio ao círculo artístico e intelectual no qual desenvolveu sua veia musical e artística desde a infância, tendo iniciado somente em sua juventude suas primeiras composições musicais – musicalizou em 1965 a obra *Morte e vida severina*, de João Cabral de Melo Neto, adaptação que rendeu a Chico repercussão nacional –, assim como ingressou no cenário fonográfico a partir de suas incursões nos grandes festivais televisivos de música popular em 1966.

Em fins de 1968, Chico passou a estar sob a vigilância da censura e dos órgãos estatais de repressão da ditatura militar após criar a controversa peça *Roda viva*. Um ano depois, partiu em exílio voluntário para a Itália, por receio de reprimendas mais duras do governo ditatorial, regressando ao Brasil somente em 1970. Neste ano, Chico lançou a canção "Apesar de você", música de grande sucesso que teceu crítica social por reproduzir a insatisfação pela repressão e o desejo esperançoso por dias melhores – e, desde então, estabelece-se o longo embate com a censura governamental (Meneses, 2002; Werneck, 1991).

Para furar o cerco da censura, Chico Buarque desenvolve uma linguagem de duplo sentido em suas composições, que passam a construir uma margem ambígua de interpretação. A linguagem da fresta[9] (Vasconcellos, 1984) é habilidade malandra de driblar as barreiras da censura. Para Vasconcellos (1984), em determinadas situações históricas, somente sendo malandro poderia se falar o que o otário simplesmente silenciaria.

A sensibilidade de Chico sempre permaneceu aguçada em relação ao contexto social de sua época. Nesse ambiente, surgiram as mais diversas personagens que povoam as criações buarqueanas, como os amantes, as mulheres e os trabalhadores, mas foram as figuras marginais, dos desvalidos, que mais frequentemente apareceram em suas produções.

> Um perfil das personagens mais frequentes que povoam suas letras levará à figura do marginal, do desvalido – pondo a nu assim a negatividade da sociedade. Uma galeria imensa que engrossará a "romaria dos mutilados" de que fala em "O que será", daqueles que foram mutilados física ou socialmente: os infelizes, as meretrizes, os bandidos, os desvalidos – ao que vêm se acrescentar as mulheres abandonadas, pivetes, operários, pedreiros, malandros (Meneses, 2002, p. 38).

É da sombra social que Chico tirou suas principais personagens, os símbolos numinosos da sombra coletiva, e dela emergiu o canto vadio da figura do malandro em suas canções.

A linguagem da fresta se põe a falar do malandro nas composições de Chico Buarque: a malandragem canta a própria malandragem. A linguagem da malandragem espalhada por toda a obra buarqueana tece os contornos da imagem do malandro.

9. Referência à música "Festa imodesta", feita por Caetano Veloso em homenagem a Chico Buarque para enaltecer a habilidade malandra de ludibriar as barreiras da censura (Meneses, 2002; Vasconcellos, 1984).

Método

Para o estudo, foi revisada a ampla produção musical de Chico, desde sua primeira composição oficial, "Tem mais samba", de 1964, até as composições de 2006 para o álbum *Carioca*. Ao todo são mais de 300 canções em composições solo, parcerias, adaptações e versões livres em mais de 50 diferentes álbuns, coletâneas, *shows*, entre outras apresentações no formato de compacto, LP, CD e DVD. A busca pelas canções foi realizada a partir das letras de Chico Buarque presentes no livro *Chico Buarque: letra e música* (vol. 1), com texto de Werneck (1991), e pelo *site* oficial do compositor (http://www.chicobuarque.com.br/).

Devido à grande produção musical de Chico Buarque, foram criados critérios para seleção das músicas para a pesquisa. O primeiro deles foi considerar apenas canções que fossem de autoria exclusiva do Chico Buarque, excluindo-se, portanto, canções compostas em parceria ou versões livres de outras canções. O segundo critério pautou-se pela identificação dos temas nelas abordados, sendo selecionadas as produções que versavam sobre a temática geral da malandragem. Feita a pré-seleção das canções, observaram-se as temáticas básicas de cada uma das letras levantadas por aproximação intuitiva, seguindo o método de análise de conteúdo de Bardin (2011).

Foram formadas a partir daí duas categorias de análise, cada uma representando as próximas subseções, a saber: (1) a descrição do malandro, na qual se analisa a canção "Partido alto" (1972); e (2) a transformação da malandragem, na qual se estuda a canção "Homenagem ao malandro" (1978).

Análise

A descrição do malandro

A análise da canção "Partido alto" (1972) seguirá com a pesquisa hermenêutica e minuciosa da composição, que se encontra integralmente apresentada no site oficial do artista[10].

A canção inicia com o narrador questionando a ajuda divina. Ele dirige a fala a uma mulher ("ô nega"), que parece, pela intimidade da palavra, ser sua mulher. Ele expressa dúvida quanto à oferta divina conotada do uso do verbo "dar". Mas Deus dará o quê? Pode-se pensar em recursos materiais, entretanto o narrador não é claro quanto a essa indicação, havendo certa vagueza nessa oferta. Nesse ponto, é preferível a interpretação de que o narrador faz um questionamento quanto à providência divina, no sentido de indagá-la se Deus lhe dará um destino bom. O questionamento termina com a esperança de que venha essa providência ("Deus dará, Deus dará").

A insegurança demonstrada pelo narrador é justificada na segunda estrofe, quando ele fala de Deus. O narrador aponta para a característica brincalhona do Divino ("Deus é um cara gozador, adora brincadeira"), que, por diversão ou "sacanagem", decide colocá-lo na "barriga da miséria". Aqui, o narrador indica sua origem humilde, situada nas camadas populares da cidade do Rio de Janeiro. Entretanto, Deus não coloca de qualquer forma a personagem "na barriga da miséria". Ele provê o narrador com o atributo de "cabreiro", que na terminologia popular, segundo o dicionário *Houaiss* (2009), "diz-se

10. O *link* que leva diretamente à letra completa é: http://www.chicobuarque.com.br/obra/cancao/114

de indivíduo astucioso, enganador, dissimulado" ou "esquivo, desconfiado, arisco"; ou seja, Deus o faz malandro. Então, Deus coloca na miséria um indivíduo quase totalmente desprovido de atributos vantajosos para sobreviver em tal ambiente, mas com a astúcia, a desconfiança e a esquiva necessárias para superar os obstáculos da vida miserável.

Segundo o narrador, Deus lhe dá outras características. Primeiramente ele destaca seus atributos físicos utilizando termos negativos, o que indica que estes são encarados como desfavoráveis pela personagem ("Deus me fez um cara fraco, desdentado e feio/Pele e osso simplesmente, quase sem recheio"). Apesar de a personagem malandra não ter atributos físicos vantajosos, ela não tolera ser insultada e mostra-se valente e hábil na luta ("Mas se alguém me desafia e bota a mãe no meio/Dou pernada a três por quatro e nem me despenteio/Que eu já tô de saco cheio"). Pode-se inferir que essa luta usada pelo malandro seja a capoeira, luta desenvolvida pelos africanos que foi disfarçada na forma de dança. Ressaltam-se também dois pontos interessantes da personagem nesses versos: a habilidade corporal do malandro, denotada pela mobilidade exigida na luta que, ao mesmo tempo, parece uma dança; e o aspecto da dissimulação, do engodo, presente na personagem por ela ter atributos físicos inofensivos que escondem sua potência. Em suma, o malandro engana por sua aparência inócua, e justamente por meio dela surpreende, ao inverter a situação.

Na parte final da canção, o narrador salienta outras características suas, encarando-as como qualidades. Uma delas é o traquejo com as mulheres, expresso no verso "Deus me deu mão de veludo pra fazer carícia", o qual, aliado à sua malícia ("Deus me deu pernas compridas e muita malícia"), compõe as propriedades da sedução malandra. Com essa sedução, o malandro ludibria a mulher com suas falsas promessas e declarações de amor, tornando-a "mulher de malandro" – figura companheira do malandro (a "nega" da canção "Partido alto") que sofre com desilusões, mas persiste em amá-lo.

A canção é arrematada com o desejo do malandro em virar notícia ("Um dia ainda sou notícia"). Seja pela notícia do jornal, seja pelo samba, o malandro ganha *status* nas classes baixas pela maneira como dribla as adversidades, gingando entre as diferentes camadas sociais; equilibrando-se na corda bamba da lei e do poder, para, por fim, tornar-se o "barão da ralé", como mencionou Chico Buarque em outra canção célebre – "A volta do malandro" (1985).

O sentido que orienta a canção "Partido alto" é a capacidade de inversão do narrador malandro frente às condições existenciais que Deus lhe deu. Apesar de nascer miserável e ter características físicas desfavoráveis, o malandro consegue sobreviver através de outros aspectos que lhe permitem driblar as adversidades e os percalços, transformando desvantagem em oportunidade. O que seria tristeza, ele transforma em sua alegria de viver. Por fim, o narrador nos mostra suas outras qualidades, desenhando a figura do malandro que é avesso ao trabalho, faz samba, tem malícia, é astuto, é enganador, tem molejo corporal, entre outros atributos, que nos remetem à imagem daquele malandro das décadas de 1920 e 1930 das imediações da Lapa. Chico, com a canção "Partido alto", reconstruiu, portanto, a figura do malandro da tradição popular do início do século XX. Ele remeteu às célebres reuniões de samba dos cantores populares, os partideiros, os quais inspiraram o nome da canção, "Partido alto": parte do alto dos ciclos do samba (Bermudes Filho, 2007).

Tudo isso é contado por um diálogo feito do narrador malandro com Deus. Tal diálogo não é feito de forma direta, mas intermediado pela figura feminina da "nega". O tom pessoal e despojado adotado pelo malandro nesse diálogo aponta para a aproximação de Deus à condição humana, tornando a relação mais horizontal entre eles. Por meio dessa relação, o malandro pode criticar Deus quanto aos seus propósitos e atribuir a Ele características brincalhonas e safas, com as quais implicitamente insinua a condição malandra de Deus. Então, a malandragem não é algo peculiar somente ao malandro, mas uma herança de um Deus que também é malandro. Tal herança advém das alturas divinas; é parte do alto, trocadilho usado também no título da composição (partido alto: parte do alto).

A figura divina dotada de atributos peculiarmente humanos, evocada por Chico nessa canção, remete a Hermes, deus mensageiro do Olimpo, cuja troça é uma das suas peculiares características. Essa propriedade brincalhona de Hermes é atribuída pela sua similitude com a imagem do *trickster*, como indica Brandão (1999). Hermes se tornou para os gregos "o símbolo de tudo quanto implica em astúcia, ardil e trapaça: um verdadeiro *trickster*, um trapaceiro, um velhaco, companheiro amigo e protetor dos comerciantes e dos ladrões" (Brandão, 1999, p. 193).

No destempero divino, há indícios sádicos que, pelo tom da letra, não são sentidos como finalidade da ação sagrada. Essa forma desmedida também é encontrada nos "traços demoníacos de Javé do Antigo Testamento", nos quais, conforme Jung, "encontraremos alguns sinais de imprevisibilidade, da inútil mania de destruição e do sofrimento autoinfligido do '*trickster*', juntamente com o desenvolvimento gradual rumo ao salvador e sua humanização" (OC 9/1, § 458).

É por essa inconsciência do *trickster* em engendrar tudo em jogo em si que fortuitamente surge sua capacidade criadora. Da mesma forma, o Criador do "Partido alto", por meio da gozação, cria o malandro na barriga da miséria. E o malandro não poderia nascer se não fosse de um Deus também malandro, pois, conforme a religião judaico-cristã, Deus fez o homem à sua imagem e semelhança. Portanto, o malandro somente se faz malandro por herança da astúcia, da ardileza e da dissimulação do Criador.

A capacidade criadora citada remete ao episódio em que Hermes, por casualidade ao tropeçar em uma tartaruga, faz dela a lira, instrumento divino dos gregos (Alvarenga, 2007). A lira produzia "alegria, amor e sono, três elementos poderosos de ligação" (Alvarenga, 2007, p. 257). Assim como a imagem arquetípica do *trickster*, a lira faz com que a consciência entre em contato com sua origem, com a parte obscura e inconsciente.

A sabedoria hermética da criatividade e do improviso utilizada pelo malandro é também propriedade de uma divindade feminina, Métis, deusa filha do Oceano e primeira esposa de Zeus. Métis é portadora da sabedoria rasa ligada às experiências imediatas do cotidiano; um tipo de conhecimento, inteligência e intuição que faz permear os obstáculos, abrindo os caminhos fugazes da oportunidade (Vasconcellos, 1984).

O fio condutor dos diversos desdobramentos mitologêmicos da experiência malandra encontra-se na imagem numinosa do *trickster*. O malandro como figura dotada de características tricksterianas encontra-se em um estado mais consciente do ciclo do *trickster*, menos primitivo, porque consegue se discriminar, descrevendo-se ao decorrer da canção.

A transformação da malandragem

A análise da composição "Homenagem ao malandro" (1978) seguirá com a pesquisa simbólica e detalhada da canção, que se encontra integralmente apresentada no *site* oficial do artista[11].

O narrador da presente canção não é um malandro, mas uma personagem externa que sai à procura da malandragem. Essa personagem é um compositor que procura elaborar um samba em homenagem à malandragem ("Eu fui fazer um samba em homenagem/À nata da malandragem") que ele conhece de "outros carnavais".

Entretanto, o sambista não busca qualquer malandragem: ele procura a "nata da malandragem". O emprego do termo "nata" passa o sentido de uma procura pela camada de prestígio, pela elite da malandragem. Esse expoente da malandragem remete à clássica figura malandra da década de 1930. Para fazer sua empreitada, o narrador compositor não buscaria em outro lugar a "nata da malandragem" senão no seu reduto mais célebre e prestigioso: a Lapa (da cidade do Rio de Janeiro).

Porém, o narrador se decepciona, pois essa "tal malandragem" que procurava "Não existe mais". Ao não encontrar o clássico malandro, o narrador se depara com outro tipo de malandragem, que não faz mais parte da Lapa, agora residindo em outro lugar no cenário social.

Segundo ele, a malandragem assume novos ares. Ela deixa de ser uma artimanha, um modo de vida marginal, para ser um novo mecanismo do sistema exploratório capitalista e, para isso, ganha *status* "profissional" ("O que dá de malandro re-

11. O *link* que leva diretamente à letra completa é: http://www.chicobuarque.com.br/obra/cancao/188

gular, profissional"). Em tom denunciante, o narrador aponta a malandragem sendo incorporada pelo aparelho "oficial" da autoridade ("Malandro com aparato de malandro oficial").

O malandro, a figura célebre das classes baixas, cede lugar ao larápio vigarista dos espaços emergentes da política ("Malandro candidato a malandro federal"), da alta classe social ("Malandro com retrato na coluna social") e, até mesmo, dos planos ilícitos do mundo executivo ("Malandro com contrato, com gravata e capital") e que malandramente nunca se dá mal.

A malandragem deixa de ser o subterfúgio da personagem safa e astuta das camadas subalternas que enfrenta as intempéries da vida para ser incorporada ao sistema tecnocrata do capitalismo. Para tanto, deturpou-se a criatividade e o improviso malandro para a construção de estratagemas furtivos voltados ao assalto silencioso e impune.

Por sua vez, o clássico malandro é incorporado à moral da vida ordinária. Ele aposenta sua valentia e seus paramentos ("Mas o malandro pra valer/– não espalha/Aposentou a navalha") e cria família ("Tem mulher e filho e tralha e tal"). Também se lança ao trabalho ("Dizem as más línguas que ele até trabalha"). Isso demonstra que o velho malandro foi dragado pelas fileiras do trabalho assalariado de que ele tanto se esgueirava. Ele deixa a região da Lapa e se põe a sacolejar no trem para as áreas periféricas ("Mora lá longe e chacoalha/Num trem da Central").

A canção "Homenagem ao malandro" apresenta a transformação da malandragem frente às novas configurações sociais que se desvelam. Implicitamente, pode-se inferir a modificação das estruturas sociais que levaram à incorporação do antigo malandro à marcha ordinária do trabalho e da vida regrada, assim como ele se transfigurou de modo a servir como meio para o roubo e as trapaças escusas e sem escrúpulos das classes dominantes.

A incorporação do malandro à vida cotidiana do trabalho e da família representa sua inserção ao mundo da ordem e da moral patriarcal, que pode ser simbolizada na imagem de Apolo, deus grego intérprete da ordem do deus-pai maior, Zeus (Brandão, 1999).

O capitalismo moderno, como expressão apolínea contemporânea, orienta a organização humana pela unidade fundamental do sistema que empreende: o trabalho. Entretanto, a dominação – empregada pelos meios capitalistas recentes sobre toda a massa social –, aliada ao ritmo acelerado do sistema – que avilta a exploração humana pelo trabalho, proporcionando sofrimento –, expressa a imagem de um Apolo "tirânico".

O Apolo tirânico e violento aparece nos cantos da *Ilíada* de Homero, em cujas tramas está inconsciente quanto a seus atos impetuosos e violentos (Alvarenga, 2007). Pode-se pensar que a vivência tirânica da imagem apolínea está constelada na experiência da sociedade capitalista moderna, a qual tem grande dificuldade em compreender aspectos da sombra coletiva – imagem arquetípica do *trickster* –, incorporando-os de forma negativa.

A malandragem como traço tricksteriano é vivida de forma negativa por uma parte da sociedade, como se percebe em "Homenagem ao malandro". Essa malandragem é utilizada pelas classes dirigentes em ações desonestas com exclusivo propósito de enriquecimento.

A imagem do *trickster* também carrega em si a centelha da mutabilidade, a exemplo da capacidade zoomórfica do deus *trickster* dos ameríndios Winnebago, que se transmuta nas formas de macaco, raposa e jabuti (OC 9/1). A malandragem traz essa capacidade mutável por ser esse um traço tricksteriano, podendo ser vivenciada de maneira mais arcaica sem ser compreendida à luz da consciência.

Essa mutabilidade tricksteriana remete a uma das características marcantes do deus grego Hermes, patrono dos estudos alquímicos, senhor da transformação, como lembra Alvarenga (2007, p. 253): "a linguagem hermética é sinônimo da linguagem velada porque contém o segredo alquímico. É também no vaso alquímico que o processo de transformação se dá, e para tal deve estar hermeticamente fechado".

Nesse sentido, ressalta-se que a transformação psíquica configurada na figura do *trickster* aponta para o desenvolvimento humano da individuação (OC 9/1), isto é, da apropriação de características da sombra pela consciência egoica, integrando os conteúdos inconscientes de modo mais adequado ao seu amadurecimento psíquico, sem formações destrutivas ou reativas.

Discussão

A figura malandra carrega traços simbólicos da experiência humana, sentidos e significados da vivência comum que Jung (OC 9/1) compreendeu na imagem arquetípica do *trickster*. Esse arquétipo se refere à experiência da consciência em se relacionar com seus conteúdos menos desenvolvidos, arcaicos, que estão na sombra coletiva.

Os conteúdos inconscientes desse arquétipo são aspectos potentes a serem vivenciados pela consciência, sendo passíveis de bom ou mau valor diante do juízo consciente. Tais aspectos surgem à consciência a fim de regular a polaridade consciente de modo compensatório, promovendo a equilibração psíquica (Penna, 2003). Através de aspectos contrários, o arquétipo do *trickster* inverte a unilateralidade consciente, propiciando a oportunidade para a transformação.

É justamente nessa capacidade de inversão que a vivência da imagem arquetípica do *trickster* conflui com a experiência da malandragem. A vivência da inversão permite à consciência a possibilidade criativa.

A criatividade malandra está presente no samba que inverte os humores e inspira a alegria. É por meio do samba que o malandro também exalta seu amor pela vida e pelos prazeres, colocando-se oposto à moral dos valores sociais do trabalho. A aversão ao trabalho somente faz sentido dentro da sociedade que enfatiza a ordem laboral e produz experiências de sofrimento, alienação do corpo e postergação do prazer (Vasconcellos, 1984). Por conseguinte, a figura malandra das canções de Chico Buarque vive às margens da sociedade, à sombra da sociedade regrada. A malandragem é a vivência social compensatória ao domínio da ordem do mundo moderno da produção capitalista.

Apesar de a personagem malandra buarqueana referir-se ao malandro do princípio do século XX, o compositor se insere na paisagem cultural depois da segunda metade daquele século, a partir dos anos 1960. Como aponta Penna (2003), um símbolo surge em um determinado contexto sociocultural. Assim, o símbolo do malandro ressurge como uma manifestação arquetípica contrária e compensatória – portanto, tricksteriana – ao cenário social brasileiro marcado pela ditadura militar (1964-1985), que empreendeu forte repressão moral e política perseguindo, prendendo e exterminando qualquer oposição ao governo. Chico Buarque remontou intuitivamente à imagem clássica do malandro para se opor ao contexto social de repressão ditatorial que o país vivenciava (Meneses, 2002).

Por meio da sensibilidade de perceber o cenário social de seu tempo, Chico denunciou a incorporação deturpada da malandragem pelas classes dominantes através de sua vivência negativa do arquétipo do *trickster*, na qual a malandragem perde a característica do "jogo em si", sem finalidades, para adquirir o objetivo do autobeneficiamento pelo dinheiro e pelo poder, ou seja, destrutivo.

Embora tal situação pareça indicar o fim da malandragem, o que acontece no cenário social é a incorporação da malandragem também aos modos da vida cotidiana das classes baixas, cujos integrantes, em decorrência da reconfiguração desse fenômeno social, passam a se valer do "jeitinho brasileiro", conforme assinala Rocha (2006) em sua análise sociológica sobre a discursividade da malandragem.

Dessa forma, a malandragem espalha-se e permeia o tecido sociocultural brasileiro, passando a ser incorporada pelos diferentes segmentos sociais em diversos níveis, seja na vivência criativa, seja no embuste da trapaça. Essa transformação é concomitante a um conjunto de mudanças político-culturais das décadas de 1960 e 1970, destacando-se "o triunfo do capital internacional monopolista, a hegemonia da sociedade urbano-industrial, a emergência do individualismo, o crescente processo de racionalização burocrática, secular e científica" (Rocha, 2006, p. 117).

É possível que a assimilação dos traços arquetípicos tricksterianos pelas camadas populares não tenha significado que elas se apropriaram deles conscientemente para se desenvolver. Pelo contrário, a conformação forçosa desse segmento ao cenário social, econômico e cultural a partir da década de 1960, que culminou no ordenamento da classe social popular a condições mais aviltantes de trabalho e de sobrevivência na paisagem urbana, perpetuou nesse estrato social a vivência de forma inconsciente e renitente de aspectos daquele símbolo de forma inversiva e compensatória ao estado de opressão pelo qual sofre.

Por fim, a malandragem cantada nas canções de Chico Buarque expressa vários aspectos da imagem arquetípica do *trickster*, surgindo como imagem simbólica contrária e compensatória ao cenário sociocultural de sua época.

Considerações finais

Nestas páginas, refletiu-se brevemente sobre a malandragem como traço sociocultural marcante da identidade brasileira. Tal traço toma volume e visibilidade através dos meios de expressão artística nacional, como na música popular brasileira. Aqui se tomaram de empréstimo algumas canções de Chico Buarque de Hollanda para elucidar um pouco mais esse fenômeno.

Constata-se que a malandragem é uma forma de expressão da imagem arquetípica do *trickster*. Assim, ela é uma vivência de um símbolo atemporal e coletivo que persiste em nossa cultura, como se observa em nossa tradição musical.

O arquétipo do *trickster* na forma da imagem da malandragem está presente na vida subjetiva brasileira como símbolo persistente na psique esperando sua decifração. Destarte, seu estudo é de grande relevância para a compreensão subjetiva de nossa cultura.

A malandragem repete-se impulsiva e inconscientemente como em um ciclo vicioso na vida psíquica brasileira, aparecendo continuadamente nas pequenas ações criativas, nos golpes miúdos ou na alegria desenfreada do carnaval ou nos grandes "trambiques" nas manchetes dos jornais.

Esta pesquisa visou contribuir para a compreensão simbólico-arquetípica do *trickster*, a fim de que ele seja elaborado conscientemente pela subjetividade coletiva. É nesse esforço de compreensão da alma brasileira que se desenvolveu este estudo, a serviço do caminho da transformação para a vivência plena da capacidade de inversão de condições e para a potência criativa velada na experiência desse símbolo.

Referências

Alvarenga, M. Z. de. (2007). *Mitologia simbólica estruturas da psique & regências míticas*. Casa do Psicólogo.

Andrade, M. de. (1999). *Macunaíma: o herói sem caráter*. Klick.

Bardin, L. (2011). *Análise de conteúdo*. Edições 70.

Bermudes Filho, C. A. C. (2007). *A descrição do malandro na música de Chico Buarque* [Monografia de pós-graduação, Pontifícia Universidade Católica de São Paulo].

Brandão, J. de S. (1999). *Mitologia grega*. Vozes.

Candido, A. (1970). Dialética da malandragem: caracterização das Memórias de um sargento de milícias. *Revista do Instituto de Estudos Brasileiros 8*, 67-89.

Hollanda, C. B. de. (1972). Partido alto [Música]. Em *Quando o carnaval chegar*. Polygram/Philips.

Hollanda, C. B. de. (1978). Homenagem ao malandro [Música]. Em *Chico Buarque*. Polygram/Philips.

Hollanda, C. B. de. (n.d.). *Obra – Canções* [Página da internet]. http://www.chicobuarque.com.br/obra/cancoes

Houaiss, A. (2009). *Dicionário Eletrônico Houaiss da Língua Portuguesa*. Objetiva.

Jung, C. G. (2011). *Obra completa*. Vozes.

Meneses, A. B. de. (2002). *Desenho mágico: poesia e política em Chico Buarque*. Ateliê.

Oliven, G. R. (1984). A malandragem na música popular brasileira. *Latin American Music Review 1*(5), 66-96.

Pedroso, C. E. (2009). *A expressão arquetípica do trickster na forma de malandragem nas canções de Chico Buarque* [Pesquisa de Iniciação Científica, Pontifícia Universidade Católica de São Paulo].

Penna, E. M. D. (2003). *Um estudo sobre o método de investigação da psique na obra de C. G. Jung* [Dissertação de mestrado, Pontifícia Universidade Católica de São Paulo].

Radin, P. (1988). *The trickster: a study in American Indian mythology*. Shocken Books.

Rocha, G. (2006). "Eis o malandro na praça outra vez": a fundação da discursividade malandra no Brasil dos anos 70. *Scripta 19*(10), 108-121.

Travancas, I. (1999). *De Pedro Pedreira ao Barão da Ralé – o trabalhador e o malandro na música de Chico Buarque de Hollanda* [Trabalho final da disciplina Estrutura Social do Brasil, Programa de Pós-Graduação em Antropologia Social do Museu Nacional].

Vasconcellos, G. (1984). A malandragem e a formação da música popular brasileira. In B. Fausto (org.), *História geral da civilização brasileira* (tomo III, n. 4, p. 503-523). Bertrand Brasil.

Werneck, H. (1991). *Chico Buarque: letra e música* (vol. 1). Companhia das Letras.

Whitmont, E. C. (2002). *A busca do símbolo: conceitos básicos de psicologia analítica*. Cultrix.

5 As mulheres *trickster*

Novas imagens femininas e perspectivas emergentes na cultura contemporânea

Barbara Tancetti e Luna Gimenez

> *The female Trickster laughs at herself before anyone else can. Instead of the fear of looking like a fool the female Trickster decides herself to play the fool.*
> Tannen (2007, p. 167)

Em seu livro *The female trickster* (2007), Ricki Stefanie Tannen inicia sua obra a partir do pressuposto de que a *trickster* está entre nós para, em seguida, orientar-se por meio de indagações e questionamentos deflagrados pela afirmativa inicial, sem necessariamente engajar a obrigatoriedade de oferecer respostas inequívocas. O aspecto *trickster* encontra-se não somente nos exemplos e materiais ilustrativos usados pela autora, mas também na própria estrutura que compõe a obra. Iniciando sua análise pela figura transformada da *trickster*, Tannen escapa à convencionalidade de definir o *trickster* tradicional como ponto de partida de uma análise linear com o intento de trazer uma definição coesa e definitiva da mulher *trickster* pós-moderna. Em vez disso, a autora desenha uma trajetória circular que é inaugurada pela própria mulher *trickster*, costurando elementos que perpassam desde uma epistemologia feminista, pós-junguiana e pós-moderna, para exemplos no direito, na literatura e na cultura popular, até finalmente retornar à *trickster* de forma transformada. Como um passe de mágica, a mesma carta reaparece no final do truque imantada de um significado completamente novo, deixando muitos elementos de seu processo ainda largamente desconhecidos.

A manifestação arquetípica *trickster*, como tradicionalmente é concebida no pensamento junguiano, evoca as noções de liminaridade e energia transformativa – disruptiva o suficiente para provocar reflexões e questionamentos sobre limites e fronteiras –, o que faz com que o *trickster* desafie, em determinado contexto cultural e histórico, a crença da estabilidade, da ordem social absoluta e objetiva vigente. Assim, é responsável por criticar o *status quo* e criar novos modelos não necessariamente ordenados, mas essenciais para que outros arranjos culturais possam existir. Na perspectiva do *status quo*, a figura do *trickster* é escorregadia e ambígua, cuja natureza engana e prega peças e que, por sua anomalia perante a convencionalidade, causa estranhamento e curiosidade. Seu humor torna o *trickster* palatável, colocando-o no território liminar no que se refere ao seu pertencimento em relação aos próprios elementos que critica. Paradoxal em sua própria natureza mítica, constitui uma das figuras mais largamente reconhecíveis por estudos antropológicos, mitológicos e psicológicos e, ao mesmo tempo, é materialmente localizado e singular em sua capacidade transformativa de um determinado tempo em uma determinada cultura. Definir o *trickster* consiste em apropriar-se de uma figura inapropriável, cuja constatação pode ser óbvia em um primeiro momento, mas mostra-se extremamente escorregadia quando nos detemos para além de um olhar de relance.

Ao costurar elementos da psicologia analítica, da epistemologia feminista e da literatura popular norte-americana de ficção, Tannen (2007) busca, em sua obra, descrever um processo em curso. Segundo a definição clássica da energia arquetípica *trickster* dada por Jung, sua presença sempre aponta para um processo de transformação que não pode ser compreendido inteiramente pela geração que o testemunha. Em essência, o *trickster* serve como metáfora para a habilidade – ou dificuldade – humana em processar, administrar e tornar conscientes mudanças em curso e que, em algum grau, desafiam as diretrizes e morais determinadas na cultura em que tais mudanças se dão (Bassil-Morozow, 2020). Apesar de, tradicionalmente, representarmos o *trickster* com uma figura masculina ou híbrida – *shapeshifter* –, torna-se inevitável desconfiar que no contexto atual da sociedade ocidental – com o feminismo, os discursos sociais de busca por igualdade de direitos e a denúncia dos preconceitos e assimetrias sociais – a *trickster* do nosso tempo é (e só poderia ser) mulher.

Na produção literária, Tannen (2007) localiza as primeiras manifestações da mulher *trickster* nas mulheres que adotaram a escrita – e, majoritariamente, o folhetim e a comédia – como forma de sustento após a Segunda Guerra Mundial, passando então para o foco de sua análise: as escritoras de ficção de detetive do fim do 20º século na cultura norte-americana. Destarte, a autora lança mão de conceitos derivados da epistemologia feminista (cf. Braidotti, 1994; Rich, 1986; Rowland, 2002) e de uma abordagem pós-moderna de crítica ao essencialismo, para destacar a escrita feminina como campo potencialmente transformativo da sociedade e seus discursos acerca dos papéis e expectativas reservados aos homens e às mulheres. Tal potencial abrange a apropriação, por parte das mulheres, da prática tradicionalmente masculina da escrita como profissão e sustento, bem como da possibilidade de indagarmos sobre o que as mulheres escrevem, quais elementos compõem o imaginário feminino e de que maneira este difere dos preceitos da ordem simbólica patriarcal. Entretanto, trata-se ainda de um processo em curso e que, como buscamos fazer no presente capítulo, impele-nos a adotar um olhar sensível e, acima de tudo, indagativo para as novas imagens da *trickster*, suas manifestações, suas transformações e seus efeitos na cultura contemporânea e nos contextos específicos em que se insere.

Levando em consideração o potencial transformador da disseminação de outras vozes e outros imaginários na ampliação da consciência coletiva e na diversificação dos discursos e papéis vigentes na sociedade contemporânea, a materialização da energia arquetípica da *trickster* pós-moderna depende da possibilidade de a mulher apresentar autoridade psicológica, agenciamento físico e autonomia corporal (Tannen, 2007). À semelhança do *trickster* tradicional, a *trickster* pós-moderna utiliza-se do humor e da ironia como forma de endereçar o *status quo*. A diferença crucial reside, entretanto, na presença atípica de um corpo e uma voz feminina produzindo humor – afinal, mulheres não poderiam ser engraçadas – e, principalmente, do que ela escolhe rir. Para a mulher *trickster*, o humor e a ironia são empregados como dispositivos particularmente subversivos e transformadores da própria estrutura social, não somente seus conteúdos. Como argumenta Tannen (2007), essas diferenças de características entre o modo como a *trickster* foi imaginada no passado e na pós-modernidade são diretamente atribuíveis à imaginação das mulheres, concebendo e compartilhando com outras mulheres imagens femininas detentoras de autoridade, agenciamento e autonomia.

> [...] a mulher *trickster* pós-moderna não se encaixa em nenhuma dessas perspectivas dicotômicas. A *trickster* não definhou, mas se metamorfoseou em outras formas, como a detetive na literatura de ficção e que, de acordo com o prognóstico feito por Jung, trata-se de uma evolução da figura tradicional do *trickster* que conserva seus aspectos brutos (Tannen, 2007, p. 130).

A tradição teórica junguiana que advém da predileção pelo trabalho com as imagens, sejam elas oriundas da psique individual ou coletiva, é notória e constitui um arcabouço teórico estruturante da prática clínica e do pensamento junguiano. As obras de Hillman e Jung evidenciam a importância de estarmos atentos às imagens emergentes em um indivíduo ou uma cultura e nos encorajam a desenvolver aplicações mais amplas. Se o trabalho de Hillman (1977) nos incita a trabalhar com as imagens, isso deveria incluir o trabalho com imagens advindas da imaginação de mulheres e sua relação com a formação identitária e subjetiva. Como postula Jung, "*imaginação é uma atividade psíquica autônoma e primária em toda a humanidade*" (OC 11/5, § 845). Entretanto, de acordo com Tannen (2007), para que se possa imaginar, um indivíduo deve ser sujeito da própria vida. Na passagem a seguir, Jung descreve a importância do papel da imaginação na criação de identidade:

> Essa atividade psíquica autônoma, que não pode ser explicada como ato reflexo a estímulos sensoriais ou órgão executor de ideias eternas, é, como qualquer processo vital, um ato continuamente criativo. A psique cria realidades diariamente. A única expressão que posso usar para denominar tal atividade é a fantasia. Fantasia é tanto sentimento quanto pensamento; tanto intuição como sensação. Não existe uma função psíquica que não se una de forma inextricável a outras funções psíquicas por meio da fantasia. Por vezes aparece em sua forma primordial, em outras como produto da combinação de todas as nossas capacidades em sua forma final e mais ousada. A fantasia seria portanto, a meu ver, a expressão mais clara da atividade especificamente psíquica. É, predominantemente, a atividade criativa de onde todas as respostas de todas as perguntas passíveis de respostas são oriundas; é a mãe de todas as possibilidades onde, como todos os opostos psicológicos, os mundos interno e externo se encontram em uma união viva. A fantasia é, e sempre foi, responsável por forjar uma ponte entre as demandas irreconciliáveis do sujeito e do objeto, da introversão e extroversão. É somente na fantasia que ambos os mecanismos encontram-se unidos (OC 6, § 78).

A energia *trickster* proporciona à mulher, na condição de indivíduo sujeito da própria vida, imaginar alternativas criativas para transformar sua subjetividade e sua identidade. A autoridade e a autonomia criativa da mulher para falar de si, do mundo interno e externo que habita – e, portanto, desenvolver uma identidade que não necessariamente corresponde aos papéis de gênero e à *persona* feminina – para transformar a própria sociedade em que se insere são todos elementos indissociáveis na própria possibilidade de existência da mulher *trickster*. Ao mesmo tempo, as imagens que cria, quando igualmente dotadas de intento, autonomia e autoridade, podem servir de verdadeiras ilustrações e personificações da *trickster*, que brinca e altera as conformações sociais e a própria estrutura em que se encontra. Assim, "a mulher *trickster* detém o potencial radical de transformar a imaginação em realidade" (Tannen, 2007, p. 131).

De acordo com Green (2010), o olhar de uma mulher sobre si mesma para falar de si constitui um ato transgressor da ordem imposta sobre a dinâmica projetiva da cultura ocidental e patriarcal que orientou as afirmações, imagens e teorias que se constituíram até o momento para falar das mulheres e do feminino a partir de uma perspectiva masculina, essencialista e desenraizada da experiência própria, múltipla e diversa das mulheres. Nesse sentido, alinha-se com a definição de *trickster* dada por Tannen acerca da autonomia e da autoridade psicológica e corporal das mulheres, bem como do efeito de questionar o *status quo*, as definições, os papéis e as imagens disponíveis e autorizados para as mulheres.

Conforme Bassil-Morozow (2020), em seu trabalho desenvolvido no diálogo entre a *trickster* e a ordem simbólica patriarcal – ilustrada pela máscara social de Goffman e o conceito junguiano de *persona* –, as narrativas da mulher *trickster* tendem a ser estruturadas de maneira particular e apresentam elementos característicos comuns que, entretanto, não são capazes de encerrar a *trickster* em uma definição hermética. Entre eles, a autora destaca estruturas narrativas pouco convencionais e temáticas consideradas tabu, como sexualidade (e, principalmente, a sexualidade feminina ativa), piadas escatológicas ou inapropriadas, caos, criatividade e perda de controle. Apesar de não seguirem uma ordem estrita para serem consideradas *trickster* – afinal, as convenções e os padrões não fazem parte de sua lógica –, as narrativas usualmente iniciam com um enclausuramento inicial e deságuam para uma dissolução final da figura da *trickster*, o que narra justamente o embate entre o *status quo* e o potencial transformador e desestruturante da mudança em curso. Nesse sentido, encontramos uma série de semelhanças e ligeiras diferenças em relação à que podemos considerar a figura tradicional do *trickster*. Entretanto, como será ilustrado posteriormente e como foi explicitado antes, o enclausuramento inicial da *trickster* – ou seja, o *status quo* ao qual ela pertence e em relação ao qual está deslocada – é condizente com o lugar social que ocupa e que é essencialmente generificado: "A *trickster* sente-se presa, pois sua personalidade é de grandeza descomunal (ou 'superinflada', do ponto de vista do sistema)" (Bassil-Morozow, 2020, p. 34).

Outra característica das expressões da *trickster* pós-moderna é a tendência a ultrapassar ou flexibilizar limites e barreiras no que diz respeito a comportamentos socialmente aceitáveis e convencionalidades em todos os seus domínios. De acordo com Bassil-Morozow (2020), a energia *trickster* conserva uma estreita e interdependente relação com o conceito de *persona*, alinhando-se com a perspectiva de Tannen de que o potencial disruptivo e transformador da mulher *trickster* só pode ocorrer em diálogo e oposição com a ordem simbólica dominante e, por consequência, os papéis sociais e as estruturas hierárquicas decorrentes dela. Assim, tal habilidade ganha tonalidades características quando o contraponto ocorre em relação à *persona* feminina, a máscara da feminilidade caracterizada pelos princípios de modéstia, gentileza, dependência, silêncio e fragilidade que condicionam a aceitação da mulher na sociedade.

Como argumenta Susan Rowland (2002), os elementos que constituem os papéis e cartilhas relegados socialmente à mulher em muito se assemelham com as descrições e manifestações mais comumente associadas ao conceito arquetípico da anima como contraparte sexual da *persona* masculina, usualmente tida como sinônimo de inconsciente, de passividade, de receptividade, de subjetividade e afetividade. Quando colocados na estrutura hierárquica da ordem simbólica patriarcal, todos esses elementos vêm-se não somente projetados na mulher de forma massiva e dissociada da realidade da experiência, mas também relegados a um lugar de inferioridade quando comparados às suas contrapartes consideradas masculinas de consciência, linearidade, objetividade e racionalidade. Isso deve-se, de acordo com a perspectiva crítica adotada por Rowland (2002), ao que o próprio Jung denominou de equação pessoal ao referir-se ao caráter subjetivo indissociável da própria construção do conhecimento. Assim, a autora desafia a concepção de neutralidade e universalidade na construção do conhecimento e, mais especificamente, nas definições de mulher, feminino e anima na psicologia junguiana.

De acordo com Bassil-Morozow (2020), a *persona* feminina apresenta uma estrutura mais rígida, complexa e abrangente, visto que as expectativas e convencionalidades relegadas à mulher compreende uma série de regras e limites que moldam e condicionam os corpos, comportamentos e identidades de mulheres em quase todos os seus aspectos. Quando consideramos essas concepções conjuntamente ao efeito da incidência dos discursos patriarcais sobre as mulheres na possibilidade de uma construção identitária feminina que seja autônoma e condizente com múltiplas experiências, compreendemos o caráter inovador e disruptivo – e, portanto, *trickster* – de mulheres que escrevem de forma humorística e sagaz sobre mulheres.

Com o intuito de ampliar o recorte teórico proposto aqui, nós nos debruçamos sobre algumas manifestações recentes e populares de personagens mulheres na televisão que alcançaram popularidade e prestígio de mídia e crítica. Ao passo que a análise de Tannen foca a literatura produzida por mulheres e, mais especificamente, séries de ficção escritas por mulheres e que retratam mulheres detetives pouco convencionais, optamos por ampliar o olhar inaugurado pela autora para dois exemplos nas primeiras temporadas das séries *Fleabag* (Waller-Bridge et al., 2016) e *The Marvelous Mrs. Maisel* (Sherman-Palladino, & Palladino, 2017), ambas escritas, idealizadas e dirigidas por mulheres. Deixaremos que elas nos conduzam no restante do nosso capítulo.

Fleabag: o feminino "antianímico"

> *Oh fuck it, I have a horrible feeling that I'm a greedy perverted, selfish, apathetic, cynical, depraved, morally bankrupt woman who can't even call herself a feminist.*
> *Fleabag*, episódio 1, temporada 1.

De acordo com uma matéria publicada no jornal espanhol *El País* (Jiménez, 2019), premiada com o Emmy de 2019 de Melhor Série de Comédia e Melhor Atriz em Série de Comédia para a protagonista, roteirista e diretora da série, Phoebe Waller-Bridge, *Fleabag* se destacou como uma possibilidade de representação de uma imagem feminina pouco convencional – uma representação longamente aguardada da mulher moderna e da realidade complexa de suas experiências e identidades. No melhor estilo *trickster*, a falta de decoro, filtro e meias palavras ao retratar uma mulher pouco convencional – e, mais especificamente, a sexualidade feminina – são os elementos responsáveis pelo seu impacto midiático e de audiência, que oscila entre a maravilha e o choque. Na entrevista ao *El País*, concedida na ocasião da estreia da segunda e última temporada da série, Waller-Bridge diz:

> Waller-Bridge ainda se surpreende que alguém se escandalize: "O sexo feminino e sua intimidade é o grande desconhecido. A ficção nunca falou tanto sobre ele como sobre o masculino, ainda que eu também não ache que este tenha sido mostrado de forma sincera. Na vida as duas experiências são parecidas. Por isso os homens se sentem identificados com *Fleabag* quando ela fala de inseguranças sexuais. Às vezes você não consegue dar tudo de si, em outras precisa do sexo para se sentir melhor, ou só está excitada. Acho que todos nós sabemos o que é isso, mas ainda choca ver uma mulher dizer a verdade. O próximo passo é que eles contem", afirma.

Fleabag dá voz à possibilidade disruptiva, amoral e até "antianimica" da mulher, quando consideramos os papéis de gênero e a concepção mais tradicional de anima como projeção dos elementos femininos idealizados pelo imaginário masculino e, portanto, de uma mulher alinhada com os padrões e papéis impostos pela ordem simbólica patriarcal. Ao longo da trama, Fleabag nunca é nomeada, com exceção do adjetivo "pejorativo" que dá nome à série e que pode ser traduzido literalmente como "saco de pulgas". Isso parece bastar, dado que a falta de seu nome é dificilmente sentida ao longo da trama, reforçando a impessoalidade e a fuga das normas apontadas por Bassil-Morozow (2020) como elementos característicos da *trickster*. Inicialmente idealizada por Waller-Bridge para o teatro, *Fleabag* conserva alguns elementos da linguagem cênica. Um exemplo disso é a utilização de recursos cinematográficos que permitem diálogo paralelo da personagem principal com o espectador, em que Fleabag torna-se narradora de seu mundo interno por meio de confidências – comentários sarcásticos ou olhares impressionantemente expressivos para a câmera – ao espectador e que passam despercebidas por (quase) todos que a rodeiam. Assim, *Fleabag* quebra a quarta barreira cinematográfica e, inadvertidamente e sem cerimônias, faz do espectador um cúmplice de suas ações e seus pensamentos mais questionáveis, disruptivos e moralmente recrimináveis.

Com o mesmo desapego às reverências e meias palavras, somos inicialmente apresentados a Fleabag em uma cena na qual ela recebe uma visita de sexo casual e que rapidamente se transforma em uma cena tragicômica de sexo anal. Fleabag é uma mulher de 30 anos que apresenta, na superfície, conformidade com elementos físicos que a tornam uma mulher desejável ao olhar masculino e, portanto, estão adequados à *persona* feminina. Mas a construção da sua narrativa não nos permite manter tal impressão por muito tempo. Logo a inadequação e a disfuncionalidade de Fleabag diante das conformidades que a aparência apresenta tornam-se evidentes, perpassando suas relações familiares e amorosas e seu trabalho como dona de um café à beira da falência. De maneira ambígua, ela repele e joga com a possibilidade de um relacionamento amoroso estável com um homem, ao passo que engaja em comportamentos sexuais que flertam com a compulsão. Ela mente, rouba, trai e engana seus familiares, os homens com quem se relaciona e sua melhor amiga, tornando quase impossível a tarefa de relacionar-se de forma íntima. A solidão e a incompreensão da personagem são reforçados pela história de perdas de referências femininas em sua vida: a morte da mãe por câncer de mama e da melhor amiga, cujo suicídio é aludido na trama como um efeito do comportamento inconsequente e condenável de Fleabag. Paradoxalmente, a narrativa traz o espectador para um lugar tão íntimo que beira o desconforto, mas que nos permite ver as coisas como elas verdadeiramente são: é Fleabag quem denuncia e percebe, com notável transparência, as incapacidades, as falhas e a verdadeira solidão e inadequação de todos que a rodeiam, em sua família e no contexto cultural. Pela ambiguidade intrínseca de seu aspecto *trickster* e pelo espaço marginal e liminal que ela ocupa, Fleabag é quem melhor consegue ver o mundo e as pessoas pelo que realmente são.

O choque, a repulsa e o desconforto causados por Fleabag são temperados com uma dose generosa de humor sagaz, inteligente e sarcástico – que, por vezes, também assume uma faceta caótica e ridícula –, capaz de equilibrar o desconforto e tornar seus conteúdos disruptivos passíveis de serem absorvidos. Tal aspecto se alinha com o que Tannen (2007) descreve como efeito ambivalente de estranhamento e atração que decorre do encontro com a *trickster*. A redenção de Fleabag de todos seus crimes – dos quais somos testemunha e cúmplice – ocorre quando ela se torna acessível em suas rachaduras reais e individuais, e não somente aquelas que a separam da convencionalidade. Percebemos que Fleabag estava dando voz a todos os elementos relegados à margem por sua família, pela sociedade em que está inserida e que, por sua vez, não têm escolha que não reconhecer e recolher. Assim, tanto nossa relação de afeto e desconforto que configura a intimidade que a série nos provoca, é desfeita na iminência da mudança. Na cena final, Fleabag rejeita o olhar da câmera e segue andando sem que, dessa vez, possamos segui-la.

Nesse sentido, é possível imaginar que Fleabag, a mulher sem nome e que dá voz a muito do que a imagem da anima relega à sombra coletiva, é capaz de extrapolar de forma suficientemente exagerada as contradições e vivências incongruentes que envolvem a mulher contemporânea, afetada pelas expectativas impostas e sua real experiência de mundo interno e externo, pelas cisões decorrentes e pela busca pela própria identidade. Tudo isso é feito, evidentemente, com uma boa dose de humor inteligente, sagaz, absurdo e, em muitos momentos, apropriadamente indecoroso.

The Marvelous Mrs. Maisel: manobras do feminino anímico

The Marvelous Mrs. Maisel[12] é uma série que teve 20 indicações ao Emmy de 2019 e retrata como protagonista a supermulher dona de casa. O enredo se passa no fim da década de 1950 e apresenta Midge Maisel como uma mulher que gerencia toda a rotina familiar e soluciona os problemas com eficiência e bom humor. Joel, seu marido, é vice-presidente da empresa do pai e um comediante frustrado que mantém um relacionamento extraconjugal com a secretária, até que decide abandonar o casamento com Midge e seus dois filhos pequenos.

Já no episódio-piloto da série, a personagem sofre, por parte de toda a sua família, a pressão para restabelecer o matrimô-

12. A série foi criada por Amy Sherman-Palladino, que também é criadora da série *Gilmore girls* (2000-2017).

nio, sendo questionada pela responsabilidade pelo rompimento. Após embriagar-se, Midge vai ao café no qual seu marido tentou, sem sucesso, emplacar com seu *stand-up comedy* e desabafa no microfone sua trajetória até ali, levando a plateia a gargalhadas e aplausos pela forma hilária como fala sobre si mesma e sua realidade. Porém, acaba sendo presa (duas vezes) por falta de decoro e palavreado obsceno durante suas falas no palco. Midge faz parte de uma família tradicional judia, e sua sagacidade colabora para uma transformação intensa e ao mesmo tempo divertida quando ela assume o protagonismo de sua própria vida.

Um aspecto da energia *trickster* levantado por Tannen (2007) é a recusa em ser uma vítima. Essa atitude tem um papel social fundamental na transformação do padrão patriarcal do comportamento das mulheres. Tal recusa faz parte da noção moral transformada na *trickster* pós-moderna, resultando na construção de uma identidade de mulher que se apropria de sua narrativa e subverte a norma para manter as rédeas de sua vida em suas próprias mãos. Em *The Marvelous Mrs. Maisel*, Midge assume uma identidade que se encontra no limiar entre a recusa em ser uma vítima e a recusa em ser a culpada pelo fim do seu casamento, rompendo com a lógica dicotômica patriarcal e ocupando o espaço dessa narrativa da maneira como lhe convém.

A energia *trickster* consiste no movimento, explicitando a natureza "dupla" inerente à origem arquetípica da metáfora. A capacidade de oscilar entre "duplos" nos leva para além da imagem inicial, para algo mais complexo – e até contraditório – e às vezes paradoxalmente verdadeiro. Isso representa não somente uma tensão de opostos, mas também uma habilidade de movimento entre polaridades aparentemente díspares, em que a quantidade de polos denota a riqueza de possibilidades metafóricas. De acordo com Tannen (2007), a palavra "metáfora" significa "ir além", e nesse sentido a imagem metafórica da mulher *trickster* oferece oportunidade e encorajamento à consciência para além das fronteiras presentes em termos de sociedade e gênero.

O humor da mulher *trickster*

> *Trickster* é Eros usando Logos, produzindo prazer por meio do aparato cognitivo da psique. O humor *trickster* espelha o estágio de desenvolvimento da cultura que o imagina. A consciência arcaica retratou o bufão que busca integrar as partes de seu corpo. Uma consciência mais desenvolvida nos proveu o bobo da corte e o palhaço. A consciência pós-moderna originou a mulher *trickster*, que manifesta sagacidade e ironia. A sagacidade é um desenvolvimento superior do humor e constitui a energia essencial a ser integrada pela consciência coletiva, para que a humanidade possa se transformar e superar seu estágio infantil (Tannen, 2007, p. 138).

O humor constitui uma experiência cognitiva que depende da resolução de uma incongruência, mas que não se basta da sua presença exclusiva. O humor depende também do contexto social e de elementos potencialmente disruptivos e incompatíveis com preceitos morais, como a agressividade e a sexualidade. Nesse sentido, todos os aspectos que constituem o humor são interdependentes, já que o humor é constelado quando os elementos existem singular e isoladamente. Em outras palavras: "O humor é um método erótico de resolução ou de busca de sentido ao que aparenta desprovido de sentido – incongruente – por meio de capacidades cognitivas: Eros usando Logos" (Tannen, 2007, p. 141).

Dessa maneira, o humor depende da tensão entre elementos tidos como opostos e excludentes, entre a congruência e a incongruência, entre o real e o imaginário, para dar sentido à totalidade das experiências que constituem o mundo interno e externo à psique. Além disso, demanda o funcionamento concomitante de Eros e Logos, patriarcalmente organizados em polaridades opostas, como nas dicotomias de sensação e pensamento, corpo e mente. De maneira análoga, Tannen (2007) relaciona o uso do humor e a experiência de marginalização no desenvolvimento do indivíduo, em que o humor e, sobretudo, o humor sagaz atuam como estratégias adaptativas às cisões oriundas de traumas recorrentes ou emblemáticos, da estigmatização ou da marginalização. Assim, o humor configura-se como um dispositivo para que o indivíduo marginalizado dentro de um contexto que estruturalmente não permite autonomia e voz própria possa construir e traduzir a complexidade da experiência, ao passo que busca, de modo concomitante, a adaptação e a subversão em relação à posição em que se encontra.

Diante disso, a autora retoma a marginalização da experiência feminina diante da ordem simbólica patriarcal e indaga: existe um senso de humor feminino, distinto do que é comumente considerado humor? Se sim, por que é diferente? À semelhança com a constatação inequívoca da presença da *trickster* em nossa sociedade, Tannen (2007) não deixa dúvidas da diferença que existe em um humor feminino e feminista. Apesar do humor trabalhar nas margens, ele pode servir e contribuir para a manutenção do *status quo* quando aponta para a incongruência de tudo aquilo que não se encaixa na ordem simbólica dominante, em vez de denunciar aquela inerente à própria estrutura em que se encontra. Em outras palavras, isso ocorre quando ouvimos piadas machistas, homofóbicas, racistas ou discriminatórias de alguma natureza, majoritariamente – ainda que não exclusivamente – feitas por homens. Mesmo que testemunhemos um movimento mais recente de reação e intolerância coletiva diante de comediantes conhecidos por suas piadas ofensivas, essas manifestações ainda conservam seu *status* social de humor *mainstream* por efeito da dissociação necessária experimentada por uma parcela significativa do público feminino.

> [...] a ordem simbólica normativa não teria durado o que durou sem algum grau de dissociação de metade de sua população: as mulheres. O uso da dissociação como uma postura psicológica defensiva reforça o argumento de que, para que uma mulher possa introjetar o silogismo lógico da ordem simbólica normativa, é necessário que sofra uma diminuição em seu senso de identidade individual (Tannen, 2007, p. 158).

À diferença do humor feito por homens, as mulheres que expressam humor o fazem a partir de uma posição ligeiramente deslocada no esquema das coisas, diferente o suficiente para que o humor parta de um lugar de estranhamento e olhe para seu objeto de uma perspectiva distinta. Para Tannen (2007), uma das diferenças primordiais no humor feminino e feminista reside nas relações de poder e, mais especificamente, em quem é atingido no processo e qual incongruência o humor denuncia. Enquanto os homens ridicularizam aqueles considerados diferentes, reafirmando a estrutura hierárquica já existente, o humor feminino ganha uma qualidade subversiva, invertendo a lógica, denunciando as hipocrisias e afetações das estruturas de poder vigentes e desafiando as autoridades e o *status quo*. Um exemplo disso é quando Mrs. Maisel é presa por indecência devido à maneira como fez as sátiras sobre seu corpo e a objetificação – e apropriação – deste no palco ao mostrar seus seios. "Por essa razão, a mulher *trickster* é mais perigosa do que o *trickster*, que pode cumprir seu papel catártico aliviando a pressão gerada pela ordem simbólica vigente" (Tannen, 2007, p. 159).

O que diferencia, portanto, a mulher *trickster* pós-moderna é seu intento de questionar e desconstruir a existência da ordem simbólica patriarcal por meio do humor. Trata-se de um intento deliberado que perpassa o ego – e, portanto, a consciência –, e não somente uma consequência natural de a mulher produzir humor. Em outras palavras, nem todas as mulheres comediantes são *trickster* pós-modernas como Tannen (2007) as define, apesar de considerarmos uma mulher adentrando o mundo da comédia algo que por si só já desafia os papéis reservados à mulher, como é o caso de Mrs. Maisel. Isso deriva da percepção de que, apesar de existir uma cultura dominante, ela não é universal e muito menos neutra, mas marcadamente determinada pelo imaginário e pelo referencial masculino.

Tal perspectiva é análoga ao que Laura Mulvey (1989) denunciou com seu trabalho seminal "Visual pleasure and narrative cinema", publicado inicialmente em 1976, ao afirmar que o espectador implícito de uma obra audiovisual não é neutro ou universal, mas é masculino, e que o *male gaze* pressuposto que incide sobre a tela é responsável não somente por determinar para quem a história é contada, como também por moldar sua narrativa e seus personagens. Green (2010) retoma tais conceitos para enfatizar o caráter transformativo e subversivo que reside no olhar da mulher sobre si mesma para falar de si e para criar conteúdos, imagens e sentidos, conservando autonomia e autoridade psicológica e corporal. Tal perspectiva alinha-se com o aspecto virginal abordado por Tannen (2007) para caracterizar a *trickster*, no sentido da mulher intocada pela ordem simbólica patriarcal e que, portanto, não condiz com os elementos da *persona* feminina em sua identidade e seus discursos.

Tais elementos encontram-se marcadamente presentes em *Fleabag* e *The Marvelous Mrs. Maisel*, ambas escritas e dirigidas por mulheres que retratam personagens femininas as quais, de formas muito distintas, encontram-se deslocadas dos mesmos padrões que, por via do humor sagaz da mulher *trickster*, constantemente desafiam, questionam, denunciam e burlam. Enquanto Midge é uma dona de casa inicialmente alinhada com os padrões da época, compelida à não convencionalidade pela ruína de sua estrutura de vida aparentemente perfeita, Fleabag inicia sua trajetória já às margens e isolada da estrutura familiar e cultural que a rodeia. Ambas, entretanto, transformam profundamente o contexto em que se inserem e a própria vida com humor, caos, quebra de paradigmas e muita sagacidade – todos elementos característicos da mulher *trickster* pós-moderna.

A cultura feminina, diferente daquela masculina, é relegada – assim como todas as outras que diferem da perspectiva masculina, branca e heteronormativa – à condição de “outro”, de cultura alternativa e minoritária em relação à dominante. São justamente os elementos incongruentes da cultura dominante os principais alvos da *trickster* pós-moderna: por meio do humor sagaz, a *trickster* se ocupa da tarefa de quebrar a ilusão da imutabilidade e da naturalização do papel subserviente da mulher por meio do humor, causando desconforto e prazer, bem como o espelhamento necessário para que tais elementos possam ser reavaliados. A *trickster* também está nas margens, tal como o *trickster* tradicional; entretanto, diferentemente dele, busca promover uma mudança estrutural a partir das margens. Tal tarefa é chamada por Tannen (2007) de "sensibilidade cômica feminista", que tem como principal diferença o deslocamento do referencial implícito masculino para o "outro", o feminino.

O humor feito por mulheres também aponta para considerações importantes no contexto individual e pessoal, principalmente no que diz respeito à sensibilidade cômica feminista e ao desenvolvimento de autonomia e autoridade psicológica e corporal:

> Sentir-se confortável o suficiente para expressar a si mesma por meio de piadas próprias constitui uma maneira de tomar as rédeas da própria vida para longe da ordem simbólica normativa. Trata-se de uma recusa em introjetar as projeções. Devolver a bola de vôlei com perspectivas próprias serve para reinscrever e ressignificar (Tannen, 2007, p. 162).

Nesse sentido, o humor serve não somente como uma possibilidade de promover mudanças na consciência coletiva, mas também como meio individual de compartilhamento da própria história, sustentação de conflitos e cisões internas, expressão paradoxal de força e vulnerabilidade. "Obviamente, não me refiro ao riso nervoso e produzido pela ansiedade, mas ao riso que vem das entranhas quando você realmente saca a piada" (Tannen, 2007, p. 163). Como é possível comprovar nas trajetórias de Midge e Fleabag, a energia *trickster* não serve a um propósito somente coletivo, endereçando e remendando as cisões internas em sua dimensão individual. Como argumentado antes, o humor constitui um recurso particularmente precioso no desafio que consiste em falar de si em uma estrutura simbólica que não reconhece experiências, corpos e identidades que não se alinhem com determinados padrões já construídos e estabelecidos de normas e condutas.

Portanto, torna-se inevitável pressupor que, no que diz respeito à perspectiva da ordem simbólica canônica, a mulher *trickster* é tida como uma figura ameaçadora e perigosa. Para preservar seu interlocutor, a mulher *trickster* também precisa aprender a dosar o caráter disruptivo e de denúncia de seu humor, frequentemente utilizando da ironia a fim de apelar para aqueles no poder, que podem não interpretar corretamente a piada, conservando a sensação de estar certo e no controle. Enquanto Midge modula suas contravenções com sua personalidade expansiva, seu charme e seu bom humor, Fleabag lança mão da ironia e do sarcasmo para que o ataque passe quase despercebido. Assim, mulher *trickster,* dotada de sensibilidade cômica feminista, já abriu mão da ilusão de uma resolução. Seu humor não busca um final feliz capaz de dissolver a tensão ou resolver a incongruência, mas justamente mantê-los e, muitas vezes, colocá-los em evidência.

Segundo Bassil-Morozow (2020), que aborda o conceito da *trickster* em *Fleabag* a partir de um viés psicossocial, a *persona* constitui um conceito generificado, e a *persona* feminina se destaca por apresentar aspectos particularmente rígidos no que concerne a expectativas não realistas – dissociadas da realidade – sobre as mulheres e seus corpos e condutas. A autora traça uma clara distinção entre imitação e conformismo da *persona*, e individualidade e autenticidade da *trickster*, o que pode ser argumentado com a noção trazida por Tannen (2007) de que, para além de uma recusa à massificação oriunda de papéis de gênero, a *trickster* "devolve a bola ao jogo", cumprindo a primordial função coletiva de apontar rachaduras e promover mudanças estruturais na sociedade em que vivemos.

Como postulam Tannen (2007) e Bassil-Morozow (2020), a arte e a cultura popular são capazes de espelhar o mundo em que vivemos ao passo que contribuem para alavancar mudanças estruturais e apontar para imagens e potenciais emergentes, dado que a energia arquetípica se manifesta no campo artístico através da imaginação individual como um condutor da transformação em um âmbito mais abrangente da cultura. Tais preceitos são corroborados pelas séries *Fleabag* e *The Marvelous Mrs. Maisel*, fundamentadas em um enredo crítico no qual as protagonistas se apropriam de suas vozes e consequentemente das narrativas de suas transformações e trajetórias. O grande desafio da mulher *trickster* pós-moderna reside na não submissão à dinâmica patriarcal da sociedade – o que Green (2010) descreve como *female gaze* –, apropriando-se de suas vivências, experiências, emoções e convicções para falar de si, por si. Assim, ocupam espaços físicos e culturais de maneira transformada, criativa e nova, de acordo com suas necessidades pessoais e coletivas – múltiplas e diversas quando compreendemos a experiência feminina como impossível de ser abarcada em uma categoria única. O humor, por sua vez, atua como uma ferramenta essencial na concretização e na manutenção dessa transformação, bem como da permanência nos espaços e nas narrativas imaginativas cada vez mais ocupados e produzidos por mulheres.

Referências

Bassil-Morozow, H. (2020). Persona and rebellion in trickster narratives – case study: Fleabag (BBC 2016-2019). *Persona Studies 6*(1), 30-42.

Braidotti, R. (1994). *Nomadic subjects: embodiment and sexual differences in contemporary feminist theory*. Columbia University.

Green, S. R. (2010). Embodied female experience through the lens of imagination. *Journal of Analytical Psychology 55*, 339-360.

Hillman, J. (1977). *An inquiry into image*. University of Notre Dame.

Jiménez, E. R. (2019, jun 1). Phoebe Waller Bridge: "O sexo feminino continua sendo o grande desconhecido na televisão". *El País*. https://brasil.elpais.com/brasil/2019/05/28/cultura/1559033578_028465.html

Jung, C. G. (2011). *Obra completa*. Vozes.

Mulvey, L. (1989). Visual pleasure and narrative cinema. In *Visual and other pleasures* (p. 14-26). Palgrave Macmillan.

Rich, A. (1986). Notes toward a politics of location (1984). In *Blood, bread, and poetry: selected prose 1979--1985* (p. 210-231). W.W. Norton.

Rowland, S. (2002). *Jung: a feminist revision*. Polity.

Sherman-Palladino, A., & Palladino, D. (2017). *The Marvelous Mrs. Maisel* [Série de TV]. Amazon Studios.

Tannen, R. S. (2007). *The female trickster: the mask that reveals, post-Jungian and postmodern psychological perspectives on women in contemporary culture*. Routledge.

Waller-Bridge, P., Williams, H., & Williams, J. (2016). *Fleabag* [Série de TV]. BBC.

6 "Deus lhe pague"

Colonização, malandragem, fatalismo e aspectos da identidade brasileira nas músicas de Chico Buarque

Durval Luiz de Faria, Eduardo Arruda Sautchuk,
Fábio Rezeck e Raul Alves Barreto Lima

Introdução

A partir da seleção e da análise de músicas de Chico Buarque, apresentamos uma reflexão sobre aspectos da identidade brasileira. Tratar de uma identidade brasileira ou de uma alma brasileira é tocar num campo de expressões muito diversas; ora remetendo às feridas históricas que marcam nossa nação, ora apontando possibilidades criativas de expressão e transformação. Na dialética entre individual e coletivo, fixações e desenvolvimentos, passado e futuro, deparamo-nos com fissuras que propiciam ampliações de olhares acerca do que nos caracteriza como "povo brasileiro".

Partindo do campo artístico, fundamentados no referencial junguiano, compreendemos que a arte tem uma função de transformação e de mobilização da criatividade. Deixaremos que as canções escolhidas reverberem e possibilitem leituras sobre aspectos de nossa identidade brasileira, entrelaçando suas possibilidades de significação com referenciais teóricos.

Penna (1999) e Dias e Gambini (1999) abordam a psique brasileira trazendo o resgate do nascedouro desse povo. O momento histórico da invasão dos portugueses, a catequização e a dizimação dos índios e dos africanos, a escravidão e os relacionamentos traumáticos existentes entre povos tão distintos marcaram profundamente a alma brasileira.

Nesse sentido, Penna (1999) traça um caminhar histórico, abordando esse percurso em três momentos: visão do paraíso, inferno verde e o Eldorado. A "descoberta" do Brasil pelos portugueses se deu sob o forte desejo/impulso de encontrar uma terra como a descrita na religião cristã e retratada como paraíso (Jardim do Éden). Os índios, as praias e as belezas naturais despertaram essa projeção edênica – a "visão do paraíso". Posteriormente, o movimento dos colonizadores ao interior caracterizou o "inferno verde", momento repleto de dificuldades e conflitos marcados por rastros de sangue. Por fim, o Eldorado é retratado na busca pelo ouro dessa terra, momento de intensa espoliação e expropriação das riquezas naturais de nosso país.

Penna (1999) descreve o brasileiro como tipicamente extrovertido, com função principal sentimento e função inferior pensamento. Ou seja, o brasileiro tem como característica atribuição de valor e julgamento aos objetos e às relações. Como define Sérgio Buarque de Holanda (1995), trata-se de um povo cordial. Contudo, não necessariamente acolhedor, gentil, afável ou de expressões exclusivamente positivas. A cordialidade como expressão do coração também tem seu caráter violento, destrutivo, perverso, passional e intolerante.

O brasileiro se relaciona como se estivesse numa "grande família", favorecendo aqueles de quem pode tirar proveito e favores ou com quem tenha alguma ligação afetiva direta. Apesar da marca forte de diversidade no Brasil, as relações podem ser passionalmente violentas e destrutivas, principalmente no que se refere ao ódio pelo diferente. Logo, há muitas formas de preconceito: racismo, machismo, homofobia, intolerância religiosa, preconceito de classe, xenofobia etc.

A imagem dos brasileiros como um povo erótico, extrovertido, sentimental e cordial parece ser um consenso quando nos vemos refletidos nos olhos de outras nações: somos vistos como o país do carnaval, do corpo erótico e sensual, do gingado, da brincadeira, da alegria, do êxtase dionisíaco. De alguma maneira, o povo brasileiro também enxerga esses espectros no seu caráter como características positivas.

Por outro lado, é importante recordar que essas e outras singularidades carregam ambiguidades. Há uma tendência a fazer importação de comportamentos e roupagens europeias e norte-americanas, consideradas superiores. Esse ponto é tão forte que a expressão "complexo de vira-lata", cunhada por Nelson Rodrigues, volta e meia reverbera no discurso coletivo, ressaltando feridas oriundas da psique coletiva.

Um lado menos desenvolvido consiste na ausência de lógica, função pensamento inferior: um povo desprovido de razão, subdesenvolvido, carente de seriedade, de planejamento, que faz brincadeira com qualquer situação, marcado pela infantilidade e pela malandragem dos arquétipos do *puer aeternus* e *trickster*; um povo que sempre dá o seu "jeitinho", mundialmente conhecido como "jeitinho brasileiro". O "jeitinho" e a malandragem se abrem para a contradição e a ambiguidade de enxergar nessas características uma maneira criativa de enfrentar a crueldade do cotidiano e as desigualdades sociais, como também um modo irrefletido de agir sempre em benefício próprio, alimentando, por exemplo, as muitas formas de corrupção, em seus variados níveis.

O campo junguiano brasileiro vem empreendendo esforços no sentido de repensar a cultura do Brasil e as identidades brasileiras. Os trabalhos recentes de Oliveira (2019) e Boechat (2014, 2018) – consoantes aos apontamentos de Boff (2016) – retomam momentos de nossas raízes culturais. Os autores discutem nossas feridas históricas (colonização, genocídio indígena, escravidão e corrupção), analisando tanto os impactos desses eventos no desenvolvimento de nossas identidades cultural e pessoal quanto a expressão deles no presente.

O aspecto criativo da psique é um ponto fundamental para a discussão que apresentamos. Há uma importante ligação com processos de cura, explicitada no trabalho que Jung desenvolveu com as mandalas pintadas por seus pacientes, a mesma metodologia que Nise da Silveira habilmente levou para o tratamento em saúde mental com pacientes psicóticos com elevados níveis de dissociação psicológica. Relacionando a expressão da fantasia a uma das mais claras atividades da psique, Jung declara:

> É sobretudo a atividade criativa donde provêm as respostas a todas as questões passíveis de resposta; é a mãe de todas as possibilidades onde o mundo interior e exterior formam uma unidade viva, como todos os opostos psicológicos (OC 6, § 73).

A partir desse contexto, temos as canções, as quais, segundo Faria (2009), são capazes de revelar aspectos presentes na alma do brasileiro e, assim, as diversas facetas da imagem do Brasil podem emergir no coletivo. Para este texto, escolhemos analisar composições do artista Chico Buarque, por conta de sua relevância histórica para a construção da música popular brasileira e por ser um exímio narrador do cotidiano, principalmente dessa brasilidade popular que nos é tão cara, mas também tão impregnada de invisibilidades e preconceitos.

Aproveitamos para indicar às leitoras e aos leitores que possam acompanhar a leitura do texto a partir da escuta de cada uma das nove canções selecionadas, de modo a aguçar e despertar as sensibilidades e os sentidos provocados pelas músicas e as análises que serão tecidas.

Convidamos a observar e a deixar ressoar, como coloca Peres (2019, p. 154-164):

> Diante de uma expressão artística, de qualquer natureza – pintura, escultura, música, arquitetônica etc. –, ao menos no primeiro momento, é preciso dar-se um tempo de observação para experimentar "o que acontece" interiormente [...] Cada época tem uma energia psicossocial própria que anima a humanidade.

"Não existe pecado ao sul do Equador" (Hollanda, 1990a)[13]

Foi no livro *Raízes do Brasil* (1995), de Sérgio Buarque de Holanda, que Chico Buarque encontrou a expressão *Ultra aequinoxialem non peccari*, conhecida na Europa do século XV e amplamente divulgada. Dizia-se, naquela época, que o mundo

13. Composição de Chico Buarque e Rey Guerra.

estava dividido entre os hemisférios norte e sul e era justamente este último que guardava toda a espécie de vícios e permissividades, mas não o pecado.

Curiosamente, a autoria da frase "Não existe pecado do lado de baixo do Equador" é atribuída ao Papa Paulo III (1468-1534), que decretou em sua bula pontifícia *Sublimis Deo* que os habitantes do hemisfério sul não tinham almas, ou que, no máximo, estas eram tão vazias quanto as terras recém-descobertas (Coppa, 2002).

No processo que se seguiu à descoberta do Brasil, especialmente durante as primeiras décadas, toda a concupiscência fomentada pelo clima e pela exuberância da natureza era justificada pelo fato de aquele território se encontrar abaixo da linha do Equador. O sedento colonizador que se lançava para tamanha aventura tomava posse de tudo o que convinha, servindo ao delírio coletivo pelo ouro e pela ideia de paraíso terrestre, retomando um mito do Renascimento quando da descoberta da *Terra Brasilis*. As novas terras se transformaram num grande receptáculo para a sombra europeia, recebendo não apenas toda sorte de gente, mas o próprio caldo grosso e viscoso rejeitado pela sociedade do velho mundo (Dias, & Gambini, 1999). É de Jung a ideia de que

> a consciência diferenciada do homem civilizado possui um instrumento eficaz para a realização de seus conteúdos através da dinâmica da vontade, com o crescente fortalecimento desta última há um perigo maior de perder-se na unilateralidade desviando-se das leis e raízes do seu ser (OC 9/1, § 276).

A mestiça alma brasileira teve sua formação iniciada pelo cruzamento do homem branco europeu com a mulher indígena e com a mulher negra, "matrizes antropológicas" desprezadas sob os pontos de vista social, político e rácico. É a carne e o espírito miscigenados, uma vez que isso nunca se tornou um problema ou pecado para os colonizadores (Ribeiro, 1996). Também essa afirmação é encontrada já no título da canção, satirizada por meio de um registro de permissividade, para a qual se lançou o colonizador ao tomar conhecimento das riquezas e da passividade do povo nativo. O processo de exploração dos recursos naturais, a catequização como instrumento de controle e a imposição de costumes estrangeiros são alguns exemplos que ilustram os atos descabidos em terras "não civilizadas". No verso 10 da composição original, encontramos até a pretensa lascívia das nativas, o que, novamente, livraria de culpa a consciência dos estrangeiros:

> Vê se me usa, me abusa, lambuza
> Que a tua cafuza
> Não pode esperar.

A visão da exuberância, da fartura e da inocência dos nativos reforça a perspectiva do paraíso na terra (Penna, 1999). Entretanto, o conceito de paraíso é exógeno; surgiu a partir de um mito que se projeta agora – de forma coletiva – à dominação estrangeira, num processo de aculturação pela força coercitiva dos homens que chegavam sempre mais e mais àquele ambiente. Esse pode ter sido o primeiro elemento a despersonificar a cultura primitiva brasileira, pois o que se seguiu foram inumeráveis imposições conflitantes ao modo de vida nativo. No fim das contas, tornamo-nos "Macunaímas" construídos sob a força dominante dos exploradores. Sem identidade cultural definida, ficamos à mercê daqueles que nos dominaram. De modo estereotipado, surgiu, aos poucos, a ideia de um complexo de "vira-lata", dado que o nativo, ao perder sua condição, é incorporado ao Éden como parte de uma riqueza entregue à exploração.

Em Jung (OC 8/2), encontramos a afirmação de que as reflexões, as dúvidas e os experimentos são constituintes dos processos psíquicos e que, no homem primitivo, isso não existiria. A ausência desse processo reflexivo o manteria, indefinidamente, no estado da natureza, num mundo edênico. A passagem para a civilização, ao contrário, iria carregá-lo para o mundo dos problemas, porque ganhar consciência importaria na convivência com eles. O processo colonizador/civilizatório aconteceu para uma sociedade nativa que, subitamente, sendo subjugada, ficou paralisada. Não que faltasse consciência, mas havia desconhecimento das virtudes (vícios) dos civilizados. Tal desconhecimento resultou na servidão.

"Partido alto" (Hollanda, 1990b)

"Partido alto" é uma música escrita por Chico Buarque em 1972. Intercalada pelo assombro do interlocutor frente à impossibilidade de amparo, repete a fórmula da fé, da dúvida, da raiva e da reafirmação, conforme afirma Faria (2019). Esse estilo é uma visão caricata do brasileiro pacífico, que atribui ao destino toda sorte de acontecimentos. Entremeando, há versos que apresentam uma imagem autodepreciativa do malandro (desdentado, feio, nascido na miséria etc.). De novo, o complexo de inferioridade pode ser associado à sua identidade, ainda que se sentir inferior não represente, de fato, ser inferior, em todos os casos (Dias, & Gambini, 1999).

Uma interessante maneira de minimizar tal valor autodepreciativo é descrito por Faria (2019, p. 9), que, com muita propriedade, assim assinala:

> O malandro não poderia nascer se não fosse de um Deus também com características malandras, pela astúcia e dissimulação do Criador. O malandro se configura como herdeiro pródigo dessa sagacidade divina, carregando em si a capacidade da inversão do *trickster*, subvertendo o aparente futuro inócuo na miséria com o som de seu batuque e o ronco da cuíca.

A ideia de um complexo de inferioridade presente na psique coletiva brasileira é um indicativo de grande vulto na maneira como movimentos culturais possam reagir, construindo formas para compensar os sentimentos nascidos no inconsciente cultural. A imagem de Deus também malandro ("Deus é um cara gozador, adora brincadeira") corrobora a perspectiva de pertencimento e de possibilidade para se superar.

Considerando-se a alma brasileira ainda em sua jovialidade, é preciso olhá-la em seu processo miscigenado e multicultural desde sua origem (Boechat, 2014), pois isso permite entender suas nuances com mais precisão: filhos de mãe indígena – cuja cosmovisão contempla uma enormidade de seres – e de pai doutrinador e puramente monoteísta, os brasileiros encontram na ambiguidade o permanente viés para se construir. Talvez por isso tenham adquirido o temperamento jovial e otimista, apesar de tudo, refazendo-se continuamente, sempre buscando e encontrando saídas, a exemplo de um *trickster*.

A canção "Partido alto" ilustra com muita propriedade os traços da malandragem encontrada no universo do povo brasileiro, transmitindo uma ideia de adaptação e de permanência:

a primeira quando evidencia respostas quase imediatas frente às impossibilidades cotidianas; a segunda quando, a todo custo, procura se sobressair de modo vantajoso. Encontramos exemplos de ambas as ideias logo no início da canção, revelando que tais ambivalências podem ser tomadas por um sentido ambíguo e múltiplo, mas também vasto.

Subverter a ordem é uma habilidade típica do malandro, que não se preocupa com as convenções previamente estabelecidas. O malandro consegue encontrar saídas onde muitas vezes elas não existem. Rindo da própria condição, valoriza certos aspectos guiados pela polidez (Doty, 1998). Tal característica, às vezes até contraditória, pode ser pensada como a transcendência às impossibilidades impostas por toda sorte de fatores e a seu complexo de vira-lata (por ter nascido em condição de "pobreza", não contar com porte físico europeu, não se considerar intelectualmente interessante etc.).

Também notamos no malandro a capacidade de se reinventar, tal como na imagem do *trickster*, criativo e perspicaz. Boechat (2017, p. 12) assim cita o pensamento de Jung sobre a criatividade:

> Jung considerou a criatividade como um dos instintos básicos do ser humano. Assim como ela desempenha um papel importante no desenvolvimento da consciência da cultura humana como um todo, também podemos perceber a criatividade como elemento fundamental do desenvolvimento da consciência individual.

A criatividade como expressão de instinto conduz o malandro por caminhos diferentes daqueles considerados regulares; avesso aos fundamentos da tradição, ele é impulsionado a criar, refazendo-se continuamente. Se para ele a vida não é fácil, se não há leveza nem estabilidades de qualquer natureza, sobra criatividade. Haverá sempre possibilidades. Nessa canção, Chico retrata o malandro que cativa, porque busca o próprio prazer e que vive num mundo subversivo, afoito às regras e normas.

"Homenagem ao malandro" (Hollanda, 1978)

A conhecida resistência do malandro para o trabalho, a aversão ao trabalho oficial, é, historicamente, a não sujeição à autoridade do branco, não se tratando de algo que possa lhe proporcionar algum ganho pessoal (Holanda, 1995). "Homenagem ao malandro", de 1978, compõe o repertório da *Ópera do malandro*. A letra representa a constatação de que a malandragem foi, aos poucos, sofrendo transformações, de tal maneira que a imagem do malandro, agora, perde-se em meio à multidão de trabalhadores. O início da música faz referência ao desconhecimento dessa transformação sendo contextualizada pelo assombro do autor em não encontrar mais o malandro com a forma até então caracterizada pelo imaginário popular.

O *trickster*, esvaziado de obrigações, percorria com facilidade os alegres salões de festa, dos quais agora se distancia. A exemplo da natureza maravilhosa encontrada pelas primeiras expedições de colonizadores, a qual aos poucos foi pilhada e destruída, passa, agora, à ordem das conformidades um espírito que relutava e resistia para se manter nesse mundo natural. Então, o malandro passa a se adequar à vida dos compromissos e dos cartões de ponto. Para sobreviver, precisa se adaptar, render-se ao capital e trabalhar, ainda que perene seja o objetivo de sempre ganhar vantagem.

O trabalho, para a malandragem, passa à categoria das transformações adversas, de modo a encontrar os melhores resultados, sejam eles quais forem. O "trabalho" a que o malandro agora se dedica encontra expressão na luta pela sobrevivência, pois de forma alguma a malandragem esteve isenta de sacrifícios e maiores esforços (Garcia, 2008). O que ele busca estaria mais ligado à ideia de talento, ao trabalho que não "engraxa ou desgasta" as mãos (Holanda, 1995). Entretanto, termina por ser absorvido pelo sistema a fim de ser mão de obra barata (Faria, 2019). Ele lançou-se ao mundo do trabalho e foi incorporado à sociedade pós-moderna de consumo.

Justamente por se manter avesso à ordem de dominação, ele busca as saídas em situações inusitadas (ou impossíveis). Esse é o cenário que a música nos apresenta, numa crítica à concepção clássica do malandro como aquele que não trabalha e é vagabundo.

Mesmo transformado, o malandro continua se adaptando, ainda que necessite trabalhar para conseguir vantagens. É de Neumann (2014) a expressão "unidades de massa", entendendo que a cidade, o escritório e a fábrica formam, sob o aspecto psicológico, unidades que promovem o alheamento em relação ao inconsciente. A exemplo de Adão, o malandro torna-se um pouco mais responsável por carregar sua tralha, em seu mundo. Nesse sentido, Doty (1998, p. 227) escreve:

> Às vezes me pergunto por que as sociedades que produzem os ciclos do embusteiro consideram necessário imaginar a criatividade como um constante ultrapassar dos *mores* esperados e sancionados e dos limites sociais. Terão elas, de alguma forma, consciência do quanto matam de humano com sua sociedade bem-educada?

"A volta do malandro" (Hollanda, 1985)

Esta música foi lançada em 1985 para o filme *Ópera do malandro*, de Ruy Guerra, uma adaptação da peça de teatro de mesmo nome. Composta por apenas três estrofes, oferece uma breve, mas rica descrição do malandro em sua essência. Sua construção poética retrata seu aspecto paradoxal e transitório a partir da realidade cultural brasileira. As qualidades e características do malandro e a expressão cultural do arquétipo do *trickster* podem ser discutidas a partir dela.

Nessa música, o malandro é retratado como figura da praça, popular. Para Jung (OC 9/1, § 468), o *trickster* é uma personificação que surge a partir de uma coletividade de indivíduos. Essa estrutura psíquica arquetípica se caracteriza por ter um aspecto tanto sub-humano quanto super-humano, uma dualidade divina-animal, cujo traço principal é a inconsciência. Segundo Queiroz (1991), o *trickster* está sempre em movimento e é amante do viver errante e solitário. Por isso, na composição ele caminha na ponta dos pés, sem criar raízes, pisando nos corações, sem estabelecer relações duradouras.

Sempre em meio a dualidades, o *trickster* habita as contradições. Para Queiroz (1991), seus traços fundamentais são a ambiguidade e a liminaridade. É nesse lugar paradoxal que o malandro anda, como que de viés, sem assumir uma identidade ou outra. O *trickster* não pertence a nenhum lugar, é o rei dos entremeios e se encontra nas encruzilhadas. A melhor maneira de descrevê-lo é afirmar que ele será encontrado na fronteira, seja criando-a, cruzando-a, ignorando-a, apagando-a ou movendo-a: o deus do limítrofe (Lewis, 2017).

A ação do malandro gera movimento e transformação. Esta é a natureza do *trickster*: coloca em dúvida o estabelecido, por meio de mentiras que são capazes de criar novas formas de relação; muda as regras de um jogo perdido para que se possa ganhar uma parte da ação. Sua forma de mentir não é uma oposição à realidade estabelecida, mas é criativa, escapando da relação estabelecida anteriormente. É o idiota criativo, o tolo sábio. Além disso, tem um aspecto de luxúria em seu movimento (Lewis, 2017). O malandro faz a praça virar um salão, onde pode haver um espetáculo, e cria um espaço de nobreza em meio à pobreza. Assim, o malandro mistura as classes sociais, quebrando sua hierarquia.

"Vai trabalhar vagabundo" (Hollanda, 1976)

Composta para o filme homônimo de Hugo Carvana, de 1976, a música retrata a desvitalização e a perda da alma. Há uma oposição entre trabalhador e malandro. O malandro, no ponto de vista do trabalhador, é um vagabundo, alguém preguiçoso e avesso a qualquer trabalho. Na perspectiva do malandro, ele considera-se esperto demais para se submeter à exploração das relações do proletariado. Holanda (1995) compara os aspectos do espírito trabalhador e do espírito aventureiro e afirma que cada um possui uma ética própria.

Porém, a repetição estéril representa a morte de ambos. Mesmo o malandro tem um prazo de validade: não pode viver para sempre da mesma maneira, e sabe disso, porque é em essência contraditório e criativo. Quando se define, deixa de ser. Quando começa a repetir-se, torna-se opaco. Se cristalizados, os aspectos da malandragem já não representam criatividade, mas, sim, uma oposição estéril às próprias condições já estabelecidas da opressão do trabalho. O malandro fica preso da mesma forma que o trabalhador.

Incapaz de produzir sentido, o malandro enfrenta o dilema de trabalhar ou não. Pegando emprestado um sentido que lhe foi dado externamente, "embarca na correnteza", mas a inconsciência de si mesmo continua. A música afirma que por Deus só é permitida uma loucura a cada um, fazendo uma dupla significação: a partir de então, as loucuras devem cessar, pois o malandro já teve sua cota e deve tornar-se trabalhador; a partir desse mesmo ponto, começa a única grande loucura: embarcar com alegria na correnteza rumo à morte.

Enfatiza-se na sequência a contraposição entre os aspectos da vida do malandro (o flerte com a mulata, o bilhar como jogo popular nos bares e botecos) e o trabalho (a gravata que vai enforcar). A formalização do vínculo empregatício faz com que o coração seja carimbado. A moral do trabalho nos povos ibéricos é sentimental (Holanda, 1995). A cordialidade faz com que o trabalhador ofereça sua vida, sua alma e seus sentimentos em troca do ganho salarial.

Perde-se a razão, conforme a letra, pois se perde o sentido. O sujeito se reduz a uma *persona* do trabalhador e se torna sinônimo desse papel. Sua relação com a alma passa a ser totalmente inconsciente, e a vida pode tornar-se absurdo. Ocorre uma projeção da alma em um objeto real com o qual se estabelece um relacionamento de quase total dependência (OC 6) – nesse caso, o trabalho.

Nos últimos versos da música, os verbos são colocados de forma imperativa, implicando ordem (vá trabalhar), o que assume um aspecto de aviso subjacente. Quem vai trabalhar vai se entregar, vai se estragar e vai se enforcar; por fim, vai caducar, perder a razão, perder o sentido, despersonalizar-se. Nesse âmbito, Jung (OC 8/2) aborda as consequências da cosmovisão na contemporaneidade de negação de si mesmo, para pensar apenas no mundo, no objeto (dinheiro, trabalho): tem-se o atrofiamento da personalidade.

Para Dias e Gambini (1999), a matriz brasileira é constituída de um componente que domina o outro e nega sua subjetividade, criando um povo de zés-ninguém. A figura do malandro emerge conjuntamente com a figura característica do trabalhador no Brasil. Segundo Hillman (1993), na cultura cristã em que estamos inseridos, existe uma cisão entre alma e dinheiro. O corte que o dinheiro realiza tira a alma do mundo e o mundo da alma. Lewis (2017) afirma que, nos espaços em que não há troca, o *trickster* é aquele que vai "roubar" e favorecer o excluído, invertendo as relações e dando possibilidade de ganho para quem está marginalizado. Entretanto, apesar da intenção do malandro de compensar a exploração do trabalho, ele não consegue concretizar mudanças reais nas formas de relação. Acaba tornando-se algo sistêmico, parte do próprio mecanismo de opressão: a corrupção.

A despersonalização que se iniciou no processo de colonização – na época, resultando em escravidão e servidão literais – encontra sua versão atualizada no capitalismo colonial, com novas formas de servidão "legalizadas". A expressão do movimento de perda de sentido e de desvitalização no ritmo da repetição do trabalho encontra seu fim, cristalizando-se na música "Cotidiano", analisada a seguir.

"Cotidiano" (Hollanda, 1971b)

Esta música, de 1971, aborda a repetição estéril da rotina desvitalizada do homem trabalhador, retratando o ciclo temporal de um dia desse trabalhador a partir da relação dele com sua mulher. As ações e a narrativa estão dissociadas, comunicando que o homem está na condição de mero espectador da própria vida e dos acontecimentos. A oposição entre marido e esposa provoca a percepção da oposição entre vida e morte, perda da anima.

Os elementos musicais remetem a um alerta, como se a situação do homem estivesse fazendo-o chegar ao limite do estresse. A repetição da hora de levantar-se, do sorriso da esposa e do hálito do beijo demonstra que ele não sente mais afeto, está desconectado do significado daquilo que compõe sua própria vida, sua rotina.

A despersonalização, segundo Hillman (1990), é o fenômeno no qual o indivíduo não se reconhece mais como uma personalidade e cujas ações parecem ser automáticas. Tanto o mundo externo quanto o interno (si-mesmo) perdem realidade a partir de um distúrbio na relação ego-mundo. O ato de sacudir para acordar remete à ideia de um homem apático, que quase não desperta, continuando em grande parte imerso em um sono de inconsciência. Ele está num mundo em que experiências se tornam meros eventos, narrados sem vida. É um estado relacionado, geralmente, a situações de monotonia, apatia e rotina (Hillman, 1990).

Não se trata de uma perda de função de consciência egoica, como memória, percepção, associação, sentimento, pensamento ou vontade. Todas as funções estão plenamente presentes; é o sentido do eu que desaparece e, com ele, o sentido de mundo. Ao considerar anima a personificação da interioridade e da subjetividade, pode-se perceber o tom de indiferença do homem frente a todas as ações e falas de sua mulher, especialmente quando se aborda o aspecto afetivo do cuidado, generalizado em "essas coisas que diz toda mulher". Existe um ar de desimportância que permeia todos os versos da música, como um relato mecânico, vazio, com perda de alma (Hillman, 1990).

O único momento da canção em que parece haver algum grau de envolvimento pessoal, uma manifestação de afeto, é quando se pensa em parar e dizer não. Contudo, até mesmo a vontade de negar parece ter se tornado parte da repetição estéril e monótona da rotina. Segundo Carotenuto (1994), apenas a vontade agressiva e autoafirmativa é capaz de confrontar a situação de repetição. Nesse ato ou nessa ausência, encontra-se a decisão de viver ou de suportar passivamente a existência.

A aceitação e a resignação da mediocridade geram uma personalidade regredida, ou seja, realizadora de muito menos do que seu potencial. Jung (OC 9/1) refere-se à perda permanente de anima, na segunda metade da vida, como a diminuição de vitalidade, flexibilidade e gentileza. Essa perda resulta, via de regra, em rigidez, resignação e cansaço, assim como em um estado regredido de personalidade, tendendo ao infantil, aspectos notórios na música.

A repetição da primeira estrofe no fim da música demarca a ideia de repetição sem fim dessa rotina, como se tudo passasse a acontecer novamente, sem possibilidade de mudança. Carotenuto (1997) aponta que a postura de reatividade, característica da perda da individualidade, leva a destinos muito duros.

No mais, a imposição de limitações significativas nas escolhas possíveis de um indivíduo por condições externas – como desigualdade social, racismo e todos os tipos de preconceito ou eventos não planejados – tem especial significância no contexto brasileiro. Tal realidade é definida por Holanda (1995) como duro e triste cárcere da vida.

"Pedro pedreiro" (Hollanda, 1966)

"Pedro pedreiro" é uma canção de 1966 em que Chico Buarque personifica em Pedro, um operário da construção civil, a construção da narração desse difícil cotidiano. Desprovido das mínimas condições materiais de formas dignas, sua maior condição está confinada à espera diante dos acontecimentos (e não acontecimentos) da vida.

Pedro é cantado por Chico nessa permanente condição de espera, atrelada à ida ao trabalho enquanto aguarda o trem, e é estendida para as demais dimensões de sua vida, notadamente indicando sua despossessão e o tempo de sua vida que vai passando e passando, indicando algo como uma permanente repetição de uma vida anestesiada.

Ao longo da canção, notamos que Pedro pedreiro, mesmo em sua repetitiva condição de espera do trem, ainda pensa e, quando assim faz, revela um tempo que passa e escancara a não concretização de seus desejos: "nem aumento", nem "sorte grande com o bilhete pela federal", destino fadado até para o próprio filho que ainda virá.

Na condição de espera de Pedro, parece prevalecer um sentimento de resignação diante das precariedades da vida. Existe certa ambivalência, como o desejo de retornar para o Norte, ou simplesmente de sonhar. Contudo, sonhar ocasiona certo desespero em ter que esperar demais, sendo preferível ser pobre, pedreiro e nada mais. Talvez um dos pontos altos dessa condição sofrível e imutável da espera seja a espera pela morte, a partir de uma repetição desumanizante das esterilidades da vida. Uma vida vivida de forma mortificada. Uma morte em vida massacrada por um conjunto de intempéries e opressões. Mas, eis que a aflita, bendita e infinita esperança ressurge, sinalizando mais uma vez a espera pelo trem, que agora já vem.

Sobre essa esperança, a canção nos remete às considerações de Paulo Freire (2022, p. 96), quando este declara que "quem espera na pura espera vive um tempo de espera vã" e que "não pode haver esperança verdadeira, também, naqueles que tentam fazer do futuro a pura repetição do seu presente, nem naqueles que veem o futuro como algo predeterminado".

É nítido o retrato feito pela canção sobre a precariedade da condição cotidiana do proletário, essa que flerta com tanta miséria e desesperança em meio às inúmeras repetições. Notemos que é na dimensão do trabalho que essa espera inerte e desesperançosa se destaca com mais força.

Recordamos, aqui, a história de Sísifo, o qual é castigado pelos deuses, tendo que carregar uma pedra até o cume de uma montanha, mas nunca é possível terminar a tarefa. A pedra rola para baixo, e ele sempre recomeça a mesma atividade. Esse é um paralelo interessante a se fazer com os temas que emergem da canção, pois, se pensarmos nos processos de opressão e alienação em relação ao mundo do trabalho e à própria condição de miséria/pobreza, concordamos com Kast (2017, p. 28, 37) quando ele afirma que a "vivência de Sísifo aparece sempre ligada também à questão do sentido"; "Seu castigo é não poder desistir". Um viver inconsciente de suas próprias opressões abre espaço para uma vida sem sentido, colaborando para a perpetuação das repetições e do sentimento de resignação diante das dificuldades rotineiras.

Ou seja, nessa linha de raciocínio, reconhecemos a existência de processos cotidianos que servem de pano de fundo para a esterilização da vida, colaborando para a emergência de um paradoxo entre espera e esperança, entremeado pela ausência de sentido.

"Construção" (Hollanda, 1971a) e "Deus lhe pague" (Hollanda, 1971c)

"Construção" é uma canção de 1971, do disco de mesmo nome; "Deus lhe pague", do mesmo ano, também faz parte desse disco. De forma similar à música "Pedro pedreiro", o protagonista da primeira canção citada é um operário da construção civil em seu cotidiano. Do começo ao fim, "Construção" termina seus versos com palavras proparoxítonas (antepenúltima sílaba tônica), o que, aliado à cadência repetitiva, lembra a rotina de um trabalhador em ação com suas máquinas, ou, sob outro ponto de vista, de um "trabalhador-máquina". Após o último verso da primeira parte – "Morreu na contramão atrapalhando o tráfego" –, a canção segue a mesma estrutura, mas recombinando as palavras finais.

O primeiro ponto a ser ressaltado é o sentimento de satisfação em relação às simplicidades da vida: amar e beijar sua mulher como se fosse a última/única; sentar para descansar como se fosse sábado/príncipe; comer feijão com arroz como se fosse um príncipe/máximo; dançar e gargalhar como se ouvisse música. Também existem situações que revelam certa transcendência: colocar tijolo por tijolo num desenho mágico; erguer no patamar quatro paredes mágicas; tropeçar no céu como se fosse um bêbado/como se ouvisse música; flutuar no ar como se fosse um pássaro/sábado/príncipe.

Outro ponto, ainda, é a precariedade das condições de vida e da desumanização, assim como de seus sofrimentos: subir a construção como se fosse máquina; amar daquela vez como se fosse máquina; beber e soluçar como se fosse máquina; erguer no patamar quatro paredes flácidas; se acabar no chão feito um pacote flácido/bêbado; ter os olhos embotados de cimento e lágrima/tráfego.

Talvez os momentos mais sensíveis da música sejam as narrações das mortes, permeadas por um crescente de instrumentos (trompetes e trombones), seguido de uma pausa instrumental total, que realça o impacto da situação descrita: "Agonizou no meio do passeio público/Morreu na contramão atrapalhando o tráfego". Tem-se uma banalização e uma naturalização da morte, sentida apenas quando está atrapalhando o prosseguimento dos acontecimentos cotidianos.

Percebemos, a esta altura da análise, a existência de um desenvolvimento temático, principalmente em relação às músicas "Vai trabalhar vagabundo", "Cotidiano", "Pedro pedreiro", e agora "Construção". Como enriquecimento analítico para nossa discussão, trazemos a noção de fatalismo.

A teorização sobre fatalismo foi profundamente trabalhada por Ignácio Martín-Baró. A palavra se origina do latim e remete à profecia, logo, a um destino de vida que é inevitável, predeterminado, e, como destino imutável, nada existe que possamos fazer para alterá-lo; apenas é possível vivê-lo. Essa é uma concepção poderosa que advém das variadas formas de colonização dos povos latino-americanos, o que, dentro desses processos históricos, colaborou para a construção de uma visão de mundo e de uma visão existencial arraigadas numa compreensão naturalizante das opressões cotidianas, associadas a sentimentos de conformismo e resignação (Martín-Baró, 2017).

Martín-Baró (2017) aponta três elementos que constituem o que chamou de "síndrome fatalista": aceitação resignada do destino tal como é imposto; inevitabilidade dos acontecimentos da própria vida, diminuindo sentimentos de alegria e tristeza, uma vez que o que se experimenta está dado, bastando aceitar com coragem e dignidade; vivência dos sofrimentos como um estado normal circunscrito no destino (ou seja, o sofrimento faz parte da condição de nascer). Somado a isso, o autor menciona tendências de comportamento, como o conformismo, a passividade e a redução do horizonte vital do presente.

Faz-se de fundamental importância reconhecer, aqui, que o fatalismo possui um funcionamento peculiar, o que Martín-Baró (2017, p. 182) chama de

> profecias autorrealizadoras [...], já que provoca aquilo que postula: impossibilidade de alterar o rumo da própria existência ou de controlar as circunstâncias que determinam a vida real de cada um.

Mais fundamental ainda para nossa análise é reconhecer a dialética a respeito do que estamos discutindo, pois estamos afirmando, ao mesmo tempo, um modo de organização e funcionamento social/cultural e um modo pessoal que internaliza/interioriza a dominação social em que se está inserido, dando sentido à vida naturalizada nessas dinâmicas de funcionamento. Configuram-se, então, dimensões que se retroalimentam, como explicita Martín-Baró (2017, p. 188-193):

> Se a síndrome fatalista é produzida nos setores majoritários latino-americanos, não é porque se reproduz por meio das normas culturais e de um estilo de vida próprios dos pobres e que independem das mudanças que ocorrem no sistema social mais amplo; o fatalismo é um processo que dá sentido à relação entre as pessoas e um mundo que, para elas, está fechado e fora do controle, isto é, trata-se de uma atitude continuamente causada e reforçada pelo funcionamento opressivo de estruturas macrossociais. [...] A colonização social somente consegue se enraizar quando é articulada ideologicamente na mentalidade de pessoas e grupos, ficando, assim, justificada, isto é, ganhando aparência de uma realidade que não é histórica, mas natural.

Na sequência de "Construção", uma versão da música que se popularizou contém a canção "Deus lhe pague". Segue-se ainda com a narração das intempéries do cotidiano, contudo temos referência à redenção dessas condições cruéis da vida, que deve ser paga por Deus.

De acordo com a canção, é a paz derradeira que irá redimir o trabalhador dessa sina divina que apresenta forte teor de resignação. Assim como mencionado anteriormente sobre o fatalismo, temos aqui agora sua combinação com aspectos religiosos, como o sentimento de salvação/redenção. Sobre esses temas, Martín-Baró e Paulo Freire trazem importantes contribuições teóricas, as quais nos auxiliam na reflexão que aqui fazemos:

> O importante, portanto, não é mudar a ordem social; o importante é preparar o indivíduo para receber a salvação de Deus. Dada a religiosidade dos povos latino-americanos, a confluência entre fatalismo e crenças religiosas é um dos elementos que mais contribui para assegurar a estabilidade da ordem opressora. Quando a submissão frente às condições de vida é interpretada como obediência à vontade de Deus e a docilidade social é convertida

> em virtude religiosa, tudo aquilo que poderia modificar os núcleos fundamentais do ordenamento social é excluído como objeto de mudança. Desse modo, o fatalismo proporciona às classes dominantes uma eficaz ponta de lança para a defesa de seus interesses de classe (Martín-Baró, 2017, p. 196).

> Quase sempre esse fatalismo está referido ao poder do destino ou da sina ou do fado – potências irremovíveis – ou a uma distorcida visão de Deus. Dentro do mundo mágico ou místico em que se encontra, a consciência oprimida, sobretudo camponesa, que, imersa na natureza, encontra no sofrimento, produto da exploração em que está, a vontade de Deus, como se Ele fosse o fazedor desta "desordem organizada" (Freire, 2018, p. 67-68).

"Funeral de um lavrador" (Hollanda, 1968)[14]

"Funeral de um lavrador" é uma canção de 1968. Não é sem razão que escolhemos essa música para finalizar este trabalho, uma vez que podemos ler a sequência das músicas como uma jornada, uma tragédia, a qual anuncia a chegada da morte e da tão esperada redenção.

Diferentemente das canções anteriores, que tratavam de uma realidade mais urbana, "Funeral de um lavrador" se refere à realidade do campo e da terra. A canção retrata o momento da morte em que a cova, esse esperado pedaço de terra, configura-se desfecho máximo de um destino, momento e lugar entendidos como a única – e até grandiosa e satisfatória – recompensa para o povo trabalhador da cidade e do campo, momento em que esses corpos diminutos e brutalizados podem finalmente encontrar a plenitude, a paz e o cessar dos sofrimentos da vida.

14. Composição de Chico Buarque e João Cabral de Melo Neto.

De início, a cova anunciada na canção não é grande nem larga, mas tem a justa medida do lavrador, porém na sequência vai surgindo a contraposição de tamanho entre a cova e o corpo do lavrador. Vai sendo indicada a grandeza da cova e a pequenez do defunto; contudo, é destacado que a morte traz a esse corpo uma sensação de ser maior do que na vida terrena. E é interessante vermos também que o lavrador tinha o desejo de que a terra fosse dividida, mas o fim de uma vida vivida de forma massacrada lhe traz apenas o resto de terra que lhe cabe enquanto cova na imensidão de um latifúndio – e que por ser terra dada, não se deve abrir a boca.

Nesse momento, temos a concretização da sina dos personagens aqui imaginados, reflexo da realidade vivenciada por uma massa da população brasileira. A sequência das músicas remonta a uma tragédia, com desfecho que abre inúmeros campos de leitura e interpretação, mas, considerando a linha de raciocínio construída nas duas músicas anteriores, enfatizamos a banalidade da morte, a qual é regulada por uma macroestrutura com o poder de definir quem deve viver e quem deve morrer, ou melhor, quais vidas merecem ser preservadas e quais são "matáveis", configurando vidas que, em suas condições de precariedade, não são passíveis de luto (Butler, 2019a, 2019b). Essa situação tem sido, nos tempos atuais, definida como necropolítica.

> a expressão máxima da soberania reside, em grande medida, no poder e na capacidade de ditar quem pode viver e quem pode morrer. Por isso, matar ou deixar viver constituem os limites da soberania, seus atributos fundamentais. Ser soberano é exercer controle sobre a mortalidade e definir a vida como a implantação e manifestação de poder (Mbembe, 2018, p. 5).

> a soberania é a capacidade de definir quem importa e quem não importa, quem é "descartável" e quem não é (Mbembe, 2018, p. 41).

Se o cotidiano da vida segue nos entorpecendo em relação à descartabilidade da vida e à banalidade da morte, então a arte cumpre sua função de proporcionar desvelamentos e não nos deixar esquecer: *Memento mori* ("Lembre-se de que vai morrer").

Por fim, jaz o corpo em seu predestinado pedaço de terra, após longa e repetitiva jornada, em que existiram lições de esculacho, pois era cara fraco, desdentado e feio, nascido da "barriga da miséria", que até trabalhava, mas era barão da ralé. Até tentou pensar no futuro, mas só pensava em poder parar. Esperou a sorte, esperou o aumento, esperou o trem, esperou a morte, de tão desesperado de esperar demais. Agonizou no meio do passeio público e morreu atrapalhando o tráfego. Deus lhe pagou ofertando a paz derradeira, sob a terra dada, para a qual não se deve abrir a boca.

Considerações finais

As músicas apresentadas contemplam uma enorme riqueza de detalhes, e aqui enaltecemos o aspecto artístico como importante mobilizador de sentidos e significados, os quais deixam em aberto as possibilidades de leitura.

É importante compreender o fatalismo de forma dialética. Ele não é constituinte de um traço essencial da identidade brasileira ou uma característica exclusivamente pessoal. Entendemos o fatalismo como uma forma de sentir e se comportar que está intimamente ligada a certas instituições (por exemplo, a Igreja e a escola) e a momentos históricos importantes de nosso país (como a escravização e a ditadura), que colaboraram para a estruturação de determinados modelos de organização e relação.

> Este fatalismo, às vezes, dá a impressão, em análises superficiais, de docilidade, como caráter nacional, o que é um engano. Este fatalismo, alongado em docilidade, é fruto de uma situação histórica e sociológica e não um traço essencial da forma de ser do povo (Freire, 2018, p. 67).

Ainda sobre a temática do fatalismo, finalizamos com as palavras de Martín-Baró (2017), citação que, inevitavelmente, remete-nos à importância que Paulo Freire (2018) dá ao processo de conscientização, assim como ao entendimento de Jung a respeito do processo de individuação.

> Em última instância, a raiz do fatalismo não está na rigidez mental das pessoas, mas na imutabilidade das condições sociais nas quais as pessoas e os grupos existem e se formam. Assim, a eliminação do fatalismo não pode ser definida em termos alternativos: mudar o indivíduo ou mudar suas condições sociais. A questão é mudar a relação entre a pessoa e seu mundo, o que supõe tanto mudança pessoal quanto mudança social. Para que as maiorias latino-americanas possam eliminar o fatalismo não basta apenas modificar suas crenças sobre a natureza do mundo e da vida, mas também é necessária uma experiência real de modificação de seu mundo e de determinação de seu próprio futuro. Trata-se de um processo dialético em que a mudança das condições sociais e a mudança das atitudes pessoais vai se possibilitando mutuamente (Martín-Baró, 2017, p. 197).

A compreensão de quem é essa pessoa e de como é este mundo seria o ponto de partida para a busca de conscientização e mudança nas formas de relação. Vivemos em um contexto sociopolítico capitalista, predominante globalmente, e o Brasil está inserido nele. Esse contexto influencia de maneira notória e também sutil as formas de relação que se estabelecem entre indivíduos e mundo.

Faz-se importante considerar que as formas de exploração do capitalismo pós-moderno já ultrapassaram as fronteiras da relação patrão-empregado, com a conhecida troca de força de trabalho por salários ínfimos. Agora, há requintes mais sutis: o indivíduo explora a si mesmo, vivendo subjetivamente a lógica naturalizada do capitalismo. Byung-Chul Han (2017), nesse aspecto, explica que o avanço do capitalismo moderno implica uma perspectiva de individualismo que apenas se importa com sua própria gratificação. Ocorre uma negação do Outro, uma negação da alteridade, o que ameaça o *Eros*, que é amor e relação. Vivemos em um mundo em que o "normal/desejável" é a geração de "valor/capital", deixando *Eros* em agonia. Sem *Eros*, a possibilidade de mudança fica comprometida, vive-se o fatalismo.

Han (2017, p. 41) apresenta a forma de relação dialética senhor-escravo a partir de Hegel, a fim de exemplificar aquilo que chama de "mero viver". Vive-se o "inferno do mesmo". Os indivíduos são retirados de sua subjetividade e normalizados para sua submissão e para o não questionamento. Esse é o movimento de despersonalização e de perda de alma/anima, citados anteriormente, principalmente na música "Cotidiano". Em meio à crescente positivação da vida, o amor foi domesticado em uma fórmula de consumo que não abre espaço para a transgressão, o risco, a ousadia e o excesso. As formas de relação capitalistas absolutizam o "mero viver" (Han, 2017).

O malandro/*trickster* pode quebrar o ciclo fatalista, mas é necessário que haja conscientização. Jung (OC 9/1) faz um paralelo da figura arquetípica/coletiva do *trickster* com a sombra na psique individual. Ambos inconscientes, podem atuar gerando quebras e descontinuidades, quase como pregando peças e boicotando o *status quo*. O sentido da sombra pode levar à anima. O problema que se constela na sombra é respondido no plano da anima, quando a relação se faz possível, ou seja, quando há *Eros* (OC 9/1).

Entretanto, Barreto (2018) defende que a oposição entre a mentalidade de massa predominante e a individualidade ética que se enfraquece é uma forma de organização política e social cancerosa, uma vez que se origina de ideias do indivíduo que acabam crescendo demais e, por fim, matam-no. O autor expõe a problemática de pensar ingênua e heroicamente numa terapia para a cultura que visaria à individua(liza)ção; vivemos uma irreversível massificação. A valorização do indivíduo precisa ser pensada criticamente, para que não se torne ferramenta do individualismo (Barreto, 2018).

Referências

Barreto, M. H. (2018). *Estudos (pós)junguianos*. Loyola.

Boechat, W. (2014). Luzes e sombra da alma brasileira: um país em busca de identidade. In W. Boechat (org.), *A alma brasileira: luzes e sombra* (p. 71-93). Vozes.

Boechat, W. (2017). A criatividade como função psicológica. In D. L. de Faria, & L. L. Wahba (orgs.), *Criatividade, arte e psicologia analítica* (p. 9-12). CRV.

Boechat, W. (2018). Complexo cultural e brasilidade. In H. Oliveira (org.), *Desvelando a alma brasileira: psicologia junguiana e raízes culturais* (p. 68-87). Vozes.

Boff, L. (2016, mar. 24). Quatro sombras afligem a realidade brasileira. *Sul21*. https://www.sul21.com.br/opiniaopublica/2016/03/quatro-sombras-afligem-a-realidade-brasileira-por-leonardo-boff/

Butler, J. (2019a). *Quadros de guerra: quando a vida é passível de luto?* Civilização Brasileira.

Butler, J. (2019b). *Vida precária: os poderes do luto e da violência*. Autêntica.

Carotenuto, A. (1994). *Eros e pathos: amor e sofrimento*. Paulus.

Carotenuto, A. (1997). *Amar trair: quase uma apologia da traição*. Paulus.

Coppa, F. J. (2002). *The great Popes through history*. Greenwood.

Dias, L., & Gambini, R. (1999). *Outros 500: uma conversa sobre a alma brasileira*. Senac.

Doty, W. G. (1998). O embusteiro. In Downing, C., *Espelhos do Self: as imagens arquetípicas que moldam a sua vida*. Cultrix.

Faria, D. L. (2009). A natureza, as canções e a alma brasileira. *Psicologia Revista 18*(2), 189-201.

Faria, D. L. (2019). O *trickster* malandro nas canções de Chico Buarque: um complexo cultural. *Pesquisas e Práticas Psicossociais 14*(4), 1-11.

Freire, P. (2018). *Pedagogia do oprimido*. Paz e Terra.

Freire, P. (2022). *Ação cultural para a liberdade e outros escritos*. Paz e Terra.

Garcia, V. C. G. (2008). *A malandragem na construção da Ópera do Malandro de Chico Buarque: uma análise literária e musical* [Dissertação de mestrado, Universidade Estadual Paulista "Júlio de Mesquita Filho"].

Guerra, R. (Diretor). (1985). *Ópera do malandro* [Filme]. Embrafilme; Globo Vídeo.

Han, B.-C. (2017). *Agonia do Eros*. Vozes.

Hillman, J. (1990). *Anima: anatomia de uma noção personificada*. Cultrix.

Hillman, J. (1993). *Cidade & alma*. Studio Nobel.

Holanda, S. B. de. (1995). *Raízes do Brasil* (26. ed.). Companhia das Letras.

Hollanda, C. B. de. (1966). Pedro pedreiro [Música]. Em *Chico Buarque de Hollanda*. RGE Discos.

Hollanda, C. B. de. (1968). Funeral de um lavrador [Música]. Em *Chico Buarque de Hollanda* (vol. 3). RGE Discos.

Hollanda, C. B. de. (1971a). Construção [Música]. Em *Construção*. Phonogram/Phillips.

Hollanda, C. B. de. (1971b). Cotidiano [Música]. Em *Construção*. Phillips Records.

Hollanda, C. B. de. (1971c). Deus lhe pague [Música]. Em *Construção*. Phonogram/Phillips.

Hollanda, C. B. de. (1976). Vai trabalhar vagabundo [Música]. Em *Meus caros amigos*. Phonogram/Phillips.

Hollanda, C. B. de. (1978). Homenagem ao malandro [Música]. Em *Chico Buarque*. Polygram/Phillips.

Hollanda, C. B. de. (1985). A volta do malandro [Música]. Em *Malandro*. Polygram.

Hollanda, C. B. de. (1990a). Não existe pecado ao sul do Equador [Música]. Em *Chico Buarque ao vivo – Le Zenith, Paris* (lado A). RCA Vitor.

Hollanda, C. B. de. (1990b). Partido alto [Música]. Em *Chico Buarque ao vivo – Le Zenith, Paris* (lado B). RCA Vitor.

Jung, C. G. (2011). *Obra completa*. Vozes.

Kast, V. (2017). *Sísifo: vida, morte e renascimento através do arquétipo da repetição infinita* (2. ed.). Cultrix.

Lewis, H. (2017). *A astúcia cria o mundo – trickster: trapaça, mito e arte*. Civilização Brasileira.

Martín-Baró, I. (2017). O latino indolente: caráter ideológico do fatalismo latino-americano. In *Crítica e libertação na psicologia: estudos psicossociais* (p. 173-203). Vozes.

Mbembe, A. (2018). *Necropolítica*. N-1.

Neumann, E. (2014). *História da origem da consciência* (13. ed.). Cultrix.

Oliveira, H. (2019). A cultura. In J. Werres (org.), *Jung e os desafios contemporâneos* (p. 123-144). Vozes.

Penna, J. O. de M. (1999). *Em berço esplêndido: ensaios de psicologia coletiva brasileira* (2. ed.). Instituto Liberal: Topbooks.

Peres, S. L. (2019). A arte. In J. Werres (org.), *Jung e os desafios contemporâneos* (p. 145-171). Vozes.

Queiroz, R. da S. (1991). O herói-trapaceiro: reflexões sobre a figura do *trickster*. *Tempo Social 3*(1-2), 93-107.

Ribeiro, D. (1996). *O povo brasileiro: a formação e o sentido do Brasil*. Companhia das Letras.

7 O caipira

Patricia Cristina De Conti

Introdução

No Brasil, as identidades e os estereótipos dos habitantes de cada uma das regiões do país foram sendo formados, em grande parte, por características locais, assim como por aspectos sociais, históricos e imaginários.

Por constituírem crenças consensuais a respeito de características marcantes de um grupo de pessoas, apresentadas de forma generalizada, excessiva e simplificada, os estereótipos atuam na construção da identidade cultural. Através dos estereótipos, que têm no cômico uma de suas formas mais marcadas, são observados traços significativos da identidade nacional.

A construção da cultura caipira e do estereótipo do caipira está relacionada às práticas e relações sociais que, por uma característica comum, estão presentes na população da região centro-sul do Brasil, assim como à colonização do país e à miscigenação da cultura portuguesa com a cultura indígena brasileira e com elementos das culturas africanas. Ribeiro (2004) destaca que a “área cultural caipira” se refere a um estilo de vida que surge paulatinamente a partir de antigas áreas de mineração, produções artesanais, além de fornecimento de mantimentos, animais, serviços e outros bens, em uma região que envolve áreas florestais e campos naturais nos estados de São Paulo, Minas Gerais, Espírito Santo, Mato Grasso e Paraná.

O estereótipo do caipira abordado neste trabalho é direcionado a uma designação genérica dada, no Brasil, aos habitantes de regiões situadas principalmente no interior do Sudeste e do Centro-Oeste do país. Ele vem sendo apresentado em diferentes expressões artísticas e culturais frequentemente divulgadas pelos meios de comunicação popular ao longo dos anos, retratando o homem simples, religioso e amante da natureza que não se adapta ao modo de vida dos grandes centros urbanos, que se mostra indolente e passivo demais para promover melhorias no seu modo de vida, que muitas vezes aparece fazendo piadas e cantando, que demonstra ingenuidade e que apresenta esperteza e sabedoria intuitivas.

Representações do caipira

Uma das primeiras representações clássicas do caipira ocorreu em 1893, com a apresentação da tela *Caipira picando fumo*, feita pelo pintor José Ferraz de Almeida Junior.

Nessa obra, é possível ver um homem queimado pelo sol, sentado na porta da uma casa simples, picando o fumo de corda e preparando um cigarro de palha, com a palha de milho na orelha e os pés descalços na terra. O caipira permanece sentado debaixo de forte irradiação solar. Seu semblante, voltado para baixo, parece transmitir certa passividade diante da natureza, em contraposição à cultura das sociedades urbanas, que prezam pela precaução em relação aos efeitos nocivos do sol intenso. A casa que aparece nessa imagem e as roupas que o homem veste são simples e gastas. Nota-se também que não há botões em sua camisa, que a perna direita da calça tem manchas de terra e que há palhas de milho espalhadas pelo chão. As partes descobertas do corpo do caipira têm um tom próximo ao da terra. Sua pele, suas mãos e seus pés parecem indicar a aspereza da vida precária no campo, crespada pelo sol e pelo trabalho rude. Essa obra chama a atenção para a relação homem-natureza (terra e sol) e para a questão dos costumes dos homens que vivem na zona rural do centro-sul do Brasil. Observa-se o contraste entre a aridez do ambiente e a tranquilidade do caipira, que exprime um modo de ser capaz de enfrentar esse meio ambiente como uma fatalidade à qual está destinado. Essa imagem leva a uma reflexão sobre a marginalização do homem ou sua adaptação ao ambiente hostil, seja ele no campo, seja nos grandes centros urbanos.

Ao longo do tempo, surgiram diversas expressões artísticas que representam o estereótipo do caipira. Elas mantiveram em sua configuração características similares às apresentadas na tela *Caipira picando fumo* e foram acrescidas de algumas outras, com a mesma tonalidade afetiva. Algumas dessas expressões, que conquistaram popularidade nacional e, mesmo passados alguns anos, permaneceram vivas no imaginário popular, serão apresentadas a seguir.

Uma dessas expressões representativas do estereótipo do caipira é o personagem Eusébio, apresentado em 1897 na opereta *A capital federal*, escrita por Arthur Azevedo. Conforme observa Freitas (2015), nesse período a figura do caipira já é apresentada ao público em tom de comédia, sendo ele caracterizado como um homem do campo, com hábitos simples e rudes.

Algum tempo depois, em 1914, Monteiro Lobato apresenta a imagem do caipira em seu livro *Urupês*, através do personagem Jeca Tatu. Ele é descrito como um caipira de aparência desleixada, miserável, sem cultura e sem os necessários hábitos de higiene. Ele residia no Vale do Paraíba e, a princípio, era visto pelas pessoas como preguiçoso e alcoólatra. Contudo, a questão da saúde transparece no enredo quando, ao cruzar seu caminho com um médico, este detecta seu problema de saúde, causado por uma verminose. Após seguir as recomendações médicas, a vida de Jeca Tatu muda radicalmente. Ele se cura, reduz o uso de bebidas alcóolicas, volta a trabalhar com mais empenho, sua pequena plantação prospera, e ele se torna um homem honrado pelas outras pessoas (Lobato, 2010).

Convém observar que, na época em que Monteiro Lobato criou o personagem Jeca Tatu, os intelectuais fazendeiros se frustravam ao tentar encaixar os caipiras em seus planos mirabolantes e descreviam a postura característica do caipira como a de um homem acocorado desajeitadamente sobre os calcanhares, puxando fumaça do cigarro de palha e atirando cusparadas para os lados. A caricatura desse personagem ressalta a preguiça, a verminose e o desânimo, que o fazia responder com um "Não paga a pena" a toda oferta de trabalho. Devido à repercussão nacional da recepção desse personagem, Jeca Tatu se transforma em um símbolo do homem brasileiro que vive no campo em situações precárias, cuja condição poderia ser transformada com medidas simples relacionadas a educação e saúde.

A figura do caipira foi imortalizada no cinema, com o filme brasileiro de comédia *Jeca Tatu*, escrito e dirigido por Milton Amaral e estrelado pelo primeiro humorista da TV brasileira, Amácio Mazzaropi. O Jeca Tatu apresentado nesse filme é apático; além de mostrar poucas reações diante de situações dramáticas, parece evitar o trabalho e o esforço. Em muitas cenas, ele aparece fumando ou dormindo. Outras características marcantes desse personagem são o linguajar simples e repleto de erros gramaticais e de concordância verbal e nominal; a religiosidade manifestada por meio de superstição e magia; a precariedade dos conhecimentos relativos à medicina e à saúde; a estagnação diante do desenvolvimento econômico do país; e a alienação política.

Em 1961, Mauricio de Sousa cria o personagem Chico Bento. Utilizando recursos humorísticos, o desenhista reitera o estereótipo do caipira. Chico Bento é apresentado como um garoto de aproximadamente 7 anos de idade que vive na roça, anda descalço quase o tempo todo, usa roupas quadriculadas e chapéu de palha, tem uma namorada e uma família harmoniosa, e gosta de brincar e também de cuidar dos animais da fazenda, de nadar nu em um ribeirão, de dormir na rede e de escutar as histórias de sua Vó Dita. Apesar de ir à escola, Chico Bento não se interessa por estudar e, mesmo trabalhando na roça com seu pai diariamente, é tido como preguiçoso. Ele enfrenta poucos conflitos, que, em geral, são ideológicos. Os diálogos de Chico Bento, apresentados em gibis, reproduzem o dialeto caipira, com expressões próprias dessa variante linguística e com pronúncia diferenciada. A linguagem utilizada por Chico Bento apresenta um vocabulário pobre, e em seu discurso ocorrem diversos erros gramaticais, tais como reduções de palavras, falta de concordância nominal e verbal e rotacismo, com o emprego do "r" em vez do "l". Essas variantes, que caracterizam a linguística regional, servem para marcar a inclusão em um grupo social e são empregadas como recurso para enfatizar a falta de escolaridade do caipira.

Na década de 1990, Ademilson Pedro da Cruz, humorista brasileiro, mais conhecido como Pedro Bismarck, apresenta o personagem Nerso da Capitinga no programa *Escolinha do Professor Raimundo* e, posteriormente, em 2002, no programa *Zorra Total*. A construção do personagem Nerso da Capitinga gira em torno de características fixas que quase sempre conduzem à ridicularização do tipo caipira: ele parece representar o matuto, o desconfiado e o ingênuo nos modos de vestir, falar e agir.

O estereótipo do caipira também é representado em outros programas de televisão e, mais frequentemente, nas publicações que circulam na internet em *sites* de humor, memes, piadas e vídeos engraçados divulgados e compartilhados em redes sociais. Conforme observa Nascimento (2016), o estereótipo do caipira apresentado nos *sites* AnimaTunes e Humortadela é representado de maneira ambígua, pois ele apresenta tanto traços de esperteza quanto de ingenuidade. Além disso, ele permanece envolvido em ambientes rurais e questões voltadas às diferenças sociais.

Pode-se perceber que a cultura caipira é pautada por tradições e costumes marcados pelas dificuldades em sobreviver com recursos precários e por certa resistência em aceitar regimes de trabalho que tenham algum caráter exploratório, assim como é caracterizada pela valorização da natureza e pela relutância em aderir ao progresso tecnológico, possivelmente porque muitas vezes o progresso vem acompanhado por precários ajustamentos ecológicos e sociais. Esse tipo de situação, conforme aponta Penna (1999), ainda parece existir tanto no interior quanto nos grandes centros do Brasil.

De acordo com Kleeb e Favareto (2019), nas regiões rurais do Sudeste do Brasil ocorre a influência constante e crescente de relações capitalistas. Notam-se algumas mudanças no cenário rural e no imaginário cultural. Entre elas, destaca-se o surgimento de uma nova ruralidade que valoriza as chamadas "amenidades rurais", tais como: ar limpo, paisagens rústicas e proximidade social, permitindo assim seu reposicionamento na escala de valores sociais; maior atenção política à situação da população pobre moradora de regiões rurais, com os governos apoiados na chamada agenda social desenvolvimentista; a tradição dos grupos de agricultores caipiras dividir espaço com a racionalidade capitalista do mundo urbano e pós-industrial; a precariedade de oportunidades econômicas na vida social pela via do trabalho, apesar da crescente melhora nos níveis de escolaridade da população rural.

Os estereótipos do caipira são representados na tela *Caipira picando fumo*, de Almeida Junior; no personagem Eusébio da opereta *A capital federal*; no personagem Jeca Tatu, encenado por Mazzaropi no cinema; no Chico Bento, criado por Mauricio de Sousa; e no Nerso da Capitinga, criado por Pedro Bismarck, assim como em diversos memes e piadas que circulam nas redes sociais. Em todos, há características similares, entre as quais se destacam: a simplicidade; a vestimenta inadequada em relação ao modelo socialmente valorizado; o dialeto caipira, repleto de erros de concordância nominal e verbal e divergente da norma culta, variante de maior prestígio social; a falta de conhecimentos acadêmicos, que denota baixo nível de escolaridade; a situação financeira precária; a marginalidade social; a religiosidade acentuada; a aparente apatia diante de situações alarmantes; a criatividade para obter a satisfação das necessidades vitais; a astúcia para desvencilhar-se de situações de penúria e sofrimento. Atualmente, os canais de comunicação, apoiados no estereótipo do caipira, ao mesmo tempo que reforçam a continuidade desse estereótipo, contribuem para ampliar a reflexão e a flexibilização de padrões de atitudes, assim como a relativização de valores culturais. Dessa forma, a imagem simbólica do caipira parece ter algo de numinoso, ser carregada de forte magnetismo e congregar características parcialmente conscientes presentes na personalidade de pessoas que vivem em regiões rurais e de pessoas que vivem nos centros urbanos.

Homem arcaico

Assim como ocorre nas regiões rurais, nos grandes centros urbanos, os valores do patriarcado e o progresso tecnológico têm exercido forte influência e encontrado grande expressão. Eles muitas vezes são grandes opressores de características e necessidades psíquicas importantes ligadas à energia instintiva original e diretamente relacionadas com a própria natureza e a manutenção da vida, ou que impulsionam para a fusão individualizada com forças do coletivo e, portanto, para a individuação[15].

Com relação à influência do progresso tecnológico na dinâmica psíquica das pessoas, cabe observar que as tecnologias não são criadas e escolhidas de modo aberto e democrático;

15. "A individuação, em geral, é o processo de formação e particularização do ser individual e, em especial, é o desenvolvimento do indivíduo psicológico como ser distinto do conjunto, da psicologia coletiva. É, portanto, um processo de diferenciação que objetiva o desenvolvimento da personalidade individual. É uma necessidade natural" (OC 6, § 853).

sendo assim, muitas pessoas não conhecem ou reconhecem seus perigos. Na sociedade moderna, há um conjunto de tabus tecnológicos que, a curto prazo, beneficiam diretamente os criadores das tecnologias e satisfazem as necessidades psíquicas da população com suas promessas de "boa vida", excitação e progresso. Existem tabus tecnológicos para proteger a ideia de que a tecnologia pode ser prejudicial ao ser humano e ao planeta – há regras e restrições inconscientes aprendidas através da socialização que evidenciam o tabu contra desafiar a tecnologia, questionar as instituições que a fornecem ou confessar os danos que essa tecnologia provoca (Glendinning, 2012).

Outro ponto importante a ser observado é que muitas empresas, visando a um aumento da rentabilidade e do lucro, negligenciam as necessidades de lazer, intimidade e vida familiar de seus trabalhadores ao exigir destes dedicação em tempo integral. Muitos trabalhadores, acreditando que serão recompensados por seu desempenho e seu sucesso profissional, procuram atender às expectativas dessas empresas e tornam-se trabalhadores compulsivos. Nesse tipo de parceria, pode ocorrer um alinhamento entre a sombra[16] do empregado e a sombra do empregador. Após um curto período, nota-se que o lado pernicioso do trabalho compulsivo começa a fazer estragos. Nesses casos, com frequência, o empregado começa a revelar vícios múltiplos ou problemas decorrentes de estresse excessivo, bem como surge uma atmosfera de cobranças e desconfianças, e a empresa tenderá a mudar seus rumos e lideranças (Schackleton, 2012).

16. "O termo sombra refere-se à parte da personalidade que foi reprimida em benefício do ego ideal. Como tudo o que é inconsciente é projetado, encontramos a sombra na projeção – em nossa visão da 'outra pessoa'" (Whitmont, 2006, p. 144).

Cabe observar que a imagem simbólica do caipira frequentemente é representada como um tipo simplório em contato conflituoso com figuras de prestígio social e boa situação financeira. Nessas situações, destaca-se o tato aprimorado do caipira para lidar com o desconhecido e com a enormidade da natureza e das forças políticas.

Atento a tais aspectos, Ribeiro (2004) se refere ao "traumatismo cultural" em que vivia o caipira. O autor nota que, mesmo o caipira enfrentando inúmeras adversidades, sofrendo inúmeras perdas e sendo marginalizado pelo despojo de suas terras, ele mantinha sua independência e sua resistência ao engajamento no colonato, ao regime da fazenda e ao abandono compulsório de seu modo tradicional de vida pautado pela manutenção de crenças tradicionais, hábitos arcaicos, artesanato e economia familiar em detrimento da economia mercantilista, solidariedade vicinal, e alternância entre trabalho intenso e lazer, ainda que isso implique abrir mão de um padrão de vida mais alto conquistado pelo engajamento em sistemas de trabalho rigidamente disciplinados.

Essas situações relacionais entre o caipira simplório e a figura com bom nível social e financeiro com a qual ele estabelece contato parecem estar apoiadas nos valores do patriarcado. Em termos práticos, ocorre que, em culturas nas quais prevalecem valores do patriarcado[17], com frequência muitas pessoas têm

17. O patriarcado envolve um processo histórico e contingente, que traz privilégios aos homens, mas também os vitimiza, impondo regras estereotipadas e segregadoras para homens e mulheres. Portanto, ele pode ser entendido como uma dominação binária macho-fêmea e como estrutura política piramidal complexa de dominação e hierarquização estratificada por vários aspectos, tais como gênero, classe, raça e religião (Boff, 2010).

tendência a adotar *personas*[18] preponderantemente marcadas por características associadas a força, competitividade, virilidade e racionalidade, pois acreditam que elas podem propiciar recursos e condições suficientes para atingir todos os objetivos e realizar todos os desejos. Apesar de essas características serem fundamentais e poderem propiciar inúmeros benefícios, tais como a criação de leis, organizações sociais e empresariais e os avanços e progressos tecnológicos, muitas vezes elas vêm acompanhadas de regras estereotipadas e segregadoras que determinam atitudes específicas para a inserção social e a adequação moral. Em consequência, negligenciam ou reprimem as características associadas a sensibilidade, contemplação, compaixão e acolhimento, que passam a ser vistas como aspectos inferiores, inconvenientes e até desnecessários da personalidade. Assim, podem surgir inúmeros problemas e sofrimentos, inclusive desconforto com a proximidade, com a atitude contemplativa e fantasiosa, com a intimidade, com a troca, com a solidariedade, com a cumplicidade e com a acolhida em situação difícil ou mesmo nas situações cotidianas dos relacionamentos amorosos e conjugais.

A imagem simbólica do caipira aborda, entre outros aspectos, a situação de brasileiros que enfrentam inúmeras dificuldades extremas que são, em parte, agravadas pela ganância e pela corrupção presentes e arraigadas na cultura nacional. Nas atitudes desses personagens, é possível identificar um misto de vergonha e irreverência. Assim, muitas vezes a indignação e o sofrimento caminham junto com o riso e o humor. Nessa trajetória, o ânimo

18. *Persona* é uma espécie de máscara destinada a produzir um determinado efeito sobre os outros e a ocultar alguns traços de personalidade. A adoção de uma *persona* socialmente aceita parece ser uma tendência comum, uma estratégia que visa facilitar e apaziguar as relações sociais (OC 7/2).

e a esperança são renovados e sustentados por nuances de ideias criativas. Dessa forma, o olhar triste e cabisbaixo levanta-se, a trajetória continua e vive-se um pouco melhor a cada dia.

Nesse sentido, de acordo com Labriola (2000), a imagem simbólica do caipira pode ser uma ponte interessante para aproximar o ego de aspectos inconscientes da psique que apontam várias qualidades importantes para o processo de individuação. Entre essas qualidades, destacam-se a generosidade e a compaixão, a obediência e a submissão a sua fé e religiosidade, a intuição, a paciência, a teimosia, a comicidade e a preguiça. Para que isso ocorra, é preciso abandonar a *persona* idealizada do progresso científico e tecnológico patrocinado por políticas focadas em poder e controle de um padrão de normalidade; e estar atento a um saber que considera mais a ética do que a técnica ou as ditas verdades absolutas.

Nesse processo, a imagem simbólica do caipira pode ser aproximada à imagem simbólica do "homem arcaico" que vive boa parte do tempo em uma espécie de *participation mystique*[19] e tem como uma de suas principais características a importância que atribui ao poder arbitrário do acaso. Conforme aponta Jung (OC 10/3), esses aspectos podem estar presentes, de forma latente ou explícita, até mesmo no homem moderno culto e civilizado com elevado grau de consciência, pois é possível que, nas camadas profundas de sua psique, encontre-se um homem arcaico.

19. *Participation mystique* é um termo que Jung toma emprestado de Lévy-Bruhl para nomear um determinado tipo de vinculação psicológica na qual o indivíduo não se distingue com clareza do objeto, mas estaria a ele ligado por uma identificação parcial, como se houvesse, *a priori*, uma unidade entre ambos. Nesse sentido, seria o resíduo de um estado primitivo que também se observa, frequentemente, entre as pessoas nos tempos atuais, não ocorrendo em todas as relações, mas apenas em certos casos e, em particular, nos relacionamentos pessoais. Nessas circunstâncias, o resultado é uma relação baseada na transferência e na qual o outro exerce uma influência mágica ou absoluta sobre o indivíduo (OC 6).

O contato do ego com o "homem arcaico" implica um saber desvinculado de verdades absolutas, ou seja, um saber que reconhece o seu constante não saber e a autonomia da psique. Essa atitude envolve a crença de que tudo é possível e de que os elementos irracionais desempenham um papel essencial. Sendo assim, é preciso acreditar, em um ato de fé, que a psique objetiva sabe o caminho para a individuação, para a melhor expressão de cada ser humano.

Através do processo de contar, ouvir e circumbular piadas e temas sobre o caipira, são criadas pontes para o ego entrar em contato com a imagem arquetípica[20] do "homem arcaico" e com as forças renovadoras e restauradoras da psique. Além disso, esse processo pode levar à relativização das políticas de poder e do controle de uma dada normalidade apoiada em pactos sombrios de *personas*.

Trickster

A imagem simbólica do caipira também apresenta características que podem ser aproximadas da imagem do *trickster*, uma figura que congrega características de um herói trapaceiro que transita entre o cômico, o ingênuo, o transgressor e o salvador que, por meios não convencionais, pode curar e levar à exaltação.

Conforme observa Queiroz (1991, p. 96), "as aventuras do *trickster* são marcadas, amiúde, pela malícia, pelo desafio à autoridade e por uma série de infrações às normas e aos costumes". Nessa perspectiva, ao transgredir ordens, valores e padrões estéticos, a figura do *trickster* inicialmente cria o caos

20. Imagem arquetípica: "A imagem primordial que também chamei de 'arquétipo' é sempre coletiva, ou seja, é, no mínimo, comum a todos os povos e tempos" (OC 6 § 832).

desarticulando estruturas de repressão e controle social. O antigo, o simplório, o grotesco e o ingênuo são revistos, e ao menos temporariamente são acolhidos e vivenciados em sua plenitude. Esse processo pode ocorrer de maneira individual, mas envolve com frequência um grupo de pessoas de maneira irreverente. Conforme observa Jung (OC 9/1), o *trickster* pode ser percebido pelas pessoas isoladamente como algum caso particular e individual, no entanto ele se refere a uma personificação coletiva, produzida a partir da soma de casos individuais.

Sendo assim, trata-se de uma imagem simbólica presente no imaginário coletivo de inúmeros contextos históricos e culturais e que indica a percepção de diferentes estados de consciência nas pessoas de uma sociedade, assim como a transcendência de um estado de consciência para outro, processo esse que parece ocorrer através da nostalgia, da comicidade e da sagacidade.

Conforme observa Jung (OC 9/1), a consciência histórica do *trickster* não convida à repressão, pois não é antipática, e sim prazerosa. Mesmo em casos em que essa imagem é vista de maneira negativa, levando ao recalque, isso não provoca sua extinção, pois esse conteúdo reprimido conserva-se no inconsciente de maneira inabalada, sem nenhuma alteração.

No entanto, atualmente, com frequência as manifestações do *trickster*, assim como a imagem simbólica do caipira, deflagram a sombra coletiva. Apesar de a imagem do *trickster* apontar traços de personalidade que a sociedade menospreza, é importante observar que, em certas circunstâncias, esses traços seriam essenciais para a superação de situações que negligenciam necessidades afetivas. Nesse sentido, podemos observar alguns casos, tais como aqueles em que ocorrem situações de opressão social: essa imagem simbólica pode ser vista como carismática e emblemática devido à maneira divertida e caricata com a qual se expressa, sensibiliza e conquista ampla aceitação. É possível que essa perspectiva favoreça o processo de ampliação da consciência, pois pode dar voz a afetos vivenciados, recalcados, reprimidos ou mesmo suprimidos por muitas pessoas.

Considerações finais

O estereótipo do caipira, abordado como uma imagem simbólica, frequentemente é tomado pelo humor e, esvaziado de sentido originário e histórico, torna-se motivo de chacotas, ridicularização e riso efêmero. Conforme aponta Carvalho (2011), o prazer do cômico pode não estar no puro deleite desinteressado, mas estar associado à intenção de humilhar, quando se atribui uma impressão negativa a quem serve de alvo. Nesse caso, o riso não ocorreria com a piada se houvesse simpatia e compaixão por parte do ouvinte. Para que a comicidade ocorra, é necessário haver: o rebaixamento, físico ou moral; a liberação de energia psíquica vinda de elementos inconscientes; a boa técnica, a forma surpreendente de abordar um determinado tema ou personagem; a insociabilidade do personagem e o automatismo. Portanto, o riso também deve ser considerado um gesto social que inspira medo e reprime excentricidades, bem como evidencia o que é desajeitado, defeituoso, exagerado ou involuntário.

Os temores quanto à rejeição social e à vulnerabilidade, assim como as tensões causadas pelos desafios da vida, podem ser aliviados e encarados de maneiras inusitada e bem-humorada diante da imprevisibilidade e da ambiguidade da imagem simbólica do caipira que, por meio da zombaria, realiza feitos heroicos. Essa dinâmica parece levar a consciência a um patamar mais elevado, no qual é possível aproximar as polaridades e encontrar novas práticas de convívio mais equânimes e respeitosas. Cabe destacar que através do humor é possível flexibilizar as normas sociais, descobrir novas perspectivas acerca de determinadas situações, contemplar e vivenciar os aspectos sombrios da personalidade de maneira circunscrita a um determinado contexto. Ainda que de maneira caricata, parcialmente contida, lúdica e inofensiva, eles emergem carregados de afetos, movimentam a energia psíquica e ampliam a consciência.

A compreensão e a relativização dessa polarização da personalidade envolvem a assimilação da sombra pessoal e coletiva, que se configura como aspectos negligenciados ou reprimidos pelo ego em nome da adaptação no mundo. Por ser também um problema de ordem moral, vem acompanhado de idealizações sobre o que se acredita que sejam atitudes adequadas para serem vivenciadas e compartilhadas, e o que se acredita que sejam atitudes sombrias ou inadequadas que devem ser suprimidas ou extintas. Essa idealização não tem o poder de anular ou extinguir os aspectos sombrios; ela apenas os reprime, tornando-os inconscientes. Em consequência, ela pode criar um estado de inflação psíquica no qual o indivíduo é levado a crer que seja um ser superior e que, como tal, deva ser poupado de desconfortos ou restrições. Com frequência, os aspectos sombrios são projetados em figuras externas e são percebidos pelo ego como alheios à personalidade, mas com forte tonalidade afetiva, algo que não poderá ser descartado ou simplesmente ignorado. Deve-se ter em mente que o lado sombrio também pertence à totalidade psíquica. Gradualmente, a observação e o relacionamento do ego com a sombra, ainda que de maneira projetada, pode propiciar a reintegração desses aspectos à consciência, assim como restabelecer a verdadeira posição social e a natureza da personalidade, pois, como observa Jung (OC 16/1), o contato da consciência com a sombra indica que o indivíduo, assim como todos os seres humanos, têm aspectos da personalidade que são menos desenvolvidos.

Superadas as dificuldades e resistências, o reconhecimento dos próprios aspectos sombrios pode promover a empatia, a amabilidade, a compaixão e o humor, assim como a ampliação da consciência e o senso de adequação para características de personalidade que podem ser apropriadas a contextos específicos, viabilizando a criatividade, a solução de problemas e o aumento da satisfação pessoal.

Conclui-se que a imagem simbólica do caipira enfoca o ser humano que enfrenta dificuldades extremas e sobrevive com o mínimo de recursos e, de maneira inusitada, é capaz de despertar espanto, risos e compaixão. Essa imagem possui uma natureza ambígua, pois congrega elementos lúdicos e realistas, além de alegria e tristeza, ingenuidade, esperteza e, até mesmo, contemplação e transformação. O contato do ego com essas dualidades favorece atitudes criativas que, apesar de muitas vezes desfazerem ilusões de controle e transgredirem a ordem social, propiciam alento e satisfação.

Referências

Almeida Junior, J. F. (1893). *Caipira picando fumo* [Óleo sobre tela].

Amaral, M. (Diretor). (1959). *Jeca Tatu*. PAM Filmes.

Azevedo, A. [1897]. *A capital federal* [Opereta]. http://www.dominiopublico.gov.br/download/texto/bn000020.pdf

Boff, L. (2010). A nova consciência. In R. M. Muraro, & L. Boff, *Feminino e masculino: uma nova consciência para o encontro das diferenças*. Record.

Carvalho, L. G. M. (2011). *Estereótipos e identidades em piadas sobre o mineiro: uma perspectiva da análise do discurso* [Dissertação de mestrado, Universidade Vale do Rio Verde].

Freitas, N. (2015). A personagem-tipo na revista de Walter Pinto. *Revista Textos Escolhidos de Cultura e Arte Populares 12*(1), 119-142.

Glendinning, C. (2012). Quando a tecnologia fere. In C. Zwein e J. Abrams (orgs.), *Ao encontro da Sombra: o potencial oculto do lado escuro na natureza humana* (p. 140-142). Cultrix.

Jung, C. G. (2011). *Obra completa*. Vozes.

Kleeb, S., & Favareto, A. (2019). Metamorfoses do simbólico no Brasil rural – as transformações do início do século XXI vistas por meio de um personagem clássico da formação do Brasil, o caipira. *Estudos de Sociologia 24*(47), 83-107.

Labriola, I. F. R. (2000). Do analista-caipira ao caipira-analista. *Junguiana* (18), 77-85.

Lobato, M. (2010). *Urupês*. Globo.

Nascimento, E. A. (2016). Humor, ideologia e discurso: a circulação dos estereótipos do caipira em piadas na internet. *Texto Livre: Linguagem e Tecnologia 9*(1), 28-47.

Penna, J. O. de M. (1999). *Em berço esplêndido: ensaios de psicologia coletiva brasileira* (2. ed.). Instituto Liberal: Topbooks.

Queiroz, R. S. (1991). O herói-trapaceiro: reflexões sobre a figura do trickster. *Tempo Social 3*(1-2), 93-107.

Ribeiro, D. (2004). *O povo brasileiro: a formação e o sentido do Brasil* (2. ed.). Companhia das Letras.

Schackleton, B. (2012). O encontro com a sombra no trabalho. In C. Zwein e J. Abrams (orgs.), *Ao encontro da Sombra: o potencial oculto do lado escuro na natureza humana* (p. 127-130). Cultrix.

Whitmont, E. C. (2006). *A busca do símbolo: conceitos básicos de psicologia analítica*. Cultrix.

8 Nos descaminhos desse rio

O arquétipo do *trickster* na lenda amazônica O Boto[21]

Gilzete Passos Magalhães

Introdução

A psicologia analítica compreende que os arquétipos do inconsciente coletivo também se expressam a partir de mitos e do folclore e aparecem de variadas formas em contextos culturais diversos. Nessa perspectiva, o presente trabalho se propõe a identificar o arquétipo do *trickster* na lenda amazônica *O Boto*, uma das narrativas mais propagadas em um país de dimensão continental como o Brasil.

Os mitos e lendas relatam um acontecimento que se deu em período não circunscrito, em que há a presença de seres sobrenaturais. As narrativas míticas e folclóricas ilustram o

21. Este texto é parte da dissertação *Os espelhos dos rios: dimensões simbólicas da relação de gênero na lenda amazônica O Boto* (Magalhães, 2013) e contou com o financiamento da Coordenação de Aperfeiçoamento de Pessoal de Nível Superior (Capes) no período de 2012 a 2013.

surgimento mágico do céu, da fauna, da flora, da hidrografia e a origem de afetos como ódio e amor, bem como descrevem, de forma simbólica, o ciclo da vida e os desafios comuns a toda a humanidade (Brandão, 2002). Nesse sentido, Jung considerou o folclore e os mitos recursos importantes na compreensão de aspectos psíquicos. Porém, apesar do rico conjunto de personagens sobrenaturais brasileiros, são poucas as publicações sobre esses temas na abordagem junguiana (Magalhães, 2013).

Para Vasconcellos (2006), a indiferença aos aspectos de nossa cultura está relacionada aos conteúdos abordados nas escolas brasileiras, em que nossa história é contada a partir da chegada dos europeus ao país. Nesse enfoque, o estudo das populações indígenas, a geografia e a história da Amazônia, a arqueologia e o folclore brasileiro são temas negligenciados, e somos incentivados a privilegiar o conhecimento de mitos e lendas de civilizações de outros contextos culturais.

> As razões do desconhecimento de grande parte da sociedade brasileira, tanto em relação à arqueologia brasileira como também em relação ao período pré-colonial, podem ser compreendidas à luz de alguns aspectos: na própria conformação da história do nosso país que, sem dúvida, não atribuiu a importância devida ao segmento indígena na discussão em relação à polêmica questão da identidade nacional, à forma como as elites tratam questões indígenas e relacionadas à Amazônia em termos jurídicos e, obviamente, ao fato de que a arqueologia como área de conhecimento é muito recente no nosso país (Vasconcellos, 2006, p. 21-22).

Na busca por conhecer mais sobre lendas e mitos brasileiros, em 2004 norteei meus caminhos e troquei o Rio de Janeiro pelo Rio Amazonas, tendo permanecido por quase sete anos no

Amapá, um dos estados que compõem a Região Amazônica do país. Durante minha permanência no Norte, observei que, ainda hoje, muitas pessoas de comunidades ribeirinhas percebem o ambiente que as cerca de forma semelhante ao modo dos antigos gregos, em que fenômenos naturais, tragédias e emoções são justificados por meio da ação de seres imortais e divindades. Assim, no cenário da floresta e de ruas de rios do Norte, o Boto, ser encantado e viril que vive em dimensão subaquática, costuma ser responsabilizado por eventos que conjugam sedução, brincadeiras, jogos e trapaças, os quais revelam sua face *trickster*, arquétipo que pode ser definido como o treteiro, o enganador, segundo Hopcke (2011). Consoante ao autor, o *trickster* abrange a ironia e conjuga características ambivalentes, como ações de proteção e abandono e atitudes engraçadas e maldosas, muitas vezes incompreensíveis, mas que se configuram como aspectos peculiares da dinâmica psíquica.

Merece atenção a própria geografia da Amazônia, com suas florestas e seus rios caudalosos que isolam e aproximam os lugarejos de outras cidades; os rios que oferecem alento para o calor intenso da região, que alimentam os habitantes com seus peixes; os rios que – devido a uma coloração muito escura – escondem perigos sob suas águas e que, a partir da mudança das marés, provocam catástrofes como a destruição de casas e enchentes de grandes proporções, além de naufrágios e mortes, influenciando o imaginário ribeirinho na crença em seres sobrenaturais como o Boto, que constela o arquétipo embusteiro do *trickster* (Magalhães, 2013).

O Boto, personagem mágico que percorre os rios serpejantes da Amazônia, emerge dos caminhos fluviais durante as festas dos lugarejos. Metamorfoseado em homem bonito, pisa em solo fértil, embriaga-se com água ardente, dança, transpira e, calorosamente, seduz as moças mais bonitas sob a luz da lua, despertando afetos contraditórios nas jovens ribeirinhas, como desejo e temor, admiração e repulsa, em um ambiente marcado por intensa umidade.

Para a realização do presente trabalho, recorreu-se a estudo qualitativo por meio de revisão de literatura a partir da utilização de depoimentos de pessoas de comunidades ribeirinhas da Amazônia compilados e transcritos por viajantes e estudiosos de áreas como história, folclore, antropologia e psicologia que estiveram na região. Como material de análise, houve também a seleção de vinhetas com base em diálogos sobre o personagem folclórico, com pessoas de povoados. O próximo passo foi iniciar a leitura da narrativa *O Boto* buscando uma aproximação cuidadosa e intuitiva com o material selecionado. Em seguida, cada narrativa passou a tomar contornos distintos, enquanto (como na expressão típica do interior da Amazônia) tentei me colocar na *bubuia*[22], que significa "flutuar nas águas" – enquanto busquei trafegar pela correnteza dos rios de imagens acerca do personagem encantado que delineava cenas ricas em símbolos. Após essa etapa, o material reunido foi submetido ao processamento simbólico arquetípico, método proposto por Penna (2009), que abrange a compreensão do significado do símbolo. Nessa perspectiva, o texto foi organizado a partir de dois fios condutores.

22. Expressão característica de alguns espaços da Amazônia; significa permanecer na superfície dos rios com a utilização de uma boia produzida com pedaços de aninga, árvore característica do Marajó e de municípios da Amazônia, também utilizada em pequenas embarcações para que não afundem nos rios (Pacheco, 2009).

No primeiro fio condutor, intitulado *Afluentes do imaginário ribeirinho na lenda do Boto*, são descritas as características do personagem encantado, que envolvem embustes, agilidade, embriaguez e prodígios sexuais, por meio de depoimentos de caboclos, viajantes e estudiosos de diversas áreas do conhecimento que estiveram no Norte. Nesse percurso, é descrita a influência do contexto geográfico amazônico no imaginário caboclo. Em *O Boto: a face ribeirinha do trickster*, o segundo fio condutor deste estudo, foram apontadas características desse arquétipo no encantado homem-golfinho das águas doces. A partir de então, seguem as considerações finais.

Além de identificar os aspectos do *trickster* no personagem Boto, este texto pretende também favorecer o cultivo da valorização do folclore nacional e contribuir para novos estudos e publicações de orientação junguiana sobre o precioso acervo mítico e folclórico brasileiro.

Afluentes do imaginário ribeirinho na lenda do Boto

A Amazônia tem rica biodiversidade e grande acervo mítico e lendário, o que se constata a partir das inúmeras narrativas indígenas e caboclas. O próprio nome da região faz alusão ao mito: *As amazonas*[23], guerreiras míticas gregas que se relacionavam com homens apenas para procriação e rejeitavam os próprios filhos do sexo masculino (Coelho, 2007).

23. O nome "Amazônia" surgiu do confronto dos espanhóis na busca pelo ouro nos Andes com as índias icamiabas, guerreiras que, com sua bravura, venceram os invasores europeus. O fato foi narrado por Francisco de Orleanna ao Rei Carlos V de Habsburgo, que, impressionado com a coragem dessas índias, atribuiu o nome das personagens gregas ao rio, e a classificação da região como *Amazônia* ocorreu em 1899, na obra do Barão de Santa Anna Neri intitulada *O país das amazonas* (Coelho, 2007).

Na descrição do contexto dessa região, o Amazonas[24] é classificado como rio de maré, que enche e vaza duas vezes ao dia. Quando a maré baixa, surgem extensas porções de terra, que apresentam ao observador troncos e raízes de árvores gigantescas entrelaçadas, antes escondidas pelas águas turvas do rio. Devido ao fluxo das marés e à violência da correnteza, são comuns naufrágios cuja responsabilidade é frequentemente atribuída ao Boto, pois narrativas populares costumam afirmar que, na busca pela jovem por quem se interessa, o encantado afunda navios para raptar a moça que deseja seduzir (Câmara Cascudo, [1947] 2002; Magalhães, 2013).

Pelos caminhos de rio da Amazônia, percorrem forasteiros que, no período em que permanecem nos povoados, muitas vezes se envolvem com mulheres da região, deflagrando narrativas sobre criaturas aquáticas metamorfoseadas em homens sedutores (Magalhães, 2015).

Na mitologia e no folclore da Região Norte, destaca-se a tradição oral e o caráter moralizante[25] das narrativas. Assim, um acontecimento sobrenatural é propagado verbalmente, sem o uso do registro escrito, e nas narrativas há sempre uma mensagem de advertência (Henrique, 2009). A tradição oral e a crença dos caboclos nos encantados possibilitam que o mesmo personagem seja descrito por ângulos variados, pois mesmo o

24. Pesquisas como a do Instituto Brasileiro de Geografia e Estatística (IBGE), em conjunto com o Instituto Nacional de Pesquisas Espaciais (Inpe), revelaram o Rio Amazonas, com extensão de 6.992,06 quilômetros e cerca de mil afluentes, como o maior rio do mundo. O Rio Amazonas tem riquíssima biodiversidade e, por sua extensão e suas peculiaridades, favoreceu a elaboração de muitos mitos e lendas (Inpe, 2008).

25. Nas narrativas da Amazônia, há sempre mensagem sobre a proibição de um comportamento que, quando não respeitada, pode trazer os piores azares a quem infringiu a regra (Maués, 2006).

Boto é narrado de diversas formas, dependendo do informante e da localidade da Amazônia em que seja contemplado.

> Podemos ver como se formam as fantasias míticas: elas não são inventadas, mas se impõem às pessoas, vindas do inconsciente sob a forma de imagens ou séries de representações e, quando relatadas, elas assumem muitas vezes o caráter de episódios conectados com valor de representações míticas. Deste mesmo modo surgem os mitos, e por isso as fantasias, que se originam no inconsciente, também têm tanta coisa em comum com mitos primitivos, na medida em que o mito nada mais é do que uma projeção do inconsciente – e de modo algum uma invenção consciente –, passamos a compreender não só o fato de que em toda parte nos deparamos com os mesmos motivos mitológicos, como também o de que o mito representa típicos fenômenos psíquicos (OC 8/1, § 71).

Por essa perspectiva, ora o ser sobrenatural é apresentado como uma entidade que se transforma em boto e abusa sexualmente das jovens, ora como um boto que se transforma em homem bonito e seduz as mulheres; em casos raros, fala-se de relações homossexuais com o boto macho. Comenta-se também sobre uma Boto fêmea (chamada pelos caboclos de Bota) que encanta os homens. Registram-se, ainda, algumas narrativas sobre o personagem encantado como um tipo de vampiro que suga o sangue de suas vítimas durante a cópula (Câmara Cascudo, [1954] 2012; Jurandir, [1948] 1992; Maués, 1998, 2006; Maués, & Villacorta, 2004; Motta-Maués, 1998).

Entre as narrativas mais populares acerca do Boto, destaca-se a lenda sobre um personagem que se refugia em uma linda cidade subaquática mágica, com ricos palácios adornados em ouro, caminhos de águas translúcidas, onde há fartura, danças cotidianas, embriaguez e sensualidade, espaço esse denominado "Encante" (Yamã, 2005). Em seu percurso pelas ruas de rio, o Boto se apresenta na forma de golfinho de água doce, trafegando itinerante em busca de novas aventuras e sedução (Santos, 1987).

Quando atraído pelas luzes, pela música e pelo aroma de cachaça das festas dos lugarejos em noite de lua cheia, o Boto vem à superfície transformado em um viajante, descrito como homem de pele clara, trajado em terno branco e usando um chapéu que cobre o orifício pelo qual respira. Além das características mencionadas, o Boto é narrado como excelente dançarino, bom bebedor de pinga e ótima companhia para uma conversa (Magalhães, 2014, 2015). Em terra firme, o forasteiro convida a cunhã mais bela do povoado para dançar. Após seduzir e deflorar a jovem, o encantado foge antes do amanhecer para novas travessias eróticas e trapaças (Henrique, 2009).

Os ribeirinhos justificam a fuga do Boto antes do primeiro raio de sol: com a luz do dia, o encantado volta à forma de golfinho de rio, e seria um perigo para o ser mágico manter-se fora do ambiente aquático, uma vez que os homens traídos e os familiares da jovem seduzida quererão vingar a suposta desonra por meio de espancamento e assassinato de quem for acusado de ter deflorado a cunhã ou impelido alguma esposa a aventuras extraconjugais (Magalhães, 2015; Maués, 2006).

Devido ao caráter fluido das narrativas orais, em algumas versões o Boto também aparece descrito como um tipo feioso, baixinho e desajeitado, mas que envolve as jovens durante os festejos locais com sua alegria, seu deboche e seu aspecto desengonçado na dança. Essas características do homem-golfinho o aproximam também do *trickster*, haja vista que as expressões desse arquétipo muitas vezes o assemelham a personagens de contos folclóricos, como o Palhaço e o João Bobo, que alcançam seus objetivos pelo improviso, pelo jeito gaiato e pela forma deselegante como se apresentam (OC 9/1, § 456).

Azevedo ([1957] 1976) comenta que as caboclas costumam evitar os banhos de rio e viagens de barco no período menstrual ou durante a gravidez, bem como o uso de roupas vermelhas, pois, de acordo com as advertências da comunidade, o sangue, a gravidez e trajes da cor mencionada atraem a atenção do Boto, que ruma aos lugarejos para seduzir a mulher desejada ou derruba das embarcações a jovem por ele cobiçada, levando a moça para o fundo do rio (Câmara Cascudo, [1954] 2012; Motta-Maués, 1993, 1998).

Como estratégia para afugentar o Boto, muitos ribeirinhos espalham alho em torno de suas casas, ou, quando as viagens no período menstrual são indispensáveis, as jovens portam consigo a planta nas embarcações. Como forma de repelir o Boto, recomenda-se também que sejam desenhados crucifixos na água e nela se jogue farinha. Maués (2006) relata que, em visita a Itapuá com a pesquisadora Motta-Maués, na canoa que ocupavam havia duas moças. Subitamente, alguns botos surgiram perto da embarcação, mas, tão logo as jovens seguraram os dentes de alho com firmeza, os animais desapareceram.

Entre outras características do boto, o animal presta ajuda a náufragos, conduz pescadores a lugares ricos em peixes e salva viajantes que se perdem nos caminhos de rio. Apesar das benesses promovidas pelo golfinho amazônico, o boto também realiza ações ameaçadoras a quem com ele se depara: o delfim desorienta embarcações, leva pescadores para espaços áridos em peixes e provoca acidentes e naufrágios (Câmara Cascudo [1954] 2012; Magalhães, 2015).

Dessa forma, seja como golfinho fluvial ou como ser encantado, devido ao caráter ambíguo do Boto, que reúne ganhos e prejuízos, proteção e maldição, diversão e infortúnios, novamente se afirma o seu aspecto *trickster*, tanto na forma do animal boto quanto no personagem mágico da Amazônia.

O Boto: a face ribeirinha do *trickster*

Além da metamorfose do Boto encantado em homem sedutor, de acordo com Maués (1998) e Maués e Villacorta (2004), os seres mágicos como o protagonista deste texto costumam se apresentar também como "bicho do fundo" e como "corrente do fundo". Na expressão "bicho do fundo", o Boto pode ser identificado como maligno, pois permanece sob a forma de um animal aquático, como o peixe ou o próprio boto, e lança o fenômeno classificado como "flechada de bicho" sobre suas vítimas, que passam a manifestar doenças, afetos ambivalentes e estados psicológicos alterados (Magalhães, 2015; Maués, & Villacorta, 2004).

Consoante aos autores, pela "corrente do fundo", o Boto se expressa por incorporação nas pessoas que possuem dom para serem xamãs[26], por quem simpatizam ou nos xamãs experientes. Os encantados se manifestam nos pajés em rituais de cura física ou de doenças não naturais, como o quebranto, a flechada de bicho e mesmo o ataque do Boto. Dessa forma, identifica-se o caráter ambivalente do *trickster* na figura do encantado amazônico, ora como quem produz dores e perdas, ora como o salvador, capaz de livrar do mal aquele que sofre.

---

26. Schüler (2002, p. 488) define "xamã" como "exorcista, esconjurador. Mago ou mestre do xamanismo".

> Os encantados do fundo são designados como bichos do fundo, oiaras ou caruanas. A denominação bicho do fundo provém da crença de que os encantados podem se manifestar sob a forma de diferentes animais aquáticos, que vivem no fundo dos rios, como peixes, cobras, botos etc. Manifestando-se, porém, como forma humana geralmente nas zonas de mangal (manguezais), à margem dos rios e igarapés, os encantados surgem na condição de oiaras. Já os caruanas (também conhecidos como guias ou cavalheiros) são aqueles que se manifestam sem que a pessoa possa visualizar sua forma, nas sessões xamânicas dos pajés, incorporando-se neles. Nesses casos surgem como entidades benéficas, com a finalidade de curar (Maués, 1998, p. 76).

Jung (OC 9/1, § 472) aponta os aspectos teriomórficos do *trickster* e sua origem que conjuga, além do aspecto animal, o lado divino também, características essas presentes no encantado da Amazônia, que dispõe de habilidades sobrenaturais, seja nas suas travessias aquáticas na forma de cetáceo fluvial, seja em terra firme na figura de homem, ou mesmo em suas manifestações na pajelança.

De acordo com Maués e Villacorta (2004), o dom para ser pajé pode se apresentar desde o nascimento da pessoa ou surgir em um momento peculiar de sua vida, em que ocorrem manifestações intempestivas e imprevisíveis, exigindo-se orientação de um sacerdote já formado que agirá como preceptor desse aprendiz[27]. A iniciação de um xamã na pajelança cabocla

27. Os encantados, como o Boto, também se fazem presentes a partir da "corrente-do-fundo", que consiste em incorporações descontroladas por seres mágicos, espíritos e caruanas em pessoas com dom para serem xamãs. As manifestações dos encantados tornam-se menos agressivas após treinamento dessas pessoas com um pajé formado, que treinará o aprendiz para que as incorporações ocorram em espaços e ocasiões delimitadas. O treinamento do pajé envolve conhecimento de remédios, flora medicinal, orações, permanentes tabus alimentares e sexuais e dedicação à prática da caridade (Maués & Villacorta, 2004).

envolve muito aprendizado, disponibilidade para a prática da caridade, obrigações espirituais, tabus alimentares, reclusão e restrições sexuais.

Jung (OC 9/1, § 457) identifica aspectos relacionados ao *trickster* nas atividades xamânicas, em que o próprio pajé também pode ser vítima dos embustes dos espíritos a quem serve, em especial quando fogem de seu destino, pois, não raramente, os rituais de iniciação e mesmo a prática desse ofício podem ocasionar danos ao próprio sacerdote, a partir de esforços físicos e emocionais devastadores[28].

Consoante ao autor, o xamã também pode pregar peças[29] a quem a ele recorre. Nesse sentido, destaca-se a obra *Filhos do Boto*, de Canuto Azevedo ([1957] 1976), em que o autor narra o sumiço de Gracinha após a jovem ter descumprido a advertência do pajé Joaquim Laranjeira de não se aproximar dos igarapés; concluiu-se, portanto, que fora raptada pelo Boto. Para o resgate de Gracinha, os caboclos Pepira e Tertuliana, pais da

28. A pessoa que não atender ao chamado para se tornar pajé ou fugir de seu ofício, de acordo com a crença popular, será alvo de punições severas dos seres mágicos (Maués & Villacorta, 2004).

29. Enfatiza-se que a pajelança é um sacerdócio e que o ofício realizado por esses xamãs busca tratar abalos na saúde física e espiritual de forma responsável e séria. Muitos xamãs indígenas foram vítimas de preconceito desde a invasão europeia ao Brasil, no século XV, por missionários cristãos. Nesse percurso, as atividades religiosas caboclas passaram a ser apontadas como curandeirismo e charlatanismo, tendo sido também alvo de perseguição policial. Nos dias atuais, os pajés ainda sofrem com a associação de suas práticas à malignidade e à possessão demoníaca por missionários evangélicos. A desqualificação da religião cabocla muitas vezes faz com que, embora alguns xamãs recorram às entidades da natureza em suas consultas espirituais, assumam-se como católicos ou evangélicos (Maués, 2004). O fato de existirem pajés que ajam de forma mais irônica não invalida o comprometimento de outros no exercício de sua fé. Ressalta-se também que a obra *Filhos do Boto*, de Canuto Azevedo ([1957] 1976), é uma narrativa literária e, portanto, sem compromisso com os fatos, tendo sido adotada neste texto para ilustrar o aspecto ambíguo e treteiro do *trickster*.

menina, solicitaram ao pajé que livrasse a moça do encantamento do Boto e a fizesse emergir do fundo do rio. Então, o xamã atende à solicitação da família e navega em uma canoa para resgatá-la do domínio do Boto, desenhando crucifixos na água com a faca. Conta-se que o pajé retornou à terra com a jovem, relatando ter travado uma batalha com o encantado no fundo do rio, embora, para a surpresa de todos, tivesse se apresentado aos espectadores sem vestígio de que estivera em um ambiente aquático e sem nenhum arranhão. Com o objetivo de curar a moça do encantamento do Boto, Laranjeira pediu aos pais da jovem para mantê-la em sua companhia. Nos anos de convivência com Laranjeira, Gracinha teve três filhos, todos muito parecidos com o pajé; no entanto, a paternidade dos meninos foi atribuída ao Boto, e a cunhã só voltou ao seio de sua família após a morte de Laranjeira (Henrique, 2009).

Ainda sobre as cerimônias xamânicas que envolvem curas realizadas por pajés respeitados, enfatiza-se que o sacerdote é apenas o instrumento de ação dos encantados, como o Boto, que intercedem entre os homens e as divindades, o que confere a esses seres sobrenaturais o caráter de *daimon*, comum ao *trickster* e presente também na figura de Hermes, o intermediário, o mensageiro entre as causas humanas e os deuses (Hopcke, 2011; OC 9/1, § 456).

As técnicas adotadas nas sessões de pajelança são diversificadas, dependendo do perfil do xamã e de sua localidade. Em geral, o sacerdote recebe auxílio de um assistente, que se incumbe das tarefas necessárias para a cerimônia, como preparar o ambiente e servir o xamã. Em alguns rituais de pajelança, as estratégias adotadas para promover a saúde ou libertar a pessoa da ação de um encantado são surpreendentes: há os xamãs que derramam água ardente na pele do enfermo, sugam com a boca a doença do corpo de quem sofre, realizam danças com a pessoa que a eles recorre nas costas, ficam de pé nas redes, caminham sobre cacos de vidro sem se ferir, entre outras peripécias admiráveis, que envolvem o aspecto sagaz, ágil e inusitado do arquétipo do *trickster* (Maués, & Villacorta, 2004).

> Seja no meio rural, seja no urbano, ainda hoje curandeiros, benzedores, pais de santo reatualizam práticas de cura por meio de orações fortes, batidas de tambores, invocações de caruanas como entidades das águas e florestas, para livrarem-se, juntos aos corpos de seus semelhantes, de adversidades físicas, mentais e espirituais. Igualmente o visualizar de muitas festas, realizadas em espaços urbanos e rurais no Marajó, ajudaram a identificar práticas culturais compósitas, em que o universo de compreensão local associa, a um só tempo, crenças em santos, Deus, visagem, no poder curativo da medicina popular e na científica, como nas assombrações e encantarias (Pacheco, 2009, p. 26).

Por seu caráter ambíguo e anômalo, muitas vezes o Boto é associado à maldade e ao próprio Diabo nas comunidades ribeirinhas, revelando assim sua face tricksteriana por meio da astúcia e de traquinagens, "em parte divertidas, em parte malignas", e devido à "sua mutabilidade, sua dupla natureza animal-divina" (OC 9/1, § 456).

Conforme mencionado, após a sedução da jovem, o Boto precisa fugir antes do amanhecer, pois, caso seja identificado em terra firme, poderá ser alvo da violência dos homens ciumentos. Merece atenção o fato de que o próprio forasteiro acusado de ser o personagem encantado metamorfoseado em homem bonito torna-se alvo de agressões brutais que muitas vezes o levam à morte (Magalhães, 2013, 2014, 2015).

O animal boto também costuma ser vítima de violência, porque, quando capturado por certos pescadores, tende a sofrer espancamento, e são-lhes extraídos os olhos e os genitais, associados a poderes afrodisíacos, enquanto os caboclos proferem xingamentos, acusando, tanto o estrangeiro confundido com o Boto quanto o animal capturado, de bicho ruim, maldito, criatura do diabo, entre outros adjetivos (Henrique, 2009).

Para o ribeirinho, dizer que alguém é um boto ou o Boto não reporta apenas a uma figura de linguagem; da mesma forma, o uso de órgãos do boto como talismãs faz com que, para os habitantes de certos lugarejos, de fato a pessoa que os porta assimila as características do encantado (Magalhães, 2013).

No que diz respeito ao caráter anômalo do Boto, destacam-se as interdições alimentares: no interior da Amazônia, o consumo de algumas iguarias é visto como tabu, pois certos alimentos são considerados reimosos (ou remosos), ou seja, prejudiciais à saúde física e espiritual (Motta-Maués, 1998). Merece atenção que a carne do boto não é consumida pelos ribeirinhos, situação esta que será comentada mais adiante.

Todavia, não é apenas a gastronomia da Amazônia que envolve tabus alimentares; as interdições ao consumo de certos pratos são comuns a diversas nações e religiões. Como ilustração, Maués (2006) relaciona a reima às abominações descritas em Levítico e Deuteronômio. Observa-se que também na Torá judaica e na Bíblia cristã são elencados alimentos proibidos. De acordo com o autor, pessoas religiosas, como judeus ortodoxos e adventistas de sétimo dia, entre outros grupos, classificam o porco como impuro. Em Lv 11,17 e Dt 14,8, a interdição ao consumo desse animal não ocorre por o suíno caminhar na lama ou sua carne ser suja ou transmissora de doenças; a proibição se justifica porque ele é o único animal de casco fendido que não rumina. Por isso, o porco é classificado como anômalo, diferente de outros animais (Douglas, 1976; Leach, 1983; Maués, 2006).

A presença de animais que se destacam dos outros por serem peculiares também tende a ser interpretada de acordo com as crenças locais. Como um exemplo da aparição de animais em desacordo com os seus hábitos, Jung comenta que, para moradores de certos lugares de Elgon, a visão de um tamanduá durante o dia significava prenúncio de desgraça, por ser ele um animal de costumes noturnos (OC 10/3, § 118). Da mesma forma, diante de acontecimentos inesperados ou diferentes, o ribeirinho encontra explicações para justificar afetos e tragédias.

As curiosidades acerca do animal boto muito influenciaram a crença cabocla no encantado homem-golfinho dotado de irresistível sedução: o boto surge repentinamente dos rios e desaparece nas águas como se tivesse o dom da invisibilidade; seu nado ágil e repleto de acrobacias lembra uma dança que, muitas vezes, assemelha-se aos movimentos sexuais; além disso, há comparações entre o formato da cabeça do cetáceo e a glande humana. Entre outros aspectos bizarros do delfim amazônico, o animal se aproxima espontaneamente das pessoas, em especial, das mulheres menstruadas, buscando tocar o focinho nos genitais das jovens. Subitamente, o animal salta dos rios sobre os corpos das pessoas à beira dos trapiches simulando uma cópula, e ao voltar para a água o boto parece emitir sons que lembram gargalhadas de deboche. Destaca-se também que, durante suas travessias pelas estradas de rio, os sons propagados pelo delfim lembram gemidos de êxtase sexual (Câmara Cascudo, [1954] 2012). Logo, não à toa o luxurioso cetáceo fluvial influenciou as tantas narrativas sobre o mágico Don Juan da Amazônia.

> Os viajantes são unânimes em salientar seus hábitos pouco ortodoxos. É o único peixe a seguir bufando de possível curiosidade, as barcas, beira demasiado as margens, namorando os fogos acesos. Seus roncos têm qualquer coisa de malícia e de desafio. Era natural que o boto mantivesse, na plenitude orgulhosa de raça, a memória de sua desbragada carnalidade (Câmara Cascudo, [1947] 2002, p. 163-164).

O boto revela sua ambiguidade também por ser um mamífero em forma de peixe que vive em água doce e por, como afirmam os ribeirinhos, seus genitais se parecerem com os órgãos humanos. Do mesmo modo, a carne desse cetáceo não é consumida, o que pode representar um tabu alimentar inconsciente, embora o animal seja visto como símbolo de virilidade para homens e mulheres. Apesar de não ser utilizado como alimento, na lenda é visto como parceiro sexual, enquanto seus órgãos são considerados amuletos afrodisíacos, configurando o boto como um alimento no âmbito simbólico (Maués, 2006).

Ainda em relação ao caráter anômalo e ambíguo do boto, e que resulta em tantas narrativas sobre sedução, reportamo-nos às crenças propagadas na Idade Média – provavelmente mescladas às lendas da Amazônia por colonizadores europeus –, como a ação de íncubus e súcubus: demônios que mantinham relações sexuais com seres humanos e que durante o período da Inquisição eram identificados pelos orifícios na altura das costas e pela presença de verrugas no corpo. Tais características nos levam a associá-los às narrativas sobre o Boto, visto que uma forma de descobrir se o "forasteiro" nas festas ribeirinhas seria o ser mágico é observar se no alto da cabeça do suspeito, oculto "por seu indefectível chapéu", há um orifício por onde respira o encantado enquanto metamorfoseado em gente (Maués, 2006, p. 25).

O Boto é um ser errante, sem paradeiro definido, que transita pelos afluentes do Rio Amazonas, buscando refúgio na dimensão subaquática mágica denominada “Encante”, ou diversão e erotismo nas festas ribeirinhas. Quanto a esse personagem viajante, são múltiplas as suas faces, que ora se revelam generosas no auxílio aos pescadores e na condução de navegantes perdidos; ora se apresentam sombrias na responsabilidade por desorientar e naufragar embarcações, entre outras atitudes enganadoras e nada previsíveis.

Por seu caráter itinerante e sedutor, o Boto é frequentemente responsabilizado pelo envolvimento amoroso das ribeirinhas e também pela paternidade desconhecida de uma criança. Câmara Cascudo ([1954] 2012, p. 126) citava o relato de Umberto Peregrino na obra *Imagens do Tocantins da Amazônia* (1942), segundo o qual uma mulher, ao levar o filho ao serviço médico, quando perguntada pelo nome do pai da criança para fins de registro, afirmava: “Não tem, não senhor, é filho do Boto”. Como não houve quem a convencesse da improvável paternidade, “o registro foi realizado à sua revelia”. No entanto, ainda hoje há relatos que apontam o Boto como pai de crianças em comunidades caboclas (Henrique, 2009; Magalhães, 2015).

> O Boto é o conquistador feliz de milhares de moças, o progenitor natural de várias centenas de piás. Esse delfim levanta, nas lonjuras do rio-mar, o renome clássico de sua estirpe. O delfim é um símbolo lúbrico. Desde a antiguidade clássica ele é dedicado a Vênus e aparece, roncando de cio, junto à deusa resplendente (Câmara Cascudo, [1947] 2002, p. 162-163).

Devido à capacidade de sedução do folclórico Boto, os ribeirinhos atribuem poderes afrodisíacos aos olhos e genitais do animal. Portanto, em muitos mercados, mesmo em grandes capitais como Belém, os olhos do boto são comercializados como amuletos de sedução, enquanto os órgãos sexuais do macho e da fêmea são utilizados em feitiços para a conquista amorosa da pessoa desejada.

Câmara Cascudo ([1954] 2012) traz o relato de um viajante sobre um jovem caboclo que tentou vender ao condutor de um barco o olho de boto, atribuindo ao amuleto indiscutível eficácia afrodisíaca. Acidentalmente, o barqueiro mirou o caboclo pelo olho de boto, então o jovem passou a adotar um ar sorridente e, requebrando-se, disse com tom de voz feminino: "Ora seu comandante, deixe disso!" (Câmara Cascudo, [1954] 2012, p. 129). Diante do poder de sedução da cajila, o barqueiro não teve dúvidas em pagar caro pelo amuleto. Esse tipo de esperteza, conjugada à ironia, são características marcantes do *trickster* (Magalhães, 2015).

Jung comenta que, apesar do caráter fálico do *trickster*, em algumas situações o seu sexo é ambíguo, podendo também assumir a forma de mulher (OC 9/1, § 472). Embora a versão hoje predominante do cetáceo sedutor seja a do animal que se transforma em homem e seduz as caboclas, até o século XIX comentava-se a metamorfose do boto – tanto macho quanto fêmea – em mulher, para sedução dos homens. O naturalista inglês Henry Walter Bates (1979)[30], que permaneceu 11 anos

30. Naturalista inglês (1825-1892) que permaneceu na Região Amazônica de 1848 a 1859, período em que catalogou aproximadamente 8 mil insetos que fazem parte de uma coletânea de 14.712 espécies da fauna da América do Sul. Em sua expedição à Amazônia, Bates contou com a colaboração de Alfred Russel Wallace, pesquisador associado a essa empreitada até 1852. Os dois estudiosos estiveram de 1848 a 1952 no Rio Tocantins, tendo Bates percorrido os Rios Amazonas e Solimões. Suas publicações são importantes referências nos meios acadêmicos, visto que os estudos desenvolvidos na Amazônia destacam-se pela originalidade e pelo rigor científico (Ferreira, 1990).

na Amazônia para o estudo da fauna e da flora da região, ouviu narrativas de ribeirinhos sobre uma linda jovem de cabelos negros longos e esvoaçantes que, com sua sensualidade, envolvia os homens e os conduzia para a água enquanto emitia um grito de triunfo, em seguida voltando à forma de golfinho de rio. Assim, José Veríssimo (1970, p. 57), folclorista paraense, comenta que o boto "reveste igualmente as formas de mulher para seduzir os homens que arrasta consigo para a água".

O *trickster* na figura do Boto revela suas múltiplas faces: sob o reflexo do tolo quando associado ao dançarino feio e atrapalhado, na imagem do hermafrodita que assume a forma de mulher para seduzir os homens e zombar de sua masculinidade, ou na imagem do trapaceiro e sedutor, vestido em terno e chapéu branco, versado na embriaguez e na sensualidade, como ocorre também na figura do Exu Zé Pelintra da umbanda, o malandro vaidoso, guardião das encruzilhadas, condutor ou desorientador de caminhos, intermediário entre os humanos e os orixás, responsável por perdas e ganhos dos que a ele recorrem (Gabani, & Serbena, 2015; Prandi, Vallado, & Souza, 1999; Zacharias, 1998, 2010).

Entre os personagens brasileiros que expressam o arquétipo do *trickster*, além do Boto, identificam-se a astúcia e a malemolência nas figuras do anti-herói Macunaíma, de Mario de Andrade, e no lendário Saci-Pererê, presentes na literatura e no folclore nacionais (Gabini, & Serbena, 2015).

Alguns aspectos do *trickster* identificados no Boto também podem ser apontados em mitos gregos, nas figuras que se manifestam de forma súbita e avassaladora, despertando afetos intensos e paradoxais. Exemplo disso é o deus Hermes, com sua agilidade e seus embustes (Lopes-Pedraza, 1999, 2002; Otto, 2005), bem como Dionísio, divindade ligada a música, dança, embriaguez e êxtase sexual (Sanford, 1999), e Eros, entidade do desejo que – com suas flechas envenenadas – desperta afetos ambivalentes como a paixão (Boechat, 1997; Magalhães, 2013, 2015).

O *trickster* refletido no Boto, e em outras figuras imaginárias ou divinas, afirma sua habilidade para deflagrar dúvidas, promover balbúrdia e agir na promoção de transformações psíquicas a partir de sua dinâmica, que se mostra "poderosa quando está ao nosso lado e desconcertante quando não, é um bem não confiável, mas é uma parte totalmente necessária da nossa humanidade" (Hopcke, 2011, p. 140).

Nessa perspectiva, as múltiplas faces do *trickster* espelhadas no personagem ribeirinho Boto, que envolvem vantagens repentinas e danos imprevistos, nos alertam que "fartura e prejuízo, sorte e azar, conquista e fracasso, têm em comum a mesma origem, o que torna fundamental o entendimento desse processo de troca presente nos caminhos que venhamos a percorrer" (Magalhães, 2015, p. 38).

Considerações finais

Neste estudo, identificou-se a forte influência da vegetação, da fauna, da hidrografia e do clima quente e úmido do universo amazônico no imaginário ribeirinho. Os mistérios da floresta, os superlativíssimos rios da Amazônia e o impacto dos tantos navegantes por essas águas turvas e instáveis confluem para a elaboração de narrativas nas quais o Boto é um dos protagonistas dos depoimentos que envolvem sedução, traição conjugal e trapaças de todo o tipo, características essas que o aproximam do *trickster*.

É possível identificar as características do *trickster* nas narrativas sobre o encantado homem-golfinho da Amazônia, assim como em personagens míticos de outros contextos culturais, capazes de despertar paixões avassaladoras, perda de consciência, embriaguez e desvario. Dessa forma, algumas das múltiplas faces do encantado ribeirinho são refletidas em deuses gregos, como Hermes, Dionísio e Eros.

Assim como Hermes, o Boto também orienta e desorienta as pessoas, trazendo-lhes ônus e bônus. A divindade grega é também responsável por conduzir os sujeitos ao reino dos mortos e de lá resgatá-los, além de ter a capacidade de aparecer e desaparecer sempre que assim desejar. Essas características, comuns ao deus e ao encantado, muito se assemelham à imprevisibilidade das paixões ou mesmo da criatividade, que, ao emergirem de forma abrupta, podem orientar ou desorientar aqueles que por essas forças são arrebatados.

A face *trickster* do Boto também pode ser identificada no mito de Dionísio, pois, assim como o deus grego, o personagem amazônico se apresenta como errante, possibilitando a experiência do mais intenso êxtase por meio da música, da dança, da embriaguez, do entusiasmo, do sexo e da fecundidade. Assim como ocorre com a divindade grega – que, apesar das perseguições de seus inimigos, segue seu percurso pelas florestas na companhia de muitas mulheres –, o Boto continua transitando "anfibiamente" entre as águas e a terra, em busca de festas, música, dança e sensualidade, e agindo com violência ou ardil contra quem dele se desagrada.

A imagem do Boto também pode ser refletida no deus Eros, divindade do amor, arqueiro que com suas setas envenenadas desperta paixão e alteração da consciência. Merece atenção o fato de uma das expressões do encantado ocorrer por meio da "flechada de bicho", em que as vítimas desse fenômeno manifestam dores e sentimentos intensos e ambivalentes.

Para Bernardo (2009), os instrumentos do deus do amor envolvem múltiplos significados: o arco simboliza o feminino, e a flecha, o masculino; trabalhados em sintonia, favorecem a fluidez da energia amorosa, como ocorre, por exemplo, com o arco-íris, que reúne as cores primárias e secundárias sem neutralizar nenhuma delas.

O mesmo também pode acontecer em relação ao Boto, pois este encantado também favorece a relação entre mundos: o universo aquático e a terra firme. Dessa forma, o encantado transita pelos quatro elementos: a água, símbolo do feminino e do inconsciente, local em que mora; o ar, elemento masculino por onde o cetáceo realiza breves voos ao emergir da água em belos rodopios; a terra, elemento associado à consciência, para onde vai o Boto ao sair dos rios sob a forma humana; e o fogo, simbolizado pela água ardente, que Cirlot (2005) classifica como uma conjugação de opostos, como água e fogo, isto é, a soma de elementos "ativos e passivos, fluidos e mutáveis, criadores e destruidores", ilustrando assim a dança das polaridades, ou seja, um laço entre Eros e Logos, Sol e Lua, Yin e Yang.

Embora um maior aprofundamento na relação entre as características do *trickster* no Boto e nos mitos gregos de Hermes, Dionísio e Eros, bem como na entidade da umbanda Zé Pelintra, pudesse ter enriquecido o texto, impôs-se a dinâmica entre Kairós, o suave e amoroso tempo dos afetos, e Chronos, o inflexível deus das horas, alertando para o compromisso com os prazos para a conclusão deste texto. Ademais, a observação do Boto por outros ângulos poderia conduzir ou – por que não dizer? – desorientar a autora por intermináveis considerações e a uma prolixidade ainda maior, situação essa peculiar quando se evoca o *trickster*.

Assim, sem presumir a conclusão das reflexões sobre as múltiplas faces do arquétipo *trickster* identificadas no Boto, espera-se que os diálogos aqui propostos possam contribuir para novos estudos sobre o precioso acervo mítico e folclórico brasileiro.

Referências

Azevedo, C. ([1957] 1976). Filhos do Boto. In *Histórias da Amazônia*. Artenova.

Bates, H. W. (1979). *Um naturalista no Rio Amazonas*. Itatiaia.

Bernardo, P. P. (2009). *A prática da arteterapia – correlações entre temas e recursos: vol. III. Mitologia africana e arteterapia: a força dos elementos em nossa vida*. Editado pela autora.

Boechat, W. (1997). Eros e Psiché – sob o ponto de vista da individuação do homem. In W. Boechat (org.). *Mitos e arquétipos do homem contemporâneo* (2. ed., p. 113-126). Vozes.

Brandão, J. de S. (2002). *Mitologia grega* (vol. I, 18. ed.). Vozes, 2002.

Câmara Cascudo, L. da. ([1947] 2002). *Geografia dos mitos brasileiros* (2. ed.). Global.

Câmara Cascudo, L. da. ([1954] 2012). *Dicionário do folclore brasileiro* (12. ed.). Global.

Cirlot, J. E. (2005). *Dicionário de símbolos*. Centauro.

Coelho, A. C. de A. (2007). *Santa-Anna Nery: um propagandista "voluntário" da Amazônia (1833-1931)* [Dissertação de mestrado, Universidade Federal do Pará].

Douglas, M. (1976). As abominações do Levíticos. In *Pureza e perigo:*

Ensaios sobre as noções de poluição e tabu (p. 35-46). Perspectiva.

Gabini, M. S. de A., & Serbena, C. A. (2015). Exu: um *trickster* solto no "terreiro" psíquico. *Relegens Thréskeia 4*(1), 52-70.

Henrique, M. C. (2009). Folclore e medicina popular na Amazônia. *História, Ciências, Saúde 16*(4), 981-998, 2009.

Hopcke, R. (2011). *Guia para a Obra Completa de C. G. Jung* (2. ed.). Vozes.

Instituto Nacional de Pesquisas Espaciais (Inpe). (2008, jul. 1). Estudo do INPE indica que o rio Amazonas é 140 km mais extenso do que o Nilo. *Inpe*. http://www.inpe.br/noticias/noticia.php?Cod_Noticia=1501

Jung, C. G. (2011). *Obra completa*. Vozes.

Jurandir, D. ([1948] 1992). *Marajó* (3. ed.). CEJUP.

Leach, E. (1983). Aspectos antropológicos da linguagem: categorias animais e insulto verbal. In R. DaMatta (org.), *Edmund Leach* (p. 170-198). Ática.

López-Pedraza, R. (1999). *Hermes e seus filhos*. Paulus.

López-Pedraza, R. (2002). *Dioniso no Exílio: sobre a repressão da emoção e do corpo*. Paulus.

Magalhães, G. P. (2013). *Os espelhos dos rios: dimensões simbólicas da relação de gênero na lenda amazônica O Boto* [Dissertação de mestrado, Pontifícia Universidade Católica de São Paulo].

Magalhães, G. P. (2014). Travessias caboclas: relação de gênero na lenda amazônica O Boto. *Anais do VI Seminário Corpo, Gênero e Sexualidade* (p. 1930-1946). Universidade Federal de Juiz de Fora; Center Gráfica e Editora.

Magalhães, G. P. (2015). O Norte das águas em grega face: o Boto frente a Hermes. *Cadernos Junguianos 11*, 26-40.

Maués, R. H. (1998). Medicinas populares e "pajelança cabocla" na Amazônia. In P. C. Alves, & M. C. de S. Minayo (org.), *Saúde e doença:*

um olhar antropológico (p. 73-83). Fiocruz.

Maués, R. H. (2006). O simbolismo e o boto na Amazônia: religiosidade, religião, identidade. *História Oral 9*(1), 11-28.

Maués, R. H., & Villacorta, G. M. (2004). Pajelança e encantaria amazônica. In R. Prandi (org.), *Encantaria brasileira: o livro dos mestres, caboclos e encantados* (p. 11-58). Pallas.

Motta-Maués, M. A. (1993). O ciclo biológico da mulher: menstruação e menopausa. In *"Trabalhadeiras" e "camarados": relações de gênero, simbolismo e ritualização numa comunidade amazônica* (p. 103-128). EDUFPA.

Motta-Maués, M. A. (1998). Lugar de mulher. Representações sobre os sexos e práticas médicas na Amazônia (Itapuá-Pará). In P. C. Alves, & M. C. de S. Minayo (org.), *Saúde e doença: um olhar antropológico* (p. 113-125). Fiocruz.

Otto, W. F. (2005). *Os deuses da Grécia: a imagem do divino na visão do espírito grego*. Odysseus.

Pacheco, A. S. (2009). *En el corazón de la Amazônia: identidades, saberes e religiosidades no Regime das Águas Marajoaras* [Tese de doutorado, Pontifícia Universidade Católica de São Paulo].

Penna, E. M. D. (2009). *Processamento simbólico arquetípico: uma proposta de método de pesquisa em psicologia analítica* [Tese de doutorado, Pontifícia Universidade Católica de São Paulo].

Peregrino, U. (1942). *Imagens do Tocantins e da Amazônia*.

Prandi, R., Vallado, A., & Souza, A. R. de. (2004). Candomblé de caboclo em São Paulo. In R. Prandi (org.), *Encantaria brasileira: o livro dos mestres, caboclos e encantados* (p. 11-58). Pallas.

Sanford, J. A. (1999). *Destino, amor e êxtase: a sabedoria das deusas gregas menos conhecidas*. Paulus.

Santos, E. (1987). O boto, don Juan de água doce. In *Histórias, lendas e folclore de nossos bichos*. Itatiaia.

Schüler, A. (2002). *Dicionário enciclopédico de teologia*. Ulbra.

Vasconcellos, C. de M. (2006). O papel dos museus na divulgação da arqueologia no Brasil. In M. Callia, & M. F. Oliveira (org.), *Terra Brasilis: pré-história e arqueologia da psique*. Paulus.

Veríssimo, J. (1970). *Estudos amazônicos*. Universidade Federal do Pará.

Yamã, Y. (2005). *Urutopiag: a religião dos pajés e dos espíritos da selva*. São Paulo: Ibrasa.

Zacharias, J. J. de M. (1998). *Ori Axé: dimensão arquetípica dos orixás*. Vetor.

Zacharias, J. J. de M. (2010). *O compadre: uma análise psicológica de Exu*. Vetor.

9 Salve a malandragem! Zé Pelintra, o malandro brasileiro

Irene Gaeta e Leonardo Tondato

Seu doutor, seu doutor
bravo senhor
Zé Pelintra chegou
bravo senhor
com os poderes de Deus
bravo senhor
Zé Pelintra é ele
bravo senhor
Na rua da Macacheira
7 pembas se fechou
com a fumaça contrária
que Zé Pelintra mandou
Seu doutor…
Tava um cego dormindo
um aleijado sentado
quem mexer com Zé Pelintra
ou tá doido
ou tá danado
Autor desconhecido

Zé Pelintra, famosa entidade cultuada nos terreiros de umbanda, candomblé, jurema e catimbó no Brasil, chamado carinhosamente de "Seu Zé", é uma figura que retrata a malandragem. Muitas são as versões de suas histórias, contadas primeiramente de maneira oral e, na atualidade, disponíveis em *sites* sobre as religiões afro-brasileiras. Todavia, a tradição oral não foi perdida, e uma das versões (aqui escolhida) é contada a seguir.

José Emerenciano nasceu em Pernambuco, filho de uma escrava forra com seu ex-dono, e teve algumas oportunidades na vida. Trabalhou em serviços de gabinete, mas não suportava a rotina. Estudou pouco, pois não tinha paciência para isso. Gostava mesmo era de farra, bebida e mulheres, não uma ou duas, mas muitas. Houve uma época em que estava tão encrencado em sua cidade natal, que teve que fugir e tentar novos ares. Foi assim que Emerenciano surgiu na Cidade Maravilhosa. Sempre fiel aos seus princípios, está claro que o lugar escolhido havia de ser a Lapa, reduto dos marginais e mulheres de vida fácil na época. Em pouco tempo passou a viver do dinheiro arrecadado por suas "meninas", que, apaixonadas pela bela estampa do negro, dividiam com ele o pouco que ganhavam com o suor de seus corpos. Não foram poucas as vezes que Emerenciano teve que enfrentar marginais em defesa daquelas que lhe davam o pão de cada dia. E que defesa! Era impiedoso com quem ousasse atravessar seu caminho.

Carregava sempre consigo um punhal de cabo de osso, que dizia ser seu amuleto, e com ele rasgara muita carne de bandido atrevido, como gostava de dizer entre gargalhadas nas mesas dos botecos de sua preferência. Bebia muito, adorava o álcool, desde a cachaça mais humilde até o uísque mais requintado. E em diversas ocasiões suas meninas o arrastaram praticamente inconsciente para o quarto de uma delas. Contudo, era feliz, ou dizia que era, o que dá quase no mesmo. Até que conheceu Amparo, mulher do Sargento Savério. Era a visão mais linda que tivera em sua existência. A bela loura de olhos claros deixava-o em êxtase, apenas por passar em sua frente. Resolveu mudar de vida e partiu para a conquista da deusa loura, como costumava chamá-la. Parou de beber – em demasia, claro! Não era homem também de ser afrouxado por pessoa alguma, e uns golezinhos aqui e ali não faziam mal a ninguém.

Dispensou duas de suas meninas. Precisava ficar com pelo menos uma, o dinheiro tinha que entrar, não é? Julgava-se então o homem perfeito para a bela Amparo. Começou a cercar a mulher, que jamais lhe lançara um olhar. Aos amigos, dizia que ambos estavam apaixonados e já tinha tudo preparado para levá-la para Pernambuco, onde viveriam de amor. Aos poucos a história foi correndo, apostas se fizeram, e uns garantiam que Emerenciano, porreta como era, conseguiria seu intento. Outros duvidavam, já que Amparo nunca demonstrara nenhuma intimidade, por menor que fosse, que justificasse a fanfarronice do homem.

O pior tinha que acontecer, cedo ou tarde. O sargento foi informado, pela mulher, da insistente pressão a que estava submetida. Disposto a defender a honra da esposa, marcou um encontro com o rival. Emerenciano ria, enquanto dizia aos amigos: "É claro que vou, ele quer me dar a mulher? Eu aceito! Vou aqui com meu amigo..." E mostrava seu punhal para quem quisesse ver. Na noite marcada, vestiu-se com seu melhor terno e dirigiu-se ao botequim onde aconteceria a conversa. Pediu uísque, não era noite para cachaça, e começou a bebericar mansamente. Confiava em seu taco e muito mais em seu punhal. Se fosse briga o que ele queria, ia ter. Ao esvaziar o copo, ouviu um grito atrás de si: "Safado!" Levantou-se rapidamente e virou-se para o chamado. O tiro foi certeiro. O rosto de Emerenciano foi destroçado, e seu corpo caiu num baque surdo. Recebido no astral por espíritos em missão evolutiva, logo se mostrou arrependido de seus atos e tomou seu lugar junto à falange de Zé Pelintra. Com a história tão parecida com a do mestre em questão, outra linha não lhe seria adequada. Hoje, trabalhador nos terreiros na qualidade de Zé Pelintra, diverte e orienta com firmeza a quem o procura. Não perdeu, porém, a picardia dos tempos de José Emerenciano.

Na história de Zé, percebe-se o gosto pela farra, pelo jogo, pela bebida e pelos prazeres da vida. Sua vestimenta é sempre um paletó de linho branco, calça acompanhada, gravata e lenço vermelhos, além do conhecido chapéu-panamá – eis, então, a imagem do malandro. Tal contexto em que Zé Pelintra está localizado é o das primeiras décadas do século XX, quando a malandragem era comum e os artistas eram também considerados marginais. Esse é o cenário de Seu Zé, o malandro que passou pelo processo de transformação, considerado o malandro sagrado. Sobre essa questão, Macedo (2009) afirma:

> Zé era habilidoso no uso da navalha, brigava por justiça e só trapaceava quem ele acreditava ser "merecedor". Foi assassinado, provavelmente por algum desafeto. Ainda segundo alguns religiosos, como forma de se "refazer" de seus pecados e obter a evolução espiritual, Zé Pelintra passou a "trabalhar" na linha de umbanda (e quimbandai, dependendo de alguns terreiros), trazendo mensagens de auxílio principalmente àqueles que procuram se livrar de situações difíceis. Mantendo nos terreiros suas características e linguajar típicos, Zé Pelintra é a representação da figura de malandro tão característico dos frequentadores da vida noturna das periferias urbanas.

A figura de Pelintra surge como contramão dos costumes morais e típicos de uma época em que a família e os "bons comportamentos" eram prezados – e, por que não pensar, era contra a moral cristã, uma vez que Seu Zé era, também, poligâmico. Sobre a questão da moral *versus* a vadiagem e a malandragem, Macedo (2009) afirma:

> E dessa forma, figuras como Zé Pelintra e tantos outros que se opuseram a essas regras, que formaram suas personalidades e conduziram suas vidas de modo tão diferente dos demais, geraram uma forma de vivenciar suas experiências e ações, provocando uma visão maniqueísta da sociedade sobre seus modos de viver. É a boa conduta e a vida familiar *versus* a má conduta, a vida promíscua, "fácil" e desregrada, vivenciadas por muitos boêmios, artistas, trabalhadores e amantes da vida noturna, onde, através dos restaurantes, cabarés e botequins, trocam experiências, formam espaços de sociabilidade, produzem seus trabalhos, sejam artísticos, de utilidade pública e mesmo braçais. E no contexto dessa rotina, os comportamentos, opiniões, atitudes e ideologia são formados, posicionando-se na contramão da ideologia e concepções das grandes massas, pois enquanto para muitos certos comportamentos são abomináveis, para essas pessoas são aceitáveis e praticáveis, seja pela sua ideologia, ou simplesmente para manter sua sobrevivência. É um universo cultural com características peculiares e personalidade própria que se forma.

Cabe pensar nesta figura, não somente como única, mas também arquetípica, uma vez que Zé Pelintra, através de suas características, não remonta somente a um indivíduo, mas sim pode-se pensar em vários "Zés" que habitam o Brasil afora, cultivando o gosto pela boemia, o jogo, mulheres e a vida sem trabalhar, porém são justos à sua maneira, é o que ressalta Pimentel (2011b, p. 2):

> Assim sendo, entendemos que Zé Pelintra era (ou poderia ser) mais do que um agente individualizado, correspondendo, em realidade, a uma categoria social que abarcava um contingente considerável de indivíduos. O termo genérico "Zé" é aplicado a quase todos os malandros, como homogeneização, ou massificação. É uma evidência de que a população pobre e marginalizada se confunde por sua própria miséria. "Pelintra", da mesma maneira, abrange uma diversidade de situações, significando, desde o século XVIII, o indivíduo que busca legitimidade se fazendo passar por outro de camada social mais elevada; "assume claras feições de pobre que não conhece o seu lugar" e "acaba proclamando, em vez da ascensão social, a irremediável sina da ralé". Talvez, ainda hoje, não se identifiquem como classe – organizada e combativa –, mas se espelham numa mesma situação de desamparo e luta contra a opressão econômica ou racial. Todos são pobres, todos são "Zés".

O fato é que José Pelintra está presente no cenário nacional, funcionando como *trickster* brasileiro, permeando o imaginário do país. Como *trickster*, as travessuras de Zé são divertidas e também malignas. Cabe lembrar que essa figura se aproxima do herói; porém, com suas travessuras e traquinagens, consegue feitos que outros heróis não conseguem, e de forma mais habilidosa. Sobre a questão do *trickster*, Fernandes (2005, p. 28) versa:

> Sendo assim, Jung vai falar que o *trickster* está presente em várias culturas aparecendo de diversas formas, seja na festividade do carnaval, seja nos rituais de cura e magia ou contos picarescos. Estaria então esta figura presente sob a forma de um "psicologema", ou seja, "uma estrutura psíquica arquetípica antiquíssima".

É importante pensar que, de maneira antagônica, o *trickster* subverte a ordem, revelando a faceta inconsciente, a sombra social. O *trickster* é visto como um estágio primitivo de consciência (referindo-se a estágios elementares e primórdios de consciência), que vai se desenvolver a partir de ciclos, rumando de grande estágio de inconsciência para atos conscientes e sensatos no "fim" de tal desenvolvimento.

Cabe pensar na umbanda, simbolicamente, como a religião dos excluídos, que a todos abarca, uma vez que os espíritos cultuados por ela são estigmatizados, como: os marinheiros, representando o preconceito com essa classe; o preto-velho, que além de ser velho é preto, representando o preconceito contra o negro e o velho, consideradas classes improdutivas; os baianos e boiadeiros, como representantes dos residentes do Norte e do Nordeste; o exu, como malandro ou como o sincretismo com o Diabo católico. A umbanda mostra o hibridismo religioso e cultural do Brasil, representando este não como um país uniforme, mas sim como um país com uma multiplicidade de raças, etnias, culturas e manifestações culturais, como afirma Silva (2012, p. 1109-1110):

> A mestiçagem não apenas gera seres "híbridos" biologicamente, mas também os faz "híbridos" culturalmente. Desejo, repulsa, fascínio pelo exótico e medo do feitiço são alguns dos sentimentos que estes "corpos híbridos" passaram a despertar na sua condição simultânea de marginais sociais (como o Zé Pelintra e a Pombagira) e de reconhecidos agentes da transformação do mundo por meio de um suposto e privilegiado manuseio de "ferramentas mágicas". Imagens de seres "meio a meio" fornecem, portanto, uma boa metáfora de uma sociedade que se vê como resultante do trânsito transatlântico de corpos e culturas que modelaram um mundo unido e dividido, único e múltiplo. É, pois, na capacidade de interagir ou dividir, de provocar o consenso ou o dissenso, de juntar os opostos ou separar os pares, de obedecer ou subverter as regras que Exu, em suas inúmeras faces, exprime o seu poder no Brasil.

José traz conforto e amparo, sendo conselheiro e orientando sobre questões relativas ao jogo, à pobreza, ao amor e mais diversas decisões ou aspectos das "ruas" da vida, como afirma Benedito (2006, p. 245):

> Em parceria com Tranca Ruas, Zé Pelintra redimensiona a gira de exu, ao contrário do ambiente soturno e obscuro da gira tradicional, Seu Zé traz consigo um novo elemento performático ao ambiente umbandista, na medida em que incorpora os valores sociais mais comuns às classes menos favorecidas.

Lima (2014, p. 44) defende o seguinte:

> Fundamentando-se em inúmeros estudos a respeito do processo de formação da sociedade brasileira, constatou-se que Zé Pelintra, entidade exclusivamente da umbanda, identifica-se com o modo de constituição do povo brasileiro, ou seja, essa entidade, na sua origem, representa cada uma das etnias que formam o Brasil, a saber: a indígena, a africana e a europeia.

Falar de Seu Zé é falar da multiplicidade que é o brasileiro. Sua própria simbologia é múltipla, como acrescenta Lima (2014, p. 54):

> Esse guia surge concomitantemente com a Umbanda, razão pela qual alguns umbandistas insistem em afirmar que Zé Pelintra é uma entidade exclusivamente da Umbanda. Além disso, Zé Pelintra é uma figura de múltiplos aspectos contraditórios. Ora é mestre, ora é exu, ora figura como carioca da gema, ora como pernambucano, ora aparece como sertanejo, ora como frequentador da Lapa, ora reside nos morros do Rio de Janeiro, ora participa da alta sociedade carioca. Enfim, este é Zé Pelintra, uma personagem multifacetada, de características ambíguas e identificada com o modo de ser do povo brasileiro.

No Nordeste, onde seu culto está muito presente, Zé Pelintra tem fama de curandeiro, sendo considerado "doutor", como em sua cantiga, inserida no começo deste capítulo. Cabe ressaltar que Zé é, também, protetor dos menos favorecidos e das prostitutas, provavelmente por entender o sofrimento das pessoas, tendo ele mesmo passado por adversidades, como menciona Lima (2014, p. 76-77):

> Zé Pelintra transfigurou-se no Rio de Janeiro, virando o malandro carioca. É assumidamente ladrão, trapaceiro e marginal. É por isso que ele é confiável. Situa-se de imediato nos interstícios do poder institucional. Sua lei é driblar a lei. A narrativa de Zé Pelintra mistura religiosidade, história e mitologia. Além disso, auxilia também no fortalecimento de um ideário sobre a malandragem difundido por meio dos "pontos" cantados. Como herói mítico que é, Zé Pelintra permanece vivo até hoje no imaginário coletivo do povo brasileiro.

Seu Zé funciona como um "herói trapaceiro", invertendo a ordem, agindo contra a lei, porém para proteção dos mais pobres e necessitados, atuando como uma espécie de Robin Hood. No entanto, representa uma figura sacralizada, uma vez que foi assimilado pela umbanda e por outras religiões afro-brasileiras, passando pela sombra, desenvolvendo-se e assumindo um caráter numinoso, podendo ser pensado também como manifestação do Self. A respeito da questão da sacralização de Zé Pelintra, é preciso assinalar que Zé Pelintra é um malandro que, pouco a pouco, foi sacralizado. É alvo de culto em distintas manifestações religiosas do campo afro-brasileiro, tem uma grande gama de devotos e seguidores e é cultuado em diversas religiões, como o catimbó e a umbanda. E o fato de ser cultuado em modalidades religiosas marcadas pela centralidade da possessão impõe a Zé Pelintra inúmeras peculiaridades – eis as encruzilhadas de caminhos, aqui vistas enquanto possibilidades através da figura de Sr. José Pelintra. Em outras palavras, no terreiro ele é um malandro que morreu, transformou-se em espírito, ascendeu à condição de entidade espiritual que pode trabalhar para o auxílio do próximo e "baixa" na Terra para fazer algo em benefício dos seus protegidos. Se, por um lado, ele é pensado como um malandro, tipo nacional marcado e até datado, por outro é invocado enquanto "companheiro" espiritual dotado de atribuições no tempo presente. Aí está, então, a dualidade de Zé Pelintra.

Simbolicamente, essa figura traz das "ruas" da vida o substrato para a resolução das problemáticas, podendo a rua ser pensada como as "encruzas" da vida, ir até a sombra e, de lá, trazer a solução criativa para a resolução de questões e conflitos. Em seu caráter de Exu, Zé Pelintra se assemelha ao Hermes grego e ao Mercúrio romano. No seu aspecto *trickster*, assemelha-se ao palhaço ou ao bobo da corte, trazendo consigo sapiência e vivacidade inconsciente, "adentrando" os palácios internos e, assim, tendo noção de tudo que ocorre na vida do reino, usando suas brincadeiras e estripulias para divulgar a verdade "escondida".

O Sr. Zé Pelintra é aquele que é capaz de grandes feitos auxiliando assim psiquicamente na inversão do fluxo da energia psíquica, a enantiodromia. O lugar do imaginário dos devotos, onde tudo é possível, o amigo Zé ou então compadre Zé (assim chamado carinhosamente) é o lugar de sua atuação. Ele pode realizar todos os feitos, incluindo converter o ateu e fazer o aleijado andar, tal como é dito em mais uma de suas cantigas, esta de Paulo Galrão:

Eta, eta, eta
Que coisa medonha danada
Que fez seu Zé Pelintra
Numa noite enluarada
Fez a pedra pegar fogo
O ateu beijar a cruz
Aleijado dançar mazuca
Fez o cego ver a luz

Novamente percebe-se o caráter *trickster* de José Pelintra, aquele que é o malandro, sim, mas que atua auxiliando as pessoas em suas questões, tornando-se malandro divinizado, sacralizado. Quanto ao seu aspecto de pregador de peças, Balieiro et al. (2015, p. 300) afirmam:

> A divindade *trickster* quebra as regras dos deuses ou da natureza, às vezes de forma mal-intencionada, mas, normalmente, ainda que de forma involuntária, em última análise, com efeitos positivos. Frequentemente, a quebra das regras toma a forma de um "truque" (daí o termo *trickster*, que significa "pregador de peças").
>
> Para Jung, o *trickster* é tanto uma figura mítica como uma experiência psíquica interna. Onde e sempre quando aparece, e mesmo se exteriormente inexpressivo, traz a possibilidade de transformar o sem-sentido em significativo. Simboliza a propensão à enantiodromia, revelando mais uma faceta de Exu como ponte entre os opostos.

É justamente aí um dos lugares de Zé Pelintra, na ponte entre os opostos, simbolicamente auxiliando o indivíduo naquilo que ele não quer ou não consegue ver, para que o indivíduo consiga olhar melhor para si, na grande tarefa que é tornar-se si-mesmo. Aqui se fala em individuação, processo central na obra de Jung, em que o indivíduo pode se tornar si-mesmo.

Tal processo passa por etapas e se inicia no nascimento, indo até a morte. Cabe lembrar que a individuação é um processo contínuo, e não uma meta a ser atingida, como em um pódio.

No processo de individuação, segundo Whitmont (2002), é necessário que o indivíduo entre em contato com aspectos do inconsciente pessoal, que é reprimido em função de um ego ideal. Quando o indivíduo entra em contato com aspectos do seu inconsciente pessoal, ou seja, com o que não vê ou não consegue ver, pode integrar aspectos à consciência, e, assim, há possibilidade de desenvolvimento.

Sobre a questão do psicopompo, Balieiro et al. (2015, p. 297) dizem:

> Para conseguir andar por esse território, o terapeuta (guia, mestre, xamã, orixá) é de grande auxílio. O papel do terapeuta no processo terapêutico é o de auxiliar o nascimento de um novo significado de algo que é desconhecido e incompreensivo. Isto porque o terapeuta estabelece uma ponte simbólica entre o consciente e o inconsciente do paciente. Para isto, tanto o terapeuta como o paciente devem seguir a direção do inconsciente. É nessa "ponte simbólica", nessa direção, que o terapeuta oferece, no processo terapêutico, a função do psicopompo.

Como já dito, o malandro aqui se torna o amigo leal e confidente, aquele que ouve todas as mazelas de seus devotos com carinho e lhes acolhe de maneira amorosa e afetiva, promovendo reflexões e ensinamentos, fazendo com que a própria pessoa possa se escutar, podendo ser considerado pai/mãe em uma de suas múltiplas faces, um *trickster* multifacetado. É ele quem ensina e protege os devotos nos momentos de dificuldade e promove a reflexão, para posterior ampliação de consciência, trazendo, dos aspectos inconscientes e sombrios, nova vida para a consciência, agora mais responsável por si após as lições, e também mais integrada. Tais feitos de José são mencionados na seguinte cantiga:

> Oi Zé, oi Zé, oi Zé, oi Zé (2x)
> Seu Zé Pelintra é meu pai e minha mãe,
> amigo pro que der e o que vier
> Quando eu caio, ele me ensina a levantar
> Quando eu levanto, ele me ajuda a caminhar
> Seu Zé, camarada e irmão, você mora dentro do meu coração
> Seu Zé, meu mestre e professor, me ensina toda a cartilha do Amor
> Oi Zé, oi Zé, oi Zé, oi Zé
> Salve o Seu Zé nas 77 linhas
> Advogado, ele conhece a Lei
> Na linha das almas, carinho e sabedoria
> Na linha do trem, abre o caminho do bem
> No catimbó, esse mestre é bom que só;
> Na malandragem ele vive a vida
> Se a banda vira, o Seu Zé também está aí,
> com a proteção que não nos deixa cair
> Oi Zé, oi Zé, oi Zé, oi Zé
> Assim caminho na aba do seu chapéu
> De pouco em pouco, aprendendo a ser feliz
> Pois ele é mestre na psicologia
> Na lei dos homens e na arte da magia
> Mas é no amor e no perdão que ele nos dá a verdadeira lição
> E é por isso que sou seu trabalhador, de corpo e alma na Seara do Amor
> Oi Zé, oi Zé, oi Zé, oi Zé

Sr. José Pelintra pode ser considerado um psicopompo, e o psicopompo é justamente alguém ou algo com função de guiar.

Como visto nessa canção, é ele quem ensina a levantar e também auxilia a caminhar, tal como um psicopompo que ajuda o indivíduo em sua jornada através do confluir da vida.

No papel de sacralização do sagrado, Pelintra traz a memória da categoria social. Ele é sagrado por ter fama de doutor, fama conseguida após sua morte e depois de sua memória e seus feitos serem considerados imortalizados. Tem fama de curandeiro, como já dito, que o aproxima da imagem de "médico dos pobres". No popular, sua fama é reconhecida como a de "rezador" ou "nego rezador". A fama de doutor é reafirmada pelos cultos, onde também é considerado e chamado de "mestre". A prática religiosa reafirma a sua fama e confirma *seu* status. A respeito da questão de ser "doutor", Pimentel (2011a, p. 448) explica:

> Ser doutor na época tanto da vida de Zé Pelintra, quanto na contemporânea de seu retorno, tem um alto significado associado com a detenção de conhecimentos que o elevam na posição social, diferenciando daqueles que não sabem ler ou escrever, e "por isso são pobres ou coisa e tal..." Aqui, doutor assume a forma de "médico", ou melhor, de detentor de conhecimentos similares aos de um médico que permitem praticar a cura. Esta cura, no entanto, não é por meio de intervenções cirúrgicas ou medicamentosas, mas pela reza.
>
> Com efeito, "doutor", no nosso caso, é um atributo. É uma formalidade, uma respeitosidade atribuída àqueles que estão "um degrau acima" no extrato social. Um patrão pode ser um doutor, assim como um letrado, um político, ou o indivíduo que acabara de entrar num restaurante caro, independente de suas formações acadêmicas. Ser "doutor" é o que separa o indivíduo da pessoa, como aponta DaMatta (1997). Estar falando com um doutor é saber com quem se fala. Um doutor não é qualquer um.

Nos cultos, toda a diversidade de adeptos e participantes, até os antes conservadores, mantenedores da moral e da ética, respeita Seu Zé. Agora, sua posição de doutor faz com que seja obrigação o respeito a seu título. O negro, boêmio agora é reconhecido, sem abandonar o seu passado, apenas ressignificando-o.

O caráter profano de José, via integração em novos espaços sociais, é então transformado pela sacralização, como afirma Pimentel (2011a, p. 449):

> Zé Pelintra ocupa, desta feita, um espaço sagrado que impõe uma série de relações interpessoais diferentes daquelas que se operavam na sua existência profana. Este novo espaço, para este novo homem, ou melhor, este novo homem neste novo espaço, subvertera a ordem imposta por uma parcela da sociedade, e estabelecera uma nova aproximação com o personagem, que enfim, contribui para a reatualização do mito de Zé Pelintra, e de modo análogo, para a dos malandros. Contribui ainda para a transformação que a realidade pretérita do tipo social do malandro sofre, criando um nicho confuso, antagonizado por uma gama de indivíduos que tem impressões particulares acerca do impacto social protagonizado pelos diversos segmentos polares dos malandros, impedindo que se tenha uma referência hermética acerca do agente histórico.

A sacralização de Zé passa pela esfera da crença, da fé, transformando-o em malandro sagrado ou malandro divino, como ressalta Pimentel (2011b, p. 13):

> A simples transformação sacralizante do personagem não surtiria efeito se não coadunasse com a aceitação por parte dos fiéis. Zé Pelintra – e os malandros a reboque – completaram sua transformação e estão prestes a assumir o sagrado através de sua manifestação espiritual nos cultos.

> É a consciência do término de sua jornada que implica aos fiéis (aos que entendem e repassam seu mito) dotar o personagem de um caráter sagrado que se dá, basicamente, pela fé, pela crença. Para aqueles que o cultuam, essa reordenação e ressignificação da *persona* do malandro, aqui indicada como sendo fruto de uma modificação do comportamento, capitaneada pela "Lei de Umbanda", ou pelos mecanismos do Catimbó, são as possibilitadoras de crédito ao personagem. O malandro, em vida, poderia até ser desacreditado, mas tendo, finalmente, completado sua jornada de sacralização, tornou-se merecedor de confiança, respeito e admiração. Essa confiança parte, exatamente, do atributo que o malandro sagrado adquire após sua façanha de superação da morte.

Como se pode ver, em uma cantiga (ponto) de Zé Pelintra, narra-se tal transformação (autoria desconhecida):

> Zé Pelintra,
> Zé Pelintra
> Boêmio da madrugada
> Vem na linha das Almas
> E também na Encruzilhada
> Amigo Zé Pelintra
> Que nasceu lá no sertão
> Enfrentou a boemia
> Com seresta e violão
> Hoje na Lei de Umbanda
> Acredito no Senhor
> Pois sou seu filho de fé
> Pois tem fama de doutor
> Com magias e mirongas
> Dando forças ao terreiro
> Saravá Seu Zé Pelintra
> O amigo verdadeiro.

Acerca da questão da jornada de Zé Pelintra, segundo Pimentel (2011b, p. 14), "o malandro foi 'reinventado', não como abstração, mas sim como parecer diante do julgamento da própria trajetória do(s) indivíduo(s) e da sociedade".

Esta é a trajetória de Zé Pelintra: de malandro marginalizado a malandro sagrado. Ele percorre, então, a jornada de desenvolvimento do malandro, da consciência pouco desenvolvida para a consciência ampliada, transformada, da figura do malandro marginalizado para o doutor, o sacralizado. Além dos aspectos aqui ditos, José Pelintra, homem negro, fala sobre o preconceito e o racismo, marcas profundas na sociedade brasileira. Pode-se pensar em tal aspecto como um complexo cultural brasileiro. Segundo Souza (2016, p. 72):

> A polissemia dessa imagem é um fato que não contestamos, porém, para o propósito de nossa pesquisa, uma trilha precisa ser escolhida. Direcionando nosso olhar para Seu Zé Pelintra, em sua complexidade, observamos que, de todas as entidades que habitam a Aruanda, de todas as divindades presentes no panteão umbandista, o Malandro Divino e sua falange retratam, em linguagem verbal e não verbal, diversos elementos afro-ameríndios. E o fazem, geralmente, narrando os conflitos e as tensões sociais/raciais tendo como pano de fundo o espaço urbano.

Ainda seguindo o raciocínio de Souza (2016), embora, por exemplo, na cidade do Rio de Janeiro, a população negra seja predominante, alguns lugares, tais como os bancos de universidade, têm quantidade mínima de negros. E não somente na universidade, como também nos consultórios particulares, por mais que, na clínica social, tal número seja maior. O problema racial no Brasil é um problema das classes sociais. Para Boechat (2009 como citado em Souza, 2016), existem três pontos principais para abordagem da problemática.

O primeiro deles é que a grande porcentagem da população brasileira é composta por negros ou mestiços, todavia não há reconhecimento da contribuição e da participação de tais grupos no processo de identidade e cultura brasileiras. O segundo, conforme Boechat (2009, p. 125 como citado em Souza, 2016, p. 73) é:

> A importância da definição em uma sociedade multicultural como a brasileira de uma entidade que nós chamamos Persona Racial. Como se sabe Jung define Persona de forma sintética: A Persona é um complicado sistema de relações entre a consciência individual e a sociedade de forma ideal; um tipo de máscara organizada para de um lado fazer uma impressão definitiva nos outros e por outro esconder a verdadeira natureza do indivíduo. [...] A Persona racial tem grande importância na inserção social do indivíduo em situações como o mercado de trabalho, posição que ocupará na pirâmide social e mesmo na escolha do par amoroso.

O terceiro, por fim, é a investigação do inconsciente cultural, que deve ser levado em conta ao olhar para um país ou uma região.

Ainda sobre a questão, Boechat (2014 como citado em Souza, 2016, p. 74) afirma:

> Constatado o sofrimento do período escravagista, é também observado que o fluxo de africanos para o Brasil marcou, ao longo do tempo e de maneira incalculável, nossos registros culturais. No início do século XIX a sociedade brasileira é composta, em sua maioria, por negros e mestiços. Walter Boechat descreve uma paisagem social onde as diferenças estão "aparentemente integradas", porém, já percebe que nesse período "desenvolvia-se na cultura brasileira um disfarçado racismo que denomino aqui de racismo cordial".

Tal racismo, presente na sociedade brasileira, dá a falsa impressão de integração, em que a *persona* adquiriu o lugar de *persona* racial. Defende Boechat (2014 como citado em Souza, 2016, p. 75):

> Esse tipo de racismo, particular em nossa sociedade, tem como efeito a falsa percepção sobre um movimento de integração; somado a isso, existe a complexidade multirracial presente na raiz de nossa história e intensificada no período abolicionista, "no qual o arquétipo da persona adquiriu uma feição particular que eu vou chamar de *persona racial*" (BOECHAT, 2014, p. 86, grifos do autor).
>
> Boechat argumenta que a persona racial é uma construção teórica possível na sociedade brasileira, dada a sua multirracialidade, diferente dos estadunidenses, por exemplo, que têm uma emblemática sociedade birracial. Em nossa realidade, a presença de elementos negros, indígenas, brancos e, ainda, asiáticos, pode ser percebida na multiplicidade de cor de pele, tipos de cabelo, e outras variações fenotípicas, "isto é, a persona racial".

Zé Pelintra pode também ser pensado como complexo cultural com núcleo arquetípico da figura *trickster*. Em meio à trama do imaginário e do concreto, do espírito e da carne, do malandro e do sagrado, a figura de Zé Pelintra se apresenta, com o seu chapéu e terno branco (típicos do malandro), a camaradagem e a amizade, como psicopompo dos caminhos e encruzilhadas da vida e da psique.

Encerra-se com mais uma cantiga (ponto), esta de despedida do Seu Zé (autoria desconhecida):

> Agora pro seu morro vai subir
> Meu Deus ele já vai embora
> Conversa de malandro não tem fim
> Boa noite, meu senhor
> Boa noite, minha senhora

Referências

Balieiro, C. et al. (2015). A imagem arquetípica do psicopompo nas representações de Exu, Ganesha, Hermes e Toth. *Revista de Estudos Universitários 41*(2), 295-311.

Benedito, J. C. (2006). Religiões e religiosidades populares, o conflito religioso e a simbiose de ritos e performances entre neopentecostalismo e afro-brasileiros. *Universitas Humanística 61*, 231-253.

Fernandes, I. (2005). *O arquétipo do malandro: Zé Pelintra como imagem do trickster nacional* [Dissertação, Universidade Estácio de Sá].

Lima, P. de O. P. (2014). *Os processos históricos de reafricanização e desafricanização no discurso sobre Zé Pelintra* [Tese de doutorado, Universidade Federal de Pelotas].

Macedo, L. B. (2009). Salve a malandragem! Histórias de boemia e fé na religiosidade e na musicalidade afro-brasileira. *Anais do IV Congresso Internacional de História* (p. 2373-2382). Universidade Estadual de Maringá.

Pimentel, P. G. (2011a). O processo de sacralização do malandro e a ressignificação da personalidade histórica. *Mneme 12*(29), 435-463.

Pimentel, P. G. (2011b). Zé Pelintra, "doutor" de Umbanda: a sacralização pela titulação. *Revista Brasileira de História das Religiões 3*(9), 1-15.

Silva, V. G. da. (2012). Exu do Brasil: tropos de uma identidade afro-brasileira nos trópicos. *Revista de Antropologia 55*(2), 1085-1114.

Souza, A. L. de (2016). Aspectos psicológicos do Zé Pelintra na cultura do Rio de Janeiro [Dissertação de mestrado, Universidade Federal Rural do Rio de Janeiro].

Whitmont, E. C. (2002). *A busca do símbolo: conceitos básicos de psicologia analítica*. Cultrix.

10 Losangos, descidas e artimanhas

Pablo Picasso e as peripécias do Arlequim

Davi de Almeida Lira e Walter Mello

Introdução

A obra de Pablo Picasso é uma das mais emblemáticas da história da arte. É evidente o seu reconhecimento e destaque na pintura do século XX. Mas a originalidade do artista se faz presente também em escultura, poesia, dramaturgia, colagem e cerâmica. Seu nome está diretamente associado, de maneira geral, ao modernismo e, mais especificamente, ao cubismo. Suas obras estão presentes em vários países, compondo o acervo de museus e de coleções particulares. Mesmo que não tenhamos a oportunidade de ver essas obras pessoalmente, temos amplo acesso a essas imagens, que se espalharam pelo mundo através de catálogos de exposição, livros e revistas de arte, publicações populares, programas de televisão e, em momento mais recente, no infinito da internet. Assim, compomos nosso *museu imaginário* (Malraux, 1999) com o azul do funeral de Casagemas, os sempre presentes saltimbancos, o cubismo inicial das jovens de Avignon, a dor de uma mulher que chora, um gato que caça um passarinho, o domínio que uma simples menina exerce sobre um Minotauro, a imensa destruição do vilarejo espanhol, os poucos traços que compõem a pomba da paz, enfim, todos esses e muitos outros *Picassos* que constituem a obra daquele que é considerado "o artista mais influente da primeira metade do século XX" (Read, 2001, p. 150).

As pinturas de Pablo Picasso são apresentadas, sem variação, em períodos com temáticas regulares, tais como: (1) fase azul, de 1901 a 1904, marcadamente melancólica e com temas sociais, permeada por figuras de prostitutas e representações da pobreza, como pedintes descalços e esfomeados; (2) período rosa, de 1904 a 1906, mais idílico, com forte caracterização de artistas circenses e no qual começa a se desenrolar o tema do Arlequim; (3) em seguida, Picasso começa a estudar a arte de povos africanos e da Oceania, criando as condições necessárias para a elaboração de pinturas baseadas na fragmentação do espaço pictórico e na simultaneidade de perspectivas, com estrutura autônoma, totalmente diversa do mundo empírico (Whalter, 2001). A pintura que marca a origem dessa fase, denominada cubista, é a inacabada obra pré-cubista *Les demoiselles d'Avignon*, de 1907. De acordo com Giulio Carlo Argan (2013, p. 422), trata-se da "primeira ação de ruptura" na história da arte moderna.

A obra causou um estranhamento e provocou reações de horror e de repulsa até nos mais fervorosos apoiadores do pintor. Assim, a pintura foi, inicialmente, rejeitada pelo poeta Guillaume Apollinaire e pelo pintor Georges Braque. Os dois alegaram que, ao verem essa obra de ruptura, foram tomados por um sentimento de terrível solidão. Mas em pouco tempo abandonaram a postura reticente, e Braque se tornou parceiro de Picasso na criação do cubismo (Whalter, 2001). O quadro *Les demoiselles d'Avignon* é a marca inaugural de um período exploratório na produção de Pablo Picasso, em que cada tela "revelava novas possibilidades, novas variações do idioma dominante" (Read, 2001, p. 148).

Picasso tem uma obra tão diversa que chega a ser difícil a sua categorização. De acordo com Herbert Read (2001), as periodizações e nomeações que lhes são conferidas devem ser efetuadas com cautela, pois não se encontra nelas a restrição a um estilo único. Ao contrário, cada vez mais Picasso modificava e reorganizava suas técnicas e seus estilos: retornou ao realismo que marcara seus primeiros trabalhos, avançou para novas composições do cubismo e se dedicou à escultura. Tal qual o espírito mercurial do Arlequim, saltitante e fugidio, Picasso não se deixa capturar e sempre escapa.

Essa obra que causa assombro teve a sua primeira retrospectiva no ano de 1932, no Kunsthaus, em Zurique. A princípio, as 460 obras ficariam expostas de 11 de setembro a 30 de outubro. A exposição, no entanto, foi estendida por mais duas semanas, sendo visitada por mais de 30 mil pessoas (Mijuk, 2010; Richardson, 2007a). Na ocasião, a revista *Neue Züricher Zeitung* fez um convite a Carl Gustav Jung para que elaborasse um comentário psicológico sobre a exposição. As obras de Picasso causaram forte impressão em Jung, e logo após o encerramento da exposição, no dia 13 de novembro de 1932, foi publicada a revista com o artigo de Jung, intitulado "Picasso" (OC 15, § 204-214), causando grande controvérsia.

As palavras de Jung já haviam causado polêmica em seu ensaio sobre o *Ulisses* de James Joyce, publicado no mesmo ano (OC 15, § 163-203). Nas duas situações, isso se deve ao fato de ele utilizar exemplos de casos clínicos e terminologia médica, mais especificamente psiquiátrica. Em relação às obras de Picasso, Jung efetua uma diferenciação entre dois grupos de pacientes – neuróticos e esquizofrênicos –, tendo como parâmetro as pinturas e os desenhos que produziam. Essas obras receberam as mesmas denominações. As obras neuróticas apresentavam disposições mais harmoniosas, enquanto nas obras esquizofrênicas predominava a *fragmentação*, causando sentimentos perturbadores em quem as contemplava. A partir dessa diferenciação, Jung posiciona a arte de Picasso como pertencente ao segundo grupo.

Não seguiremos essa via argumentativa, mas outra, apresentada pelo próprio Jung (OC 15): a arte, como um processo de criação, tem um substrato anímico. Entre as obras vistas por Jung na exposição de 1932, dois aspectos mereceram especial atenção: o azul profundo de algumas pinturas e as variadas imagens do Arlequim (com os losangos da roupa e as típicas artimanhas). Esses aspectos são correlacionados ao crescente afastamento dos objetos empíricos que as pinturas apresentam e ao caráter eminentemente simbólico das obras. A articulação entre todas essas características apontam para dois fenômenos diversos, mas que podem se apresentar de maneira intimamente correlacionada: Nekya (a invocação dos mortos) e Katábasis (a descida ao mundo dos mortos). Enfim, os variados aspectos apresentados pelo Arlequim – entretenimento, diversão, sedução, estranheza e luxúria – são acompanhados por Jung como uma série de imagens, disposta de maneira cronológica, evidenciando o caráter coletivo de uma produção em íntimo contato com aspectos do campo inconsciente.

O Arlequim e a Commedia dell'Arte

A origem do Arlequim está ligada à tradição teatral europeia da Commedia dell'Arte. Trata-se de uma forma popular de teatro que surgiu no século XVI, alcançou enorme sucesso e se espalhou por toda a Europa até o século XVIII. Essa forma de expressão artística foi "construída sobre bases teatrais não canônicas e extraliterárias" (Freitas, 2008, p. 66). Esses atores nômades criavam personagens-modelo – com os tipos cômicos mascarados e o casal enamorado sem máscara – e, a partir de cenários pré-estabelecidos e estruturas de ações e de roteiro, enfatizavam a improvisação, o canto, a dança e as acrobacias, realizando as apresentações em palcos a céu aberto (Carmean, 1980; Chaffee, & Crick, 2015).

A Commedia dell'Arte foi se formando a partir da confluência de diversas manifestações populares regionais. Assim, foram criados personagens típicos que sintetizavam "atitudes psicológicas e sociais" (Freitas, 2008, p. 69). No fim do século XVI, o elenco da Commedia dell'Arte era geralmente composto por dois cavalheiros, um casal de amantes, uma empregada, dois serviçais e alguns personagens ocasionais (Carmean, 1980). Dessa base, surgiram algumas personagens com características mais específicas – por exemplo, da típica empregada nasce a Colombina, com "seus modos graciosos, sua agilidade corporal e sua esperteza na parceria das tramas" (Freitas, 2008, p. 71).

Carmean (1980) explica que essa apropriação mais individualizada da personagem pela nomeação e pela criação de uma identidade visual própria era realizada por companhias particulares ou por alguns atores de maneira individual. Nessa lógica, é apontado o surgimento da personagem Arlequim. Sua gênese é costumeiramente ligada ao ator Tristano Martinelli, que, com seu irmão, deu o nome e as vestes coloridas à personagem que tem como base um dos serviçais. A criação do Arlequim faz parte, no entanto, de uma longa tradição de atores que representaram esse papel. Assim, não pode ser resumida apenas ao ato dos irmãos Martinelli, que tiveram o mérito de reunir e sintetizar os vários elementos que se encontram enraizados no imaginário coletivo (Bottini, 2015).

O Arlequim é, portanto, o refinamento de uma imagem elaborada coletivamente na tradição do teatro europeu. Essa figura evoluiu de um desajeitado e considerado estúpido serviçal para uma ardilosa, travessa e maquiavélica personagem que permanece popular até os dias de hoje (Bottini, 2015). Foi essa imagem que chegou a Picasso e está em diversas de suas pinturas. O tema da trupe de andarilhos perpassa toda a fase rosa de Picasso em sua caracterização dos saltimbancos e adentra o cubismo (Carmean, 1980).

A série de imagens de Picasso

Em 1901, após uma decepção amorosa, Carlos Casagemas se suicidou. A morte do amigo fez com que Picasso passasse a pintar telas em tons de azul, e a primeira dessas obras foi exatamente *La mort de Casagemas* (1901a). Picasso, por um lado, retratou o amigo em outras obras sobre a morte, como *Evocation* (1901b), que representa o funeral de Casagemas; por outro lado, Casagemas reaparece em pintura sobre a vida, especificamente na tela *La vie* (1903a), em que Carlos Casagemas é retratado junto com Germaine Pichot, sua amada, ela nua e ele coberto por um pequeno pano (Whalter, 2001). O tema da morte é um aspecto crucial do período azul e atravessa, mesmo que indiretamente, boa parte de suas obras posteriores.

Ainda na fase azul, Picasso começou a pintar a pobreza e a solidão. Imagens como a família de pés descalços e de aspecto esfomeado na obra *La tragédie* e a forma decrépita de um velho artista na pintura *Vieux guitariste aveugle*, ambas de 1903, lançam a sombra de uma morte iminente. São representações de vidas frágeis que contribuem com a criação de uma atmosfera de isolamento. Não sendo possível discernir qualquer referência nas paisagens ao fundo, encontramo-nos em um reino desolado, frio e azul (Whalter, 2001).

Ao longo dos anos, Pablo Picasso modificou totalmente a maneira de utilizar as cores, passando "de um cromatismo moderado para paletas vivamente diversificadas" (Gage, 2012, p. 185). Esse aspecto da obra de Picasso foi, obviamente, percebido por Jung, sendo abordado pelo viés psicológico, igualando cor a sentimento. Assim, as primeiras pinturas recebem tons azuis: "Picasso começa a pintar os quadros ainda objetivos em azul, o azul da noite, do luar e da água, o azul-Tuat do mundo inferior do Egito" (OC 15, § 210).

Após a fase azul inicia-se o período rosa, caracterizando uma mudança de tom emocional e de transformação no fluxo de imagens, pois as figuras de mendigos e prostitutas dão lugar às imagens de saltimbancos andarilhos. Essa transição pode ser observada, por exemplo, na passagem das pinturas de famílias pobres, como é a marca de *La tragédie* (1903b), para o retrato da família também errante em *La famille de saltimbanques* (1905a), que representa o final da fase azul e o início da fase rosa. Se as cores e a maneira de pintar se diferenciam, permanece a temática da pobreza, que passa a incidir nas figuras circenses. Assim, o aspecto trágico que acompanhava a morte e/ou a pobreza na fase azul se apresenta como uma característica reiterada pelas diversas figuras do Arlequim (Bottini, 2015).

Medea Hoch (2019) observa que Jung, ao abordar a cor como um fator que possui aspectos psicológicos, posiciona-se na tradição que remonta a Goethe[31] (2013) e a Kandinsky[32] (2000). Em relação às cores que se apresentam nas obras de Picasso e que puderam ser vistas na exposição em Zurique, de 1932, Jung (OC 15) observa que nas últimas pinturas há uma ênfase na multiplicidade e na vivacidade do colorido. De maneira correlata, há a tendência de afastamento em relação às configurações de objetos e de pessoas na forma como as concebemos no cotidiano. Enfim, quanto mais o colorido se amplia, mais as formas são abstraídas.

De acordo com Jung, as deformações e rupturas apresentadas nas pinturas de Picasso, notadamente em suas experimentações cubistas, caracterizam um afastamento da representação dos objetos tangíveis e, por consequência, uma intensa atividade dos conteúdos inconscientes: "Pela ordem cronológica, percebe-se em suas obras um crescente afastamento do objeto empírico e um aumento daqueles elementos que não correspondem mais a nenhuma experiência externa" (OC 15, § 206). A exposição no Kunsthaus permitiu o acompanhamento das obras de Picasso em série cronológica, delineando um movimento inicial de aproximação dos objetos e de posterior afastamento. Esse duplo aspecto de aproximação e recuo é denominado por Wilhelm Worringer (1997), respectivamente, pelos termos "empatia" e "abstração".

31. Os aspectos psicológicos das cores são afirmados por Goethe (2013, p. 166) a partir do *efeito sensível-moral* que elas nos provocam: "A experiência nos ensina que cores distintas proporcionam estados de ânimo específicos". Assim, teríamos sensações semelhantes provocadas por uma mesma cor em diferentes indivíduos.

32. Kandinsky (2000, p. 65-66), por sua vez, considera a cor uma sensação física de "curta duração e superficial", mas que serve de caminho para um importante aspecto de "vibração psíquica".

Worringer (1997) caracteriza a abstração como um processo primário, anterior à empatia. Nesse processo, as formas básicas são enfatizadas e há uma tendência para as figuras geométricas que, por sua regularidade, garantem um ponto de estabilidade frente aos múltiplos aspectos da vida, muitas vezes vivenciados de maneira caótica. Assim, a relação do artista com o mundo ganha destaque e um arranjo psíquico é estabelecido, fazendo com que a arte se apresente próxima de uma representação naturalista (tendência à empatia) ou destacando pontos, linhas, coloridos, círculos, quadrados, triângulos etc. (tendência à abstração). Dessa maneira, quando o mundo se apresenta estável e o artista seguro, há a tendência à empatia. Do contrário, quando o mundo se mostra caótico e perigoso, e o artista existencialmente inseguro, ocorre a tendência à abstração.

A partir dessas concepções, Jung (OC 6, § 557) define empatia como "um movimento solícito que vai ao encontro, que transfere o conteúdo subjetivo para o objeto, provocando uma assimilação subjetiva e fazendo com que haja um bom entendimento entre sujeito e objeto". A abstração, por sua vez, é compreendida como o ato de se colocar "perante o objeto como se este tivesse uma qualidade aterrorizadora, isto é, uma ação prejudicial ou perigosa contra a qual é necessário proteger-se" (OC 6, § 557). Na empatia, sujeito e objeto estão enlaçados; na abstração, há um corte entre eles. As tendências à empatia e à abstração descritas por Worringer (1997) correspondem, respectivamente, aos movimentos de extroversão e de introversão da libido apontados por Jung (OC 6). No caso específico da exposição de Picasso, Jung (OC 15) observa essa tendência à abstração, por exemplo, na crescente dissolução da imagem do Arlequim. Podemos afirmar que o colorido quadriculado da roupa que caracteriza o Arlequim prenuncia o cubismo.

O Arlequim nas obras de Picasso

O típico Arlequim da Comedia dell'Arte aparece ainda na fase azul – *Arlequim*, de 1901 – e está inserido na temática dos saltimbancos, que dá início à fase rosa. Primeiramente, como já vimos, em *La famille des saltimbanques*, de 1905. No mesmo ano, surge uma profusão de pinturas com essa mesma temática. Duas dessas obras estão em coleções particulares e possuem o mesmo título, *Famille d'Arlequin*. Outras obras que retratam o Arlequim, ainda em 1905, são as seguintes: *Au Lapin Agile*, *Arlequin au cheval*, *Acrobate et jeune Arlequin*, *Deux acrobates avec un Chien* e *Arlequin Assis*. Ainda na fase rosa, temos *La mort d'Arlequin*, de 1906. Todos esses Arlequins são figurativos e a eles se juntam tantos outros de diferentes fases da obra de Picasso, como *Paul en Arlequin*, de 1924.

No amplo espectro de pinturas que retratam o Arlequim, temos como contraponto às obras figurativas as imagens em que prevalecem as linhas de ruptura, típicas do cubismo. Desse amplo acervo, destacamos três importantes obras: *Arlequin*, de 1915; *Arlequin et femme au collier*, de 1917; e *Arlequin avec violon*, de 1918. São evidentes as diferenças de estilo e na prevalência das cores entre, por exemplo, os Arlequins da fase rosa e aqueles que foram configurados durante o período cubista. Entre as principais diferenças, podemos destacar o afastamento progressivo dos aspectos figurativos.

Esse afastamento é evidenciado pela crescente dissolução das formas, com as linhas que se entrecruzam, e pela também crescente ampliação do colorido: "o desdobramento das cores por longo tempo contidas no único traje de Arlequim" (Gaillard, 2010, p. 144). Essa roupa é feita de farrapos e remendos, apresentando em suas formas geométricas as diferentes facetas dessa personagem: ágil, galanteadora, cômica, animalesca, demoníaca e lúgubre (Freitas, 2008; OC 15; Richardson, 1991).

Em 1901, a morte de Casagemas fez com que Picasso começasse a pintar com tons azuis. No mesmo ano, encontramos o Arlequim calmamente sentado, com o cotovelo esquerdo apoiado na mesa e a mão direita no assento. O Arlequim está pensativo. O tema da morte o assombra, e o Arlequim aparece no mesmo período em que Picasso representa o amigo morto ocupando a posição central em diversas obras: "Arlequim é um personagem lúgubre" (OC 15, § 214). Em 1905, temos a vivacidade do Arlequim como integrante de uma trupe de saltimbancos. Se a pobreza é evidente, a vida entre os amigos e a família também se faz presente. Em 1906, no entanto, acontece a morte do Arlequim, deitado no leito, com as mãos espalmadas, como se estivesse rezando, e vestindo uma roupa praticamente sem cores, com apenas alguns losangos no braço: "Ele está realmente morto? Os dois observadores andróginos parecem se perguntar. O trapaceiro [*trickster*] pode muito bem estar fingindo. Arlequim é reencarnado repetidamente na obra de Picasso" (Richardson, 2007b, p. 387).

A morte evocada pelo Arlequim pensativo e a morte do Arlequim, personagem que sempre retorna, confluem com a ideia apontada por Jung (OC 15) de que a obra de Picasso tem como característica a invocação dos mortos, a Nekya. O azul profundo diretamente relacionado à morte de Casagemas vem se juntar à ênfase na figura quadriculada do Arlequim, que nas récitas medievais surge acompanhado por sua trupe: "uma junção fantástica das almas dos mortos que retornam à terra nas noites de inverno" (Fo, 2004, p. 375). Então, podemos afirmar que não só a fase azul está relacionada com a morte, mas também a fase rosa. Se na primeira fase temos a morte de Casagemas e seu funeral, na segunda fase há a presença de Arlequim, que se dissipa pela obra de Pablo Picasso.

A Nekya e a Katábasis

Em 1585, a figura do Arlequim aparece consolidada, com suas vestes coloridas e peripécias, na peça intitulada *A alegre história de Arlequim* (Bakhtin, 1987), na qual o ator Tristano Martinelli interpreta a personagem, que empreende uma viagem ao Inferno para resgatar a alma de uma dona de bordel. Nesse período, o Arlequim gozava de grande popularidade, sendo apreciado, inclusive, pela corte francesa. O texto tinha, portanto, a intenção de difamar a personagem como um ruidoso galanteador, namorador e até garanhão, que causa polêmica através da bestialidade de seus atos diabólicos (Fo, 2004). O Arlequim se consolida como a principal personagem da Commedia dell'Arte a partir da conjunção da ingenuidade e mesmo da estupidez de um dos serviçais com as artimanhas diabólicas das farsas francesas (Guareschi, 2013).

A resposta de Arlequim não demorou a acontecer. Em outro libreto, ele volta a descer ao Inferno, acompanhado pelo autor da peça anterior. Como Dante e Virgílio, percorrem todos os círculos do Inferno e encontram os frequentadores dos requintados salões franceses. Arlequim é recebido com simpatia, enquanto o acompanhante recebe chutes e é colocado em tanques com fezes de animais (Fo, 2004; Guareschi, 2013). Arlequim apresenta grande agilidade física, tendo as acrobacias como uma de suas principais características:

> Todos esses saltos e cambalhotas grotescas não visam a formar um contraste estático com o inferno, mas são ambivalentes como o inferno. São com efeito profundamente topográficos, tendo como ponto o céu, a terra, o inferno, o alto, o baixo, a face, o traseiro; são tantas outras intervenções e permutações do alto e do baixo, da face e do traseiro; em outros termos, o tema da descida aos infernos está *implicitamente* contido no movimento de cambalhota mais elementar (Bakhtin, 1987, p. 347-348).

As análises efetuadas por Jung[33] sobre a correlação entre as obras de Picasso e tanto a invocação dos mortos (Nekya)[34] quanto a descida ao mundo dos mortos (Katábasis)[35] confluem com as observações acerca da descida do Arlequim ao Inferno: "*Arlequim* é um velho Deus ctônico" (OC 15, § 211). Essa afirmativa encontra respaldo em informações que Jung recebeu do historiador Werner Kaegi. As principais referências de Jung

33. Muitas vezes, os termos Nekya e Katábasis se confundem na obra de Jung. Mas, na maioria das vezes, mantém-se a diferença básica: Nekya como invocação dos mortos e Katábasis como descida ao mundo inferior. Apesar das diferenças, psicologicamente têm o caráter de introversão da libido, possibilitando o confronto com os conteúdos inconscientes.

34. Jung define Nekya das seguintes maneiras: "evocação dos mortos" (OC 9/2, § 327), "o símbolo da Nekya, a jornada para o Hades, a descida para o inconsciente e a despedida do mundo superior" (OC 15, § 210), "A partir do testemunho de Homero, a descida aos tempos remotos pertence à Nekya" (OC 15, § 212), "A Nekya não é uma queda titânica, sem sentido e puramente destrutiva, mas uma *katabasis eis antron* cheia de sentido, uma descida à caverna da iniciação e do conhecimento secreto" (OC 15, § 213), "Outra variação desse mito do herói e do dragão é a katábasis, a descida ao abismo, ou nekya. Os senhores se lembram da *Odisseia*, quando Ulisses desce *ad inferos* para consultar Tirésias, o vidente. O mito do nekya encontra-se em toda a Antiguidade e praticamente no mundo todo. Expressa o mecanismo da introversão da mente consciente em direção às camadas mais profundas da psique inconsciente" (OC 18/1, § 80) e "a jornada para o mundo subterrâneo, o Nekya" (OC 18/1, § 239).

35. Jung define Katábasis das seguintes maneiras: "*katábasis* (*descensio ad inferes* – descida aos infernos), como experimentou Dante" (OC 14/2, § 158) e "*katábasis* ou descida à caverna" (OC 18/1, § 264).

não se encontram nos estudos sobre a Commedia dell'Arte. Os temas da consulta aos mortos e da descida ao mundo dos mortos estão presentes em sua vasta biblioteca, nos seguintes livros (Shamdasani, 2014): *Odisseia*, de Homero (2015); *Eneida*, de Virgílio (1983); e *A divina comédia* de Dante Alighieri (1989).

Ao final do Canto X da *Odisseia* (Homero, 2015), Odisseu e sua tripulação procuram, sem sucesso, o caminho de volta para casa. Circe recomenda, então, que Odisseu busque auxílio nas sábias palavras de Tirésias, que está no mundo dos mortos. Na sequência, no Canto XI, Odisseu aceita as recomendações de Circe e, sem comandar a viagem, simplesmente ajusta o mastro e as velas para que a embarcação navegue ao sopro dos ventos até encontrar o ponto exato indicado por Circe. Ao deixar a embarcação, Odisseu caminha até uma margem plana, onde encontra os bosques consagrados à deusa Perséfone. Odisseu empunha a espada e abre um buraco no chão. Ao redor do fosso, são feitas libações em homenagem aos mortos: mel, vinho e água. Depois, espalha farinha ao redor do fosso e, por fim, o sangue de duas reses imoladas. Os mortos surgem e correm por todos os lados. Odisseu é afligido pelo medo, mas cuida das reses mortas que foram ofertadas: pretende esperar por Tirésias. Quando, finalmente, este aparece, com o cetro de ouro na mão, imediatamente reconhece Odisseu e lhe diz para retirar-se para o lado do fosso e recolher a espada. Assim, Tirésias pode provar o sangue ofertado e dizer a verdade.

Na *Odisseia*, não há propriamente uma descida ao reino dos mortos: "A conselho de Circe, Ulisses vai ao país dos cimérios, às bordas do Hades, para consultar a alma do adivinho cego Tirésias acerca de seu regresso a Ítaca. Ulisses *não desceu à outra vida*" (Brandão, 2004, p. 130). Trata-se de uma descida, mas não de uma entrada no mundo dos mortos. O que se efetiva é um ritual de invocação aos mortos (Nekya), mas especificamente de Tirésias, o adivinho cego. Essa consulta para obter uma verdade caracteriza a Nekya como uma espécie de necromancia, uma invocação dos mortos para saber sobre o futuro. Dessa maneira, o retorno para Ítaca não se faz pela engenhosidade de Odisseu, mas pela sabedoria relacionada aos mortos: "a *Nekya* presente na obra de Homero estabelece as Trevas como elemento escritural, como processo gerador e subversor de significação" (Rossi, 2014, p. 19-20).

Existem muitas correlações entre a *Odisseia* (Homero, 2015) e a *Eneida* (Virgílio, 1983). A obra de Virgílio espelha-se em Homero, combinando a *Odisseia* com a *Ilíada*, caracterizando-se como um romance de aventuras nos seis primeiros capítulos e como uma guerra épica nos seis capítulos finais (Muniz, 1972). Se em ambas as histórias ocorrem contatos com os mortos, existem evidentes diferenças no modo como isso acontece, como o fato de os rituais realizados por Eneias serem mais sangrentos do que os de Odisseu. Mas vamos nos deter em um aspecto fundamental para as nossas análises: Odisseu empreende rituais de invocação dos mortos (Nekya), e Eneias desce ao mundo dos mortos (Katábasis) (Rocha, 2000). Porém, nos dois casos, o contato com os mortos modifica o herói, que "parece cavalgar dois mundos: o profano e o sagrado, o divino e o humano" (Teixeira, 1986, p. 1).

Virgílio se inspira em Homero para compor *Eneida*, e Dante (1989), por sua vez, encontra no espectro de Virgílio o guia para sua jornada. No longo percurso traçado pelos dois companheiros, há, no Oitavo Círculo do Inferno, uma personagem diabólica com o nome de Alichino. De acordo com Michele Bottini

(2015), quando Tristano Martinelli escolhe o nome para a sua personagem travessa e diabólica, pauta-se em longa tradição popular, mas também em *A divina comédia*. Esse argumento é reforçado por Dario Fo (2004, p. 80):

> O termo *Arlecchino* nasce de um personagem medieval: Hellequin ou Helleken, que se torna, posteriormente, Harlek-Arlekin. Um mesmo demônio também citado por Dante: Ellechino. Na tradição popular francesa dos séculos XIII e XIV, esse personagem é descrito como um endemoninhado torpe, arrogante – como deve ser todo diabo que se preza – e, principalmente, zombeteiro, exímio elaborador de troças e trapaças.

O Arlequim tem, portanto, aspectos diabólicos e de personagem cômico que trapaceia com qualquer um, inclusive com o Diabo. O Arlequim é o guia da exposição de Picasso no Kunsthaus, em 1932. Na visão de Jung, Picasso "compartilha o destino do mundo inferior, aquele homem que, impelido pelo destino, não se dirige ao mundo da luz do dia, mas ao mundo da escuridão" (OC 15, § 210). Em meio a imagens de fragmentação e de afastamento representacional dos objetos tangíveis, existem inúmeros perigos, mas há a possibilidade de retorno – Anábasis –, enfim, de integração: "A figura do Arlequim reveste uma dualidade trágica, embora suas vestes ostentem os símbolos dos próximos estágios de desenvolvimento, visíveis para os iniciados. É ele o herói que deverá atravessar os perigos do Hades; mas, conseguirá?" (OC 15, § 214). Mesmo sem saber responder a essa pergunta, Jung (OC 15) aponta que as últimas pinturas da exposição indicam uma tendência à união dos opostos. A colorida imagem apresentada em *Jeune fille devant un miroir*, de 1932, tem essas características, notadamente a possibilidade de conjunção da figura feminina (anima), representada de forma clara e espelhada em tons mais escuros.

Esses aspectos duais do feminino e da figura do Arlequim analisados por Jung (OC 15) são, de acordo com John Richardson (1991), os primeiros apontamentos externos ao mundo das artes sobre os aspectos sombrios e tenebrosos contidos nas obras de Picasso. As análises do biógrafo acrescentam uma importante característica: o texto de Jung revela uma cegueira em relação aos aspectos exorcizantes da obra de Picasso. Picasso apresenta, em suas pinturas, o caráter xamânico de combater o mal com o próprio mal. Nesse ponto, as observações de Jung (OC 10/1) são elucidativas. Para ele, a arte moderna "realiza um trabalho de educação psicológica do público através da dissolução e destruição da visão estética do conceito do belo formal, dos sentidos e conteúdos até então vigentes" (OC 10/1, § 584). A arte moderna refletiria, portanto, o caráter dissociado do homem moderno – espiritualmente vulnerável e sujeito às forças caóticas e destruidoras advindas do campo inconsciente – e, ao mesmo tempo, ela se apresentaria como uma resposta e antítese radical aos aspectos antiquados e defasados da sociedade.

As artimanhas do Arlequim

Magnífico é o nome do patrão de Arlecchino. O patrão é, no entanto, um nobre decaído, sem as características condizentes com seu nome. Magnífico está apaixonado por uma prostituta, que se aproveita da situação para ficar com o pouco dinheiro que ainda resta àquele homem. Ele marca um encontro com ela, mas Magnífico fica receoso, pois considera que seu desempenho sexual pode ser um vexame. Para resolver a questão, uma feiticeira prepara uma poção mágica que garante vigor sexual. A poção, no entanto, deve ser bebida em pequena dose; apenas uma colher. O patrão determina que o serviçal busque o líquido milagroso. Arlecchino chega à casa da feiticeira e, fazendo uso de palavras que serpenteiam em seu ouvido, convence-a a deixá-lo pagar apenas a metade do valor anteriormente acertado. Com o dinheiro que sobrou, Arlecchino compra várias garrafas de vinho e se embebeda. A partir de então, Arlecchino canta, dança, dá cambalhotas e risadas. No meio dessa azáfama, ingere o frasco inteiro da poção. De repente, sente um calor nas partes baixas, e o membro começa a crescer de maneira desproporcional, até que não cabe mais nas calças, arrebentando os botões e o cinto. Daí, segue o enredo de muitas trapalhadas. Em linhas gerais, essa é a história de *O arlecchino falotrópico* (Fo, 2004).

Nessa e em várias outras histórias, temos o Arlequim sendo apresentado de maneira múltipla. Em um libreto, engana o diabo; em outro, a feiticeira. É ingênuo e astuto, brincalhão e demoníaco. É galanteador e garanhão, capaz de grandes saltos que apontam para o céu e de estonteantes cambalhotas. Causa-nos riso e apreensão. Esse tipo de figura que sempre escapa a nossas observações deterministas, ao nosso olhar e, mais ainda, às nossas mãos, caracteriza-se "por repousar num dinamismo", na bela expressão de Jung (OC 9/1, § 174).

A partir das concepções de Jung e de diversos autores vinculados à Psicologia Analítica, essa figura fugidia, travessa, astuta, divertida, maligna, animalesca e mutável, espécie de anti-herói ou de herói trapaceiro, recebeu a denominação de *trickster*[36]. Assim, temos diversas correlações do *trickster*: com

36. No texto "A psicologia da figura do 'trickster'" (OC 9/1), Jung, por sua vez, baseia-se em estudo do antropólogo Paulo Radin sobre os winnebagos.

as inversões da ordem hierárquica nas epopeias do carnaval na Igreja medieval, com a ideia de o Diabo ser um macaco de Deus e com os xamãs (OC 9/1), com o Mercúrio dos alquimistas (OC 13), com o Pequeno Polegar dos contos de fada (Franz, 1993), com o mago Merlin (Jung, & Franz, 1988), com o Carlitos do cinema (Henderson, 2008), com o Orixá Exu (Zacharias, 2014), com as canções de Chico Buarque (Faria, & Pedroso, 2019), entre outras. No campo da literatura, temos estudos relacionados a Makunaima e Macunaíma (Barreto, & Oliveira, 2016; Queiroz, 1991), *O auto da compadecida* (Andrade, 2005) e Commedia dell'Arte: "A personagem que representa o *trickster* na Commedia dell'Arte é o Arlequim" (Gonçalves, 2019, p. 440).

Em nosso caso específico, o *trickster* se apresenta nas obras de Pablo Picasso tanto no aspecto experimental e mutável de sua vasta produção quanto na presença variada do Arlequim. A esse duplo aspecto mercurial da obra vem se juntar a própria personalidade de Picasso, denominado por Guillaume Appolinaire como Herlequin Trismegistus (Richardson, 2007a), e que encontra sua representação no quadro *Au Lapin Agile*, no qual Picasso mais uma vez faz uma pintura em que aparece a figura do Arlequim, mas com suas próprias feições. Essa estreita relação entre Picasso e o Arlequim não retira, no entanto, o caráter coletivo de uma grande obra. O Arlequim se comunica com o mundo subterrâneo e prenuncia uma obra de ruptura que se consolida no cubismo: "só os modernos conseguiram produzir a arte do avesso ou o avesso da arte: aquela arte que de modo algum visa agradar, mas denuncia, alto e bom som, tudo o que se lhe opõe" (OC 15, § 178). Picasso nos apresenta, portanto, o avesso da modernidade, com sua ênfase na produção e na tecnologia. Como um verdadeiro *trickster*, o Arlequim anuncia a sombra coletiva.

Referências

Alighieri, D. (1989). *A divina comédia*. Itatiaia.

Andrade, A. T. (2005). *Do teatro medieval à cena contemporânea: o jogo do trickster no Auto da Compadecida, de Ariano Suassuna* [Dissertação de mestrado, Universidade do Estado do Rio de Janeiro].

Argan, G. C. (2013). *Arte moderna*. Companhia das Letras.

Bakhtin, M. (1987). *A cultura popular na Idade Média e no Renascimento: o contexto de François Rabelais*. Hucitec.

Barreto, R. A., & Oliveira, A. L. M. (2016). Makunaima e Macunaíma: dois *tricksters*. *Caderno de Letras 26*, 277-309.

Bottini, M. (2015). You must have heard of Harlequin... In J. Chefee, J., & O. Crick (orgs.), *The Routledge Companion to Commedia dell'Arte* (p. 55-61). Routledge.

Brandão, J. S. (2004). *Mitologia grega* (Vol. 1). Vozes.

Carmean, E. A. (1980). *Picasso, the saltimbanques*. National Gallery of Art.

Chafee, J., & Crick, O. (2015). Introduction. In J. Chafee, & O. Crick (orgs.), *The Routledge Companion to Commedia dell'Arte* (p. 1-4). Routledge, 2015.

Faria, D. L., & Pedroso, C. (2019). O *trickster* malandro nas canções de Chico Buarque: um complexo cultural. *Pesquisas e Práticas Psicossociais 14*(4), 1-12.

Fo, D. (2004). *Manual mínimo do ator*. Senac.

Franz, M.-L. (1993). *O caminho dos sonhos*. Cultrix.

Freitas, N. (2008). A Commedia dell'Arte: máscaras, duplicidade e o riso diabólico do Arlequim. *Textos Escolhidos de Cultura e Arte Popular 5*(1), 65-74.

Gage, J. (2012). *A cor na arte*. Martins Fontes.

Gaillard, C. (2010). Jung e a arte. *Pro-Posições 21*(2), 121-148.

Goethe, J. W. (2013). *Doutrina das cores*. Nova Alexandria.

Gonçalves, M. P. (2019). Palhaço e *trickster*: a performance e o jogo como encontro com o outro e consigo mesmo. *ouvirOUver 15*(2), 436-444.

Guareschi, E. (2013). *As pervivências de Arlequim: em Goldoni e Suassuna* [Dissertação de Mestrado, Universidade Federal de Santa Catarina].

Henderson, J. L. (2008). Os mitos antigos e o homem moderno. In C. G. Jung (org.), *O homem e seus símbolos* (p. 133-205). Nova Fronteira.

Hoch, M. (2019). Os conceitos de cor de C.G. Jung no contexto da arte moderna. In U. Hoerni, T. Fischer, & B. Kaufmann (orgs.), *A arte de C.G. Jung* (p. 35-51). Vozes.

Homero. (2015). *Odisseia*. Nova Fronteira.

Jung, C. G. (2011). *Obra completa*. Vozes.

Jung, E., & Franz, M.-L. (1988). *La légende du Graal*. Albin Michel.

Kandinsky, W. (2000). *Do espiritual na arte*. Martins Fontes.

Malraux, A. (1999). *O museu imaginário*. Edições 70.

Mijuk, G. (2015, out. 15). Review: restaging Picassos's 1932 show at Kunsthaus Zurich. *The Wall Street Journal*. Recuperado em 3 de abril de 2021, de https://www.wsj.com/articles/SB10001424052748703440004575548470258613 44

Muniz, M. Z. S. (1972). O sentimento de piedade de Eneias – herói de Virgílio. *Curriculum 11*(4), 57-67.

Picasso, P. (1901a). *La mort de Casagema* [Quadro]. Musée Picasso, Paris, França.

Picasso, P. (1901b). *Evocation* [Quadro]. Musée d'Art Moderne, Paris, França.

Picasso, P. (1901c). *Arlequim* [Quadro]. The Metropolitan Museum of Art, Nova York, Estados Unidos.

Picasso, P. (1903a). *La vie* [Quadro]. Museu de Arte de Cleveland,

Cleveland, Estados Unidos.

Picasso, P. (1903b). *La tragédie* [Quadro]. Galeria Nacional de Arte, Washington, Estados Unidos.

Picasso, P. (1903c). *Vieux guitariste aveugle* [Quadro]. Art Institute of Chicago, Chicago, Estados Unidos.

Picasso, P. (1905a). *La famille de saltimbanques* [Quadro]. Galeria Nacional de Arte, Washington, Estados Unidos.

Picasso, P. (1905b). *Au Lapin Agile* [Quadro]. The Metropolitan Museum of Art, Nova York, Estados Unidos.

Picasso, P. (1905c). *Arlequin au cheval* [Quadro]. Virginia Museum of Fine Arts, Richmond, Estados Unidos.

Picasso, P. (1905d). *Acrobate et jeune Arlequin* [Quadro]. The Barnes Foundation, Filadélfia, Estados Unidos.

Picasso, P. (1905e). *Deux acrobates avec un Chien* [Quadro]. The Museum of Modern Art (MoMA), Nova York, Estados Unidos.

Picasso, P. (1905f). *Arlequin Assis* [Quadro]. Museum Berggruen, Berlim, Alemanha.

Picasso, P. (1906). *La mort d'Arlequin* [Quadro]. National Gallery of Art, Washington, Estados Unidos.

Picasso, P. (1907). *Les demoiselles d'Avignon* [Quadro]. The Museum of Modern Art (MoMA), Nova York, Estados Unidos.

Picasso, P. (1915). *Arlequin* [Quadro]. The Museum of Modern Art (MoMA), Nova York, Estados Unidos.

Picasso, P. (1917). *Arlequin et femme au collier* [Quadro]. Centro Georges Pompidou, Paris, França.

Picasso, P. (1918). *Arlequin avec violon* [Quadro]. Museu de Arte de Cleveland, Cleveland, Estados Unidos.

Picasso, P. (1924). *Paul en Arlequin* [Quadro]. Musée Picasso, Paris, França.

Picasso, P. (1932). *Jeune fille devant un miroir* [Quadro]. The Museum of Modern Art (MoMA), Nova York, Estados Unidos.

Queiroz, R. S. (1991). O herói-trapaceiro: reflexões sobre a figura do *trickster*. *Tempo Social 3*(1-2), 93-107.

Read, H. (2001). Uma história da pintura moderna. Martins Fontes.

Richardson, J. (1991). *A life of Picasso: vol. 1. 1881-1906*. Alfred A. Knopf.

Richardson, J. (2007a). *A life of Picasso: the triumphant years: vol. 3. 1917-1932*. Alfred A. Knopf.

Richardson, J. M. (2007b). *A life of Picasso: vol. 2. 1917-1932*. Alfred A. Knopf.

Rocha, R. A. (2000). *O Mundo das Sombras em Homero e Virgílio: complexidades e intertextualidades* [Dissertação de mestrado, Universidade de São Paulo].

Rossi, A. D. (2014). Antes de *Otranto*: apontamentos para uma pré-história do gótico na literatura. *Soletras 27*, 11-31.

Shamdasani, S. (2014). *C. G. Jung: uma biografia em livros*. Vozes.

Teixeira, E. M. (1986). A descida do herói ao reino dos mortos. *Revista de Letras 11*(2), 1-9.

Virgílio. (1983). *Eneida*. UnB; A Montanha.

Whalter, I. F. (2001). Pablo Picasso. Barnes & Noble Books.

Worringer, W. (1997). *Abstration and emphaty: a contribuition to the psychology of style*. Elephant Paperbacks.

Zacharias, J. J. M. (2014). Uma breve análise psicológica de Exu. In W. Boechat, W. (org.), *Alma brasileira: luzes e sombra* (p. 147-170). Vozes.

11 Dercy Gonçalves

Uma imagem da *trickster* à brasileira

Michel Alexandre Fillus

Introdução

Atriz, cantora, humorista e apresentadora, além de diretora, produtora e autora de peças de teatro, Dolores Gonçalves Costa, nossa Dercy Gonçalves, foi uma das maiores artistas brasileiras. Apesar de ser conhecida popularmente pelos habituais palavrões, gestual exagerado e discurso cômico, reduzi-la à caricatura de "velha desbocada" seria, no mínimo, superficial e injusto. Dercy foi muito mais do que a mulher cômica e irreverente dos programas de TV, dos "memes" ou dos vídeos da internet. Para além da *persona* e do estilo únicos, inconfundíveis, o interesse mais gentil do observador permitirá conhecê-la e valorizá-la como ícone da cultura brasileira.

É fato que foi pelo viés humorístico que Dercy alcançou ampla notoriedade. Rir é uma capacidade adaptativa do ser humano, pois ressignificar acontecimentos, tratar de assuntos dolorosos, aliviar tensões e traduzir a vida em uma linguagem mais leve são alguns dos efeitos salutares do riso. É destacada sua importância, atenuando o que incomoda e desenvolvendo uma relação criativa com o que provoca dor, tristeza e desconforto, sem, contudo, negar a realidade e a condição humana. Desse modo, rir reduz os riscos à saúde mental (Ribeiro, 2004).

A comicidade e o perfil humorístico de determinado artista conectam-se ao típico modo de fazer rir em uma sociedade, cultura ou época. O conteúdo que provoca risos não é, na maioria das vezes, aleatório. O personagem cômico, ao transmitir sua mensagem, encontra intuitivamente um caminho na direção do que fará a plateia reagir. Além das qualidades e do talento do artista, a mensagem cômica costuma carregar um aspecto transgressor. Esse é um traço típico do ser humano, associado à figura do *trickster*, que é, folcloricamente, representada pelo astuto herói trapaceiro, o "pregador de peças", o bufão, o palhaço, o malicioso e o embusteiro, entre outros.

> Ao que tudo indica, o riso provocado pelas narrativas do *trickster* deve-se tanto às transgressões por ele cometidas quanto a um certo desconforto decorrente dessas mesmas transgressões, pois a quebra de tabus e interditos abre as portas para o caos e a desordem, prefigurando a inviabilidade da vida social humana na ausência da organização fundamentada em códigos, regras e proibições. Os homens se divertem rindo de seus próprios temores; acentuam, por meio do ridículo e da zombaria, os traços mais humanos dos seus heróis. E, assim, aliviam as tensões inerentes aos dramas da vida (Queiroz, 2004, p. 113).

O aspecto mensageiro do cômico endossa o ditado popular "Em toda piada há um fundo de verdade". Certamente a sabedoria prática vale-se da observação cotidiana, a partir da qual tece inúmeras expressões que têm um valioso caráter heurístico. Se o dito popular representa a verdade, por meio dele é possível conhecer uma realidade subjacente. Fazer piadas seria, então, uma maneira de entrar em contato com os tabus, preconceitos, marginalidades e temas comuns à sombra da psique pessoal ou coletiva.

Dercy conectava-se profundamente com sua plateia, que respeitou devotadamente. Para ela, seus espectadores faziam parte do elenco. Sua mensagem mesclava aspectos pessoais e coletivos com uma boa dose de transgressão. Portanto, escrever sobre Dercy neste livro acerca do *trickster* poderá ajudar-nos a compor tal imagem arquetípica – destacada por Jung (OC 9/1) e presente em inúmeros mitos, contos, folclores e culturas – a partir "da nossa própria casa", uma manifestação "à brasileira". Ora discriminada e julgada, ora aplaudida e reverenciada, Dercy não somente reúne em si a alma do cômico no Brasil e a chamada irreverência pouco educada e simples do povo, como também revela o aspecto salvador do *trickster*, sobretudo para a própria Dolores.

O objetivo deste capítulo é destacar a notoriedade de Dercy como uma das maiores atrizes brasileiras e os aspectos *trickster* de sua personalidade, aspectos esses que permitiram a ela se adaptar à penosa realidade brasileira e se tornar um exemplo de sabedoria. Ressalto que, aqui, abriu-se um espaço para que Dercy falasse, brindando-nos com a riqueza da sua presença. As frases selecionadas estão em sua biografia, escrita por Amaral (2011) e contada em primeira pessoa, compondo um expressivo monólogo.

A trajetória de Dolores e Dercy[37]

Dolores Gonçalves Costa não é conhecida do público: mulher reservada, simples, caseira e, como tantas, anônima. Dercy Gonçalves, por sua vez, é uma mulher irreverente, notável, que se autonomeou a maior marginal do teatro brasileiro. Duas faces de uma mesma existência.

Dolores Gonçalves Costa nasceu em 23 de junho de 1907, em Santa Maria Madalena, no estado do Rio de Janeiro. Era filha de Manuel e Margarida Gonçalves Costa – ele, alfaiate, e ela, lavadeira. Desde criança, notava-se o seu talento para a carreira artística. Seu primeiro palco foi sacro: cantava no coral da igreja. Contudo, seu comportamento imoderado para os costumes da época levou-a a ser expulsa das atividades paroquiais. Desde sempre, reconheceu seu dom para cantar, mas era discriminada pelo gestual efusivo e recriminada por ser "sapeca" – como ela mesma se definia. Seus "delitos" eram subir em árvores, pular corda, brincar pela rua ou rir exageradamente.

Quando tinha 16 anos, tornou-se bilheteira do teatro de sua cidade e inventava trajes, copiava os vestidos das atrizes. Exibia-se feliz e exuberante, mas tinha poucos amigos. Não entrava em "casa de família". Seus modos faziam com que fosse notada, mas também vista como transgressora das "boas maneiras" do início do século XX. O feminino e a espontaneidade de Dolores renderam-lhe a exclusão por parte das famílias madalenenses, que a enxovalharam como prostituta. Criada sem a mãe, que abandonou a família por não aceitar as infidelidades do marido, e com um pai severo e violento, Dolores tinha pou-

37. Os dados biográficos foram consultados em Amaral (2011), Namur (2009) e no documentário *Persona em foco* (Persona, 2016), veiculado pela TV Cultura.

cas opções na cidade onde morava. Sua única opção foi fugir de Santa Maria Madalena.

Aos 21 anos, após sua fuga da casa paterna, integrou a companhia mambembe de Maria Castro, que lhe deu o primeiro emprego, e passou a se apresentar em várias cidades do interior como cantora. Logo chegou à cidade do Rio de Janeiro, e seu reduto passou a ser a Praça Tiradentes. Na década de 1930, em companhia de Eugênio Paschoal, estreou no teatro de revista, formando "Os Pascoalinos". Foi nessa época que batizou sua personalidade artística de Dercy Gonçalves. O novo nome foi escolhido em homenagem à distinta Sra. Darcy Vargas, esposa de Getúlio Vargas e ex-primeira-dama do Brasil, a quem Dolores admirava como mulher importante e de destaque. No entanto, não adotou a forma homônima, pois isso lhe parecia exagerada ousadia.

Na Praça Tiradentes, no teatro "Casa de Caboclo" (antigo teatro São José), fazia sucesso cantando músicas regionais; porém, após algum tempo trabalhando ativamente, descobriu que estava com tuberculose. Permaneceu internada em um sanatório, onde se recuperou, mas sua voz, da qual muito se orgulhava, não recobrou o mesmo brilho e vigor. Nessa mesma época, conheceu Ademar Martins, que veio a ser o pai de sua única filha. Ao retornar para a "Casa de Caboclo", não mais encontrou trabalho, e precisou vender perfumes para sustentar a filha. Era imperativo sobreviver e, para ela, roubar nunca foi uma opção.

Seu viés de atriz cômica apareceu-lhe de modo inesperado, pois se reconhecia apenas como cantora. Em um improviso, ao apresentar dois comediantes – aborrecida por lhe tirarem um dos seus papéis –, destilou irreverências e sua (ainda não) famosa cusparada, que atingiu em cheio um espectador. O riso foi geral, e Dercy viu aí um caminho para sua sobrevivência. Foi desse modo que a atriz cômica pôs em segundo plano a intérprete, unindo um aspecto *trickster* à "marca" Dercy.

Em 1936, integrou a companhia de Valter Pinto, que trouxe ao teatro de revista o *glamour* dos grandes espetáculos europeus. Na década de 1940, estreou no cinema com a película *Samba em Berlim*, que foi seguida por mais 24 filmes, muitos dos quais lotaram os cinemas nacionais, destacando-se *Absolutamente certo* e *A baronesa transviada*, de 1957, e *Uma certa Lucrécia* e *A grande vedete*, ambos de 1958. Este último, que aliava a comédia ao drama, foi seu mais importante trabalho no cinema.

Na década de 1960, tornou-se apresentadora de TV. Sucesso nos programas televisivos, considerava ter colaborado para o nascimento de uma grande emissora brasileira. Foi líder de audiência em grandes programas de auditório. Todavia, a pressão da censura aumentou progressivamente, e Dercy foi demitida. A partir da década de 1970, participou de espetáculos teatrais, que alcançaram grande repercussão, e de inúmeros programas televisivos e novelas.

Seus últimos anos de trabalho foram marcados por participações em programas de TV, nos quais era reverenciada como uma das maiores personalidades da comédia no país. Em resumo, os números de Dercy endossam sua importância: 25 filmes, 18 programas e novelas, 67 peças de teatro. Foi enredo de escola de samba em 1991 e integrou o *Guinness Book* como atriz com maior tempo de carreira (86 anos).

Morreu aos 101 anos, em 19 de julho de 2008, e foi sepultada em um mausoléu em forma de pirâmide em vidro, por ela idealizado.

Uma artista *trickster*

Dercy iniciou sua carreira como cantora nos circos e no teatro de revista, logo depois de sua fuga com uma companhia mambembe. Em pouco tempo, a atriz e comediante encobriria a cantora. Dercy relembra que aprendeu espontaneamente a arte de fazer rir:

> Um dia, Miranda me pediu para substituir Durvalina Duarte, que tinha faltado. Fiquei puta e pensei: "Quer saber de uma coisa? Eu não vou fazer escada para ninguém!" Achava um desaforo entrar em cena para atender um telefone e falar tão pouco [...]. Então, quando estava em cena e o telefone tocou, deitei-me no sofá e comecei a inventar.
>
> – Está lá? Não, não é a Durvalina. "Somos" eu que está aqui!
>
> A plateia caiu na gargalhada. Eu vi que estava agradando, mas ainda estava puta. Como não sabia de que forma sair daquilo, dei uma cuspida. Meus dentes da frente eram separados, eu tinha prática de cuspir longe desde criança, e o jato de saliva passou por cima da orquestra e foi se estatelar na careca de um sujeito na terceira fila. O público mijou de rir. O cara mijou de rir. A casa veio abaixo de tanto rir. Quem estava nos bastidores escutava as gargalhadas, mas não sabia o que estava acontecendo [...]. O duque, apatetado com a reação do público:
>
> Você tem que continuar fazendo esse quadro!
>
> Essa cuspida mudou a minha vida (Amaral, 2011, p. 58-59).

Depois desse evento, a atriz ganhou um quadro próprio nos espetáculos, tornando-se uma das principais atrações. A comediante enfatizava que "seu nome foi parar na frente do teatro", pouco abaixo dos atores mais conhecidos. No teatro, o público esperava que Dercy cuspisse a todo o momento e em todos (Namur, 2009, p. 57).

Com o palavrão aconteceu de modo semelhante. Descobriu, ao assistir uma peça de uma companhia portuguesa, que falar "palavras proibidas" provocava risos na plateia. O escracho foi incorporado ao seu estilo, de modo que a audiência esperava que ela falasse palavrões, provavelmente aqueles mesmos que não se permitiam dizer em público. A chancela do palavrão e do humor debochado delineariam o estilo de comédia da atriz. Sobretudo a esperteza ao falar obscenidades ajudou-a ser ouvida, a chamar a atenção, a ter meios de sobrevivência. Na época, um palavrão não passava despercebido, ainda mais vindo da boca de uma mulher. Era um escândalo, um escândalo que a fez ser escutada. Contudo, nunca utilizou essas expressões de modo ofensivo, senão como sons engraçados, interjeições que a ajudavam a elaborar o pensamento ou marcadores do ritmo do seu discurso. Sobre isso ela dizia: "não gosto de gente que fala palavrão de mau jeito perto de mim. Porque a maioria não sabe falar naturalmente, como se fosse pontuação, e, quando fala, soa grosseiro" (Amaral, 2011, p. 15). E, para a surpresa geral, em sua própria casa, terreno de Dolores, com os familiares e amigos, palavrões não eram usados.

A conexão da plateia com o lado *trickster* de Dercy, caracterizado pela irreverência (gestos e palavrões), permitia-lhe abrir caminho na vida e compor seu estilo. A comediante se destacava pela espontaneidade, pela rapidez do pensamento e pela criatividade de suas anedotas. Seu lado malandra no palco fazia com que, por vezes, os atores tivessem receio de contracenar com ela. Praticamente semianalfabeta, tinha dificuldade em decorar textos. Tornou-se, então, a "Rainha da improvisação". "Com o malandro, aparece também a criatividade, como uma dinâmica transformadora do arquétipo do *trickster*" (Faria, & Pedroso, 2019, p. 11).

Com extrema engenhosidade e agilidade mental, sabia sair de qualquer enrascada, tirando proveito da situação e deixando os outros em situações não muito favoráveis. Dercy vangloriava-se da própria esperteza e de sua fidelidade ao desejo de agradar o seu público, não lhe importando o quanto sua reputação de irreverente e imprevisível se disseminasse entre os atores e gerasse reservas naqueles que com ela contracenavam (Namur, 2009). Eis um exemplo *trickster* de sua malandragem:

> Era um dueto, mas ele [Grande Otelo] fugia de mim como o diabo da cruz. Se eu estava do lado esquerdo, se mandava para o direito. Se eu estava na boca de cena, corria pro fundo. Lá pelas tantas, resolvi tirar proveito da atitude dele e, pra onde ele ia, eu ia atrás. O público começou a rir e Otelo foi ficando cada vez mais furioso. Estava com tanta pressa de acabar que, ao terminar o número, se mandou sem agradecer. Saiu puto da vida para o camarim e me deixou sozinha no palco. [...] nas coxias, o pessoal, histérico, me chamava. [...] E eu, fazendo de conta que não estava escutando, comecei a cantar. Sabia que estava agradando e, de fato, quando terminei, estouraram os aplausos. Agradeci, saí de cena, mas o público continuou aplaudindo. A orquestra tocou os acordes iniciais do próximo número [...]. Não teve jeito. A orquestra foi obrigada a parar porque me queriam no palco outra vez.
>
> – E agora, o que é que eu faço? – perguntei muito sonsa ao pessoal da coxia.
>
> – Volta pra cena!
>
> Era tudo o que eu queria ouvir. Entrei e cantei novamente. Resultado: no dia seguinte não estava mais abrindo o espetáculo, fazia o número mais prestigiado, o quadro de encerramento. Era a glória, tanto mais porque não havia mais dueto. Otelo não apareceu mais. [...] mas, depois de quinze dias, inesperadamente, recebi o bilhete azul. [...] Sabia que na queda de braço entre o Otelo e eu, ele havia sido o vencedor. Afinal, era a grande estrela do cassino da Urca (Amaral, 2011, p. 106-107).

Em outra situação, como não aceitava ficar em segundo plano, lançou mão do seu aspecto *trickster* e de sua conexão com a plateia para se destacar. O comediante Oscarito foi a "vítima" em cena:

> Na estreia resolvi tirar partido daquilo, me escondi atrás de um cenariozinho e ali fiquei. O público podia me ver, mas Oscarito, não. Entrou [no palco] e não me encontrou. Começou a procurar, a plateia às gargalhadas, porque ele não conseguia me encontrar. No que estava quase me achando, corri para a plateia e me sentei no colo de um espectador.
>
> – Tô aquiii! – gritei.
>
> A casa veio abaixo (Amaral, 2011, p. 109).

Imaginando as cenas descritas nesses relatos, vislumbra-se, no modo de Dercy fazer comédia, uma configuração para o que se entende por *trickster*. Comumente, na mitologia indígena, nos relatos etnológicos, nos mitos, no folclore e na literatura, o arquétipo do *trickster* é representado na figura do herói trapaceiro, malicioso, embusteiro, pregador de peças, cômico, astuto ou velhaco, e também aparece como o bufão, o bobo da corte ou o palhaço (Queiroz, 2004). Ademais, associado a Mercúrio, o *trickster* também é um senhor dos caminhos. Dercy manteve-se fiel ao seu público e soube descobrir os meios pelos quais o agradaria e alcançaria sucesso.

Ovacionada nos espetáculos pelo público, proporcionava uma experiência catártica, sendo projeção do que os espectadores intimamente tinham o desejo de dizer ou ser. Um bom desabafo – um "lavar a alma" – era feito, sobretudo porque ela escancarava tabus e hipocrisias da vida em sociedade, assim como desafiava as rígidas normas sociais que limitavam o papel da mulher. O lugar que o *trickster* ocupa na sociedade concede-lhe poderes que mantêm a ordem e a coesão social. A esse respeito, Queiroz (1991, p. 98) afirma:

> [...] seu papel seria, sob muitos aspectos, semelhante ao de outros personagens aos quais se concede licença para que possam zombar da ordem estabelecida, quebrando aparências e desfazendo ilusões. Muito embora as transgressões cometidas por tais figuras sejam autorizadas pela sociedade, a própria ordem acabaria sendo assim reforçada, por meio de um processo catártico, e ainda com o mérito de revelar aos seus integrantes a desordem que poderia se instaurar caso as normas, os códigos e os interditos viessem a se dissolver. Elemento a um só tempo perturbador e agente da ordem, decorreria disto a ambiguidade do *trickster*.

Do mesmo modo, o seu aspecto *trickster* ajudou-a a se livrar de situações pessoais complicadas ou embaraçosas. "Eu era um bichinho, tinha reações selvagens, mas precisava me defender [...] Desde criança, eu me acostumei a me defender sozinha. [...] Menina de rua. Como não me transformei numa pivete, numa assassina, numa ladra, não sei" (Amaral, 2011, p. 27). Inúmeras vezes, Dercy ressaltou que viveu na malandragem, mas não se corrompeu. Isso significa que, como muitos brasileiros, necessitou da esperteza cotidiana e de um "jeitinho" para sobreviver. Em outras palavras, fazia questão de enfatizar que não utilizou dos meios que, em seu entendimento, seriam imorais – como a prostituição, o uso de drogas ou as ações ilegais.

Mesmo mantendo uma conduta ilibada, associar-se a ela publicamente era um escândalo perante a sociedade, sobretudo para as mulheres. Aqueles que, dentro do teatro, riam com seu espetáculo, do lado de fora tratavam-na com reservas. Por vezes inferiorizada, não foi poupada de discriminação e críticas destrutivas pela elite artística, às quais retrucava em seus depoimentos, afirmando ter sido formada atriz na "escola da vida" e repugnando as escolas teatrais que supostamente a exorcizavam, mesmo que elas tivessem, em segredo, muitos membros "filhos de Dercy" não declarados.

Seus gestos e discursos foram alvo da censura dos governos militares brasileiros. Suas mãos eram censuradas na televisão, por exemplo, pois eram consideradas obscenas. "A gente tinha que ir à vigilância sanitária, à polícia, havia a censura sentada no camarote, fiscalizando o espetáculo. Não se podia dizer nada mais explícito, até os gestos eram controlados" (Amaral, 2011). Na queda de braço com os governos militares, Dercy perdeu algumas vezes, como quando foi afastada do seu programa televisivo, mesmo com 90 pontos de audiência. Contudo, com notável inteligência, driblava seus oponentes em inúmeras ocasiões e, depois, ria-se deles em seus espetáculos. Todos riam, até alguns dos seus censores. Outros, porém, não podiam com sua esperteza e saíam enfurecidos. A censura era "um prato cheio" para os comediantes como Dercy, pois "as aventuras do *trickster* são marcadas, amiúde, pela malícia, pelo desafio à autoridade e por uma série de infrações às normas e aos costumes" (Queiroz, 1991, p. 96).

> – É o seguinte, tá aí um censor dizendo que não posso falar cinco *puta que pariu*. Ele não quer que eu diga cinco *puta que pariu*. Só posso dizer dois *puta que pariu*. Não sei como vou fazer com os outros *puta que pariu* que tenho na cabeça, mas ele só quer que eu diga um *puta que pariu*!
>
> O público ria a mais não poder e, naquela altura, eu já tinha falado cinco *puta que pariu* (Amaral, 2011, p. 257).

Os atores precisavam adaptar-se ao método de Dercy. Devido à sua dificuldade em decorar textos, improvisava e necessitava de muita liberdade em cena. Os diretores denominavam-na "indirigível". Ainda que o reconhecimento da crítica fosse escasso, grandes intelectuais como Sábato Magaldi associaram o estilo da atriz ao da Commedia dell'Arte, forma teatral baseada na arte da improvisação que teve origem na Itália, durante a Idade Média. Dercy desmontava o texto do autor e o adaptava ao seu estilo: "É claro que todo mundo sabe que sou uma artista muito imprevisível, não consigo nunca obedecer ao autor completamente, crio em cima, invento, não tenho muita paciência pra ficar repetindo o que ele escreveu, palavra por palavra" (Amaral, 2011, p. 129). Seu jeito inconfundível de fazer comédia e de levar aos palcos o gestual brasileiro – hoje incorporado pelas atrizes cômicas –, assim como suas anedotas, antes eram vistos como indecência. Atualmente, são cultura.

Sua *persona* e sua identidade *trickster* eram marcadas, à semelhança de Hermes, por um aspecto liminar. Nesse sentido, conforme Queiroz (1991), compunham um personagem com liberdade de ação, alheio às normas morais e sociais de conduta e, portanto, desempenhando o papel de mediador dos grandes dilemas. Nas sociedades antigas, Hermes era o intermediário entre deuses e homens. Nas sociedades complexas, o *trickster* age no profano da vida concreta, sendo mediador entre os próprios homens (senhores e escravos, ricos e pobres, pretos e brancos). Logo, quando questões contemporâneas pujantes são consteladas no repertório humorístico, isso pode constituir, mesmo inconscientemente, uma via de protesto e denúncia, de discussão e elaboração de um modo menos amargo, menos literal ou menos triste de encará-las. Afinal, outra máxima que costumamos escutar nos diz: "É melhor rir do que chorar".

Assim, Dercy, sem o menor constrangimento, debochava da hipocrisia da sociedade, dos preconceitos étnicos, de gênero e relativos à idade, das elites intelectuais e dos falsos pudores sobre a sexualidade. Não bastasse assim atuar como mediadora, "houve um tempo em que virei médium, comecei a receber. Trocava a língua, botava roupa de mãe de santo, fazia despacho e tudo o que tinha que fazer com muita convicção" (Amaral, 2011, p. 239). Posteriormente, deixou a prática mediúnica por descrença, mas, em matéria de fé, manteve seu posicionamento de nunca precisar de intermediários.

Como artista com grande exposição pública, Dercy não ficou imune às consequências de suas transgressões. Todavia, não deixou de abordar questões prementes da sociedade em que viveu, muitas das quais se relacionavam à sua etnia, à sua condição social e aos estereótipos associados à mulher.

Uma mulher *trickster*

> *Se eu não tivesse sido uma criança ferida, se não tivesse levado tanta porrada da vida, seria mais calma, mais equilibrada. Mas talvez não fosse Dercy Gonçalves.*
> Dercy Gonçalves (Amaral, 2011, p. 152)

Os exemplos associados ao *trickster* são, em sua maioria, masculinos. Hyde (2017) explicita, entre algumas razões para tanto, o fato de o *trickster* aparecer em mitologias patriarcais ou de haver um padrão que ignorou a presença de mulheres *trickster*. Todavia, quando personagens femininas incorporam características *trickster*, os desafios que enfrentam parecem ser muito mais perigosos, arriscados e malditos do que aqueles que se apresentam aos homens *trickster*.

A *persona* transgressora, malandra e debochada de Dercy, representação do *trickster* encarnado na vida de uma mulher, foi alvo de fortes preconceitos, discriminação e marginalização. De fato, as transgressões do *trickster* causam riso, mas também certo desconforto, pois quebrar regras e tabus pode gerar a desordem e o caos, desmontando o mundo organizado (Queiroz, 2004). No caso da atriz, que relativizou as imposições patriarcais sobre a conduta da mulher, a reação da sociedade conservadora e preconceituosa foi intensa.

Como ressalta Namur (2009, p. 20), "o que lhe faltava em teoria, sobrava em inteligência prática. Mulher de ação, muito jovem soube compreender que o seu espaço não era o da linear e uniforme subsistência feminina, à qual a relegavam a ignorância e a pobreza numa cidade pequena do interior, no início do século passado". Contudo, não era de modo algum comum e recomendável que uma mulher tivesse o comportamento livre e despojado de Dercy quando jovem.

> Cresceu e teve que enfrentar a cidade, descobrindo logo as fragilidades de sua condição étnica, econômica e social. Pobre e mal-educada, mas alegre e extrovertida, o que não raras vezes resultava em atitudes inconvenientes, era menina não grata nas casas de família e tinha dificuldade em fazer amigas (Namur, 2009, p. 18).

Em sua cidade natal era chamada de prostituta, título do qual se riu a vida inteira com ligeira indignação. Namur (2009) discorre sobre o encanto que figuras como Theda Bara e Pola Negri, atrizes que encarnavam a mulher emancipada e exuberante, exerciam sobre Dercy. Ao se identificar com mulheres fortes, chamativas, ousadas e capazes de provocar fortes paixões, causava escândalo na pequena cidade do interior. Pintava seus olhos com carvão, de modo a imitar a maquiagem marcante das atrizes, fazia poses parecidas e copiava suas roupas. Como resultado, seu pai a agredia e, na rua, os madalenenses a enxotavam. Não era com as mulheres reprimidas e subservientes que Dercy se identificava, mas com as que poderiam decidir a própria vida. Contudo, na época, as artistas eram classificadas como prostitutas. "Ao me chamar de puta, Madalena me colocava na mesma categoria de artista, e não havia nada que eu achasse mais bonito. Até me orgulhei do título. Sou puta? Então quero ser uma grande puta" (Amaral, 2011, p. 31). Além disso, para fazer *shows* como atriz em grandes cidades, a exigência da época era ter a carteirinha de artista, a mesma das prostitutas. Dercy conta que isso era uma humilhação. Havia, ainda, a necessidade de exame ginecológico, o que reforçava a reputação negativa das artistas populares.

Quando confrontada, a atitude de Dercy era responder à altura: com o escracho. A faceta questionadora de suas personagens debochava das normas sociais e ridicularizava o papel a que a mulher era relegada, com repercussões não somente na vida pessoal da atriz mas também na vida da coletividade. Dercy era considerada "voz para outras mulheres", e não à toa: regras, proibições e códigos de conduta organizam a vida social, e os temores de suplantá-los é disfarçado pelo riso, pelo ridículo, pela zombaria, permitindo que a vida e seu drama pareçam anestesiados (Queiroz, 2004). Inúmeras "Dercys", conscientes ou inconscientes, confessadas ou não, infiltravam-se nos espetáculos da comediante, algumas secretamente. Dercy sabia que muitas não assumiriam a curiosidade e o desejo de ser como ela era em cena. Também as atrizes cômicas, à época muito mais marginais do que as dramáticas, devem a Dercy a inserção da mulher no mundo da comédia, reduto com predominância dos homens.

Dercy encenava a mulher *trickster*, que podia transitar na sociedade da época, cuja força irreverente formava um escudo de proteção. Sua *persona trickster* e disruptiva causava incômodo, mas foi sua sobrevivência e, de modo adaptativo, tornou-se aos poucos uma identidade marcante que combatia inúmeros preconceitos, o que a fez ser mal interpretada. Sua conduta, nos dias de hoje, não causaria maiores escândalos.

Pode-se dizer, portanto, que o *trickster* na vida e na obra de Dercy foi um fator de resiliência, que estava ligado à sua insistência em se opor a uma sociedade que decretava o ostracismo às mulheres que fossem um pouco Dercy. O *trickster* traz a cura quando transforma o drama em piada, como ela o fez. Colocando-se como uma figura onipotente e desestabilizadora, também vencia a impotência que lhe era imposta, curando-se e afastando-se do sofrimento que experimentou desde menina em Madalena. Tal resiliência *trickster* a fez superar muitos desafios e vulnerabilidades. Viveu na companhia da vida como ela é, mantendo sua identidade e seu caráter. Jung (OC 9/1) afirma que o *trickster*, o malandro, o logrado, é associado a Mercúrio, o qual, aproximando-se da figura do salvador, é aquele que fere, mas também traz a cura em seu íntimo, remediando o sofrimento.

A habilidade mercurial de Dercy, como esperta e malandra que era, favoreceu a busca por um espaço próprio e contribuiu para o seu processo de individuação. Afinal, "a astúcia é o traço psíquico predominante do *trickster*" (Queiroz, 1991, p. 102). Ademais, a intuição de Dercy era uma das qualidades que, associada à astucia tricksteriana, ajudou-a em sua trajetória:

> Essa foi a grande vantagem que tive na vida: uma percepção fora do comum a respeito das coisas. Não tinha estudo, não lia quase nada, mas alguma coisa dentro de mim me alertava, chamava a minha atenção, me ensinava, me obrigava a perceber, me dizia o que eu tinha e o que eu não tinha que fazer (Amaral, 2011, p. 81)

Tal inteligência prática ou astuciosa também é própria de Métis, divindade feminina "que propõe um tipo de conhecimento ligado à intuição, que permeia os obstáculos, abrindo os caminhos de novas oportunidades" (Faria, & Pedroso, 2019, p. 9). Silva e Muniz (2017) consideram que uma forte intuição se desenvolve na busca por soluções para as dificuldades da vida ou para situações desfavoráveis. "Essa astúcia implica o desenvolvimento de estratagemas, o que, por sua vez, implica transgressões a fim de tornar-se mais polimórfico que a própria situação, ou que seu adversário, surpreendendo-o" (Silva, & Muniz, 2017, p. 312). O *trickster* da *persona* Dercy aliado à intuição feminina seriam qualidades decisivas para o sucesso que a atriz alcançou.

Portanto, Dercy não era uma emanação folclórica do *trickster*. Na realidade, sua *persona*, como um escudo, estampava as qualidades malandras atribuídas erroneamente à totalidade da sua personalidade. O público em geral acreditava que ela era muito sexualizada, depravada, trapaceira, pouco confiável ou superficial. Obviamente, ela se identificava com o modo "Dercy", mas poucos puderam conhecer seu caráter, sua lisura, sua abnegação, suas fraquezas e, também, a íntima Dolores. "Isso pode surpreender quem acha que eu era da putaria, porque fazia certos gestos e falava palavrões. Nunca fui da sacanagem, não. Na cama, sempre fui uma perfeita filha de Maria" (Amaral, 2011, p. 226).

Dercy encobriu Dolores, mas também a protegeu. Dercy poderia ser xingada e maltratada e reagir à altura. Dolores talvez não aguentasse tamanho desprezo. Dolores era mais quieta e reservada, dedicada à família e aos amigos. Essas duas mulheres sempre habitaram a mesma pessoa. "Minha timidez é tão terrível que às vezes sinto vergonha, porque ela não tem nada a ver com minha personalidade pública. Mas sou feliz por ser tanta coisa e, no fundo, só eu mesma sei quem sou" (Amaral, 2011, p. 298).

O vínculo com o teatro alimentou Dercy, enquanto o vínculo com a família e com a filha sustentou Dolores, que tentou, de todo modo, poupar a filha dos preconceitos que Dercy sofria, em uma preocupação legítima em dar-lhe outro destino. "Casou-se uma só vez e com objetivos precisos: dar uma família à filha, nascida de um relacionamento no qual foi a outra, a amante, certamente fiel, mas não apaixonada, e ter um sócio com maior preparo intelectual que o seu, que, confessava sem grande exagero, era precário" (Lisboa, 2002, p. 91).

Suportar as angústias de sua singularidade foi um peso menor do que o de se diluir em uma vida presa aos padrões sociais que escravizariam sua liberdade. No propósito da individuação, é necessário resistir à tentação da indiferenciação, seja no coletivo social, seja no mundo do inconsciente coletivo. Dercy veementemente destacava sua fidelidade ao ímpeto artístico e à própria personalidade. No processo laborioso e tricksteriano de diferenciar-se, esteve entre duas mulheres, duas facetas de sua personalidade. Destaca-se uma fala de Dercy a esse respeito:

> Existe uma dualidade entre Dolores e a Dercy... e elas não se gostam. A Dercy gosta menos de Dolores do que a Dolores dela. Dolores é calma, caseira, assiste televisão, joga cartas, passeia, viaja, mas só consegue fazer tudo isso porque a Dercy permite. Só que a Dercy é desbocada, arruaceira, não leva desaforo para casa, é chamativa e topa qualquer parada.... e acha a Dolores uma ingrata. De um certo modo, a Dolores inveja a Dercy, porque a Dercy é conhecida, brilha, só faz o que quer, fica bonita sem ser e põe o teatro acima de tudo. A Dercy esnoba e esmaga a Dolores, mas elas vão ter que conviver juntas até o último dia de suas vidas. Elas vão ser enterradas juntas. Ambas! (Khoury, 2000, p. 136).

O processo de individuação consiste na resolução do conflito entre os opostos por meio de sua integração em uma totalidade unificada. Portanto, Dolores e Dercy eram um par complementar, no qual a onipotência de uma não extinguiria a reservada presença da outra.

Os últimos anos de vida da atriz foram marcados pela rememoração criativa e debochada dela mesma. Criava anedotas e exagerava falando de si mesma em suas piadas. Em algumas, referia-se, sem nenhum pudor, às suas partes do corpo, exibia seus seios, debochava das mães, dos seus homens e da crítica de teatro que tanto a perseguiu. Foi uma maneira de integrar vivências impactantes e ambivalências. Sua biografia já se confundia com suas anedotas, criando ambiguidades em seu discurso, mas, no fim, integrava uma narrativa que, como um bálsamo de humor, fazia-a rir de si mesma. Sobre essa qualidade resiliente, Cyrulnik (2004, p. 100) afirma:

> O que o ferido pensa acerca do que lhe aconteceu e o sentimento que experimenta depende tanto da narrativa que ele faz para si quanto da que ele faz para os outros, sendo necessário adicionar a narrativa dos últimos. É na confluência de todos estes mundos intersubjetivos que nasce o sentimento atribuído ao acontecimento.

Cumpre salientar que a artista, por perceber suas ambiguidades, não negava as contradições de seus traços tricksterianos, afirmando que, "se houver um ser humano que não tenha contradições, deve ser muito chato, não faço a menor questão de conhecer" (Amaral, 2011, p. 243).

O empreendimento de Dercy em torno de si mesma é tão arriscado quanto o de qualquer um que se atreva a trilhar o caminho tortuoso da individuação. Aliás, fez análise por muitos anos e dizia que isso a rejuvenescia tanto quanto as cirurgias plásticas. Destacou-se como figura de sabedoria no final de sua vida, e suas opiniões, apesar do escracho, tornaram-se lição de vida.

A mulher *trickster* também carregava a ferida de outras mulheres em seus ombros. Era um bode expiatório. Seu trunfo para integrar e transcender os aspectos dolorosos da vida e não paralisar diante do sofrimento foi a malandragem.

Uma trickster à brasileira

> *Eles precisam do escracho para continuar rindo e vivendo, e aquele riso satisfeito, agradecido, é para mim uma forma de carinho.*
> Dercy Gonçalves (Amaral, 2011, p. 295)

É um modo característico do povo brasileiro permitir que, no fim, tudo acabe em piada. O humor é um modo de narrativa que ajuda a suportar a angústia. Como uma compensação, rir de si mesmo pode também ser uma maneira de evitar a constatação da humilhação ou de uma condição injusta e desigual. Desse modo, Dercy Gonçalves definia-se como legítima brasileira, refletindo em seu discurso as inúmeras características de um país com desigualdades, preconceitos e paradoxos.

Falar em Dercy é falar da identidade e da inteligência prática do povo brasileiro, como ela mesma salienta: "Eu não premeditei nada, nem estudei coisa alguma. Tudo o que faço foi a própria vida que me deu. [...] Fui sentindo, vendo e observando. Sou brasileira!" (Namur, 2009, p. 29). Ela dizia: "Só sei me comunicar com o povo brasileiro" (Amaral, 2011, p. 95) – e, de fato, sua experiência em terras estrangeiras não foi bem-sucedida. Apenas no Brasil sua comédia funcionava. A conexão dela com o público provava que sua comicidade revelava como é ser e sentir-se brasileiro.

Sua malandragem ao lidar com os fatos, preconceitos e dificuldades em sua vida transformou-se em enredo dos seus espetáculos, um típico modo de ser brasileiro, como salientam Faria e Pedroso (2019), uma forma de sobrevivência aos diferentes tipos de opressão, que compõe sua identidade consciente, por um lado, e se configura como um complexo do malandro, também sombrio, presente em inúmeros contextos, por outro. O "jeitinho brasileiro", que sucedeu ao nosso antigo malandro, deturpou a criatividade e criou uma rede de ações repreensíveis e delitos, como entendem os mesmos autores. Esse novo jeito de ser malandro era criticado veementemente por Dercy, sobretudo quando se referia à atuação da classe política. Jung (OC 9/1) comenta que a integração do *trickster* torna os aspectos sombrios mais conscientes e passíveis de crítica, complementando que, quando isso acontece, a manifestação do arquétipo pode ter um papel destruidor, mas também curativo. Portanto, o fato de Dercy não se corromper em esquemas escusos atesta o modo criativo como lidou com seu aspecto *trickster*, o que não a poupou, evidentemente, de enganos e dificuldades oriundas de sua inicial ignorância, seu temperamento e sua espontaneidade.

Seu gestual e seu vocabulário – em suma, seu modo de ser – refletem muito daquilo que somos como nação. Sua marginalidade, sua luta e sua malandragem são típicas de um jeito brasileiro que não é sinônimo de corrupção. Como sintetiza Novaes (2016, p. 10), "o jeitinho é também o que está por detrás da expressão 'onde come um, comem dois'. É o jeitinho para sobreviver, que está ligado à capacidade de resiliência do brasileiro diante da fome, da pobreza e da falta de recursos". O *trickster* é marcado por uma inconsciência característica, mas o trabalho posterior da consciência pode dar-lhe limites, pois, em si, não é sinônimo de conduta ilícita, imoral ou criminosa.

Dercy nos oferece uma lição de vida por trilhar um caminho original, no qual enfrentou os preconceitos contra a mulher e se muniu de suas capacidades e esperteza para tornar-se, de fato, quem era. Costumava dizer que o povo sempre a acompanhou e aplaudiu. Sobretudo os mais humildes lotavam seus espetáculos. Todavia, apesar das inúmeras entrevistas controversas, havia muitos abastados financeiramente que também se infiltravam em seus espetáculos. Portanto, seu humor atingia a todos. De modo diferente da Dercy do início da carreira, a madura senhora foi reconhecida como representante da cultura do país – fato que fazia questão de frisar de modo ácido e debochado.

É quase um pleonasmo dizer que Dercy é bem brasileira. Seu jeito esperto foi desenvolvido com os menos favorecidos, com aqueles que constroem secretamente o país. Dercy é carnaval, é espoleta, é Brasil. A sabedoria para descrever-se e a criatividade de suas afirmações resultam de um irreverente e corajoso modo de viver. Conforme descrito antes, Dercy encobriu Dolores como um recurso para sobreviver. Não há dúvidas que o legado de Dercy é puramente brasileiro, fruto de nossa terra, resiliente, debochado, malandro e forte, como a alma do brasileiro.

Considerações finais

Durante uma apresentação da companhia mambembe que passou por Madalena, um dos cantores dedicou a canção "Malandrinha" a ela, e isso a tocou profundamente: "Quero ser artista!", deve ter pensado. Era a malandrinha, pimenta malagueta, que entendia qual seria seu destino. Esses versos foram, para Dercy, seu chamado à aventura, chamado a que atendeu como uma heroína.

De menina pobre e semianalfabeta, passou a atriz com recursos cômicos extraordinários. Sua irreverência era um protesto, e o palavrão, sua estratégia profissional. Sua *persona trickster*, vivida de modo construtivo, deu-nos a oportunidade de rir de modo irreproduzível, ajudou-a a enfrentar os mais complexos desafios, constituiu um estilo, abriu caminho para inúmeras mulheres, denunciou abusos e destacou um pouco de nossa identidade e das feridas da alma dos brasileiros. A malandrinha de Madalena ganhou o coração de todos.

A longevidade é um traço oriundo da vitalidade e da energia associadas ao *trickster* (Queiroz, 1991) e um desejo enfatizado por Dercy, que almejava viver por mais de 100 anos. "A morte, pra me pegar, vai ter que correr muito atrás de mim. Ou tem que esperar o espetáculo acabar", dizia a artista (Amaral, 2011, p. 301). Viveu 101 anos intensos, vindo a falecer em 2008 de pneumonia. Cumpre destacar que, quatro dias antes de sua morte, participou de um grande evento em sua homenagem.

Como última anedota a contar, Dercy construiu seu próprio túmulo em forma de pirâmide, anos antes de morrer, e fez o pedido para que, quando sepultada, fosse colocada em pé, e não deitada. E assim foi feito, ao som do samba enredo da Viradouro, que a homenageou em 1991: "Bravo, bravíssimo! Mil aplausos pra você, Dercy. Ao retrato de um povo. A homenagem da Viradouro". Foi o símbolo final de uma vida laboriosa. Manteve-se em pé na vida, não ficaria de outro modo diante da morte. Dercy e Dolores, reunidas por um fio de eternidade.

Referências

Amaral, M. A. (2011). *Dercy de cabo a rabo* (6. ed.). Globo.

Cyrulnik, B. (2004). *Os patinhos feios*. Martins Fontes.

Faria, D. L., & Pedroso, C. (2019). O *trickster* malandro nas canções de Chico Buarque: um complexo cultural. *Pesquisas e Práticas Psicossociais 14*(4), 1-12.

Hyde, L. (2017). *A astúcia cria o mundo*. Civilização Brasileira.

Jung, C. G. (2011). *Obra completa*. Vozes.

Khoury, S. (2000). *Bastidores: Dercy Gonçalves, Rubens Correa, Suely Franco, Renato Borghi*. Letras e Expressão.

Lisboa, L. C. (org.). (2002). *Dercy Gonçalves*. Rio.

Namur, V. M. S. M. (2009). *Dercy Gonçalves: o corpo torto do teatro brasileiro*. [Tese de doutorado, Universidade Estadual de Campinas].

Novaes, C. S. (2016). Corrupção no Brasil: uma visão da psicologia analítica. *Junguiana 34*(2), 5-17.

Persona. (2016, ago. 23). *Dercy Gonçalves | Persona em Foco | 23/08/2016* [Vídeo]. YouTube. https://www.youtube.com/watch?v=LtpIxZ6CmPQ

Queiroz, R. da S. (1991). O herói-trapaceiro: reflexões sobre a figura do *trickster*. *Tempo Social 3*(1-2), 93-107.

Queiroz, R. da S. (2004). O homem: animal que ri. *Revista USP 60*, 106-113.

Silva, J. T. de A., & Muniz, H. P. (2017). Considerações sobre a *métis*, a inteligência astuciosa. *Mnemosine 13*(2), 309-331.

12 O deboche e o escárnio

A escritora e a atriz

Liliana Liviano Wahba

Palavrão é a miséria, a falta de respeito, é a sacanagem que estão fazendo com o povo. Isso que é palavrão.
Dercy Gonçalves

Todos nós estamos na sarjeta, mas alguns de nós olham para as estrelas – Oscar Wilde. E quem olha se fode.
Lori Lamby (Hilda Hilst)

Em “A psicologia da figura do ‘trickster’”, Jung (OC 9/1) descreve o *trickster* a partir da lenda do ciclo Winnebago no texto de Paul Radin. Mostra analogias com o carnaval, o espírito mercurial e a festa dos tolos medieval. A figura tem aspectos de divertimento, mas, principalmente, representa a consciência primeva fusionada ao inconsciente. O *trickster* é “tanto subumanamente como sobre-humanamente um ser teriomórfico e divino, cuja característica permanente e mais impressionante é a inconsciência" (OC 9/1, § 472). Ilustra o confronto durante o desenvolvimento da consciência com dimensões psíquicas inconscientes, como se a sombra pregasse truques, e portanto essas dimensões necessitam ser confrontadas.

Em termos religiosos, direciona o eu para aquilo que o transcende e tem potências mágicas, instintivas e espirituais. Essencialmente paradoxal, segundo Jung, é uma das primeiras figuras de Salvador tomando a forma de criaturas demoníacas originais que despertam o fascínio da consciência. No nível existencial, defronta o ser humano com as contradições da existência, inerentes ao percurso do processo de individuação.

Błociancomo (2020) o vincula aos contos picarescos, ao carnaval, ao teatro italiano, aos personagens cômicos itifálicos, aos ritos mágicos de cura, às exaltações religiosas; considera-o um mitologema, uma estrutura arquetípica muito antiga que adquire formas variadas – trapaceiro, malandro, impostor, vigarista, intrujão, embusteiro e pícaro. Aparece como Mercúrio, Hermes e Prometeu em Roma e na Grécia Antiga; como Eshu e Anansi na África; na mitologia nórdica, é Loki; e na brasileira seria tanto o Curupira quanto o Saci-Pererê, e assim por diante. Faria e Pedroso (2019) fazem a leitura do *trickster* e do malandro em letras de músicas brasileiras.

Tradicionalmente masculino, essa figura tem adquirido nuances que lhe conferem ambiguidade sexual e o aproximam do gênero feminino, como se observa na análise de Tannen (2007) do feminino pós-moderno. A autora descreve o efeito de estranhamento e atração do *trickster* e o relaciona ao uso do humor e à experiência de marginalização no desenvolvimento do indivíduo, em que o humor e, sobretudo, o humor sagaz, atuam como estratégias adaptativas às cisões oriundas de traumas, da estigmatização ou da marginalização. Ela traça um percurso da figura tricksteriana desde a consciência mais arcaica (visão original do *trickster*), que busca integrar partes do corpo, passando pelo bobo da corte, o palhaço, até uma consciência mais ampla que denota sagacidade e ironia, exemplificando as mulheres pós-modernas que desenvolvem humor e comicidade. O humor e a ironia são empregados como dispositivos particularmente subversivos e transformadores da própria estrutura social.

Segundo a autora, a mulher pós-moderna constrói sua identidade à margem das imposições patriarcais, assumindo agenciamento, autonomia e autoridade e, principalmente, empregando a potência criativa na recusa da vitimização. O humor feminino tem uma qualidade subversiva, inverte a lógica e denuncia as hipocrisias e as estruturas de poder vigentes, desafiando o *status quo*.

Bassil-Morozow (2020), na mesma linha, contrapõe o humor às estruturas de *persona* rígidas configuradas a partir daquilo que é esperado para a mulher, regulando seu modo de ser e seus corpos. A *trickster* feminina desafia essa *persona*, desmonta a máscara social ousando na apresentação e sobretudo nos temas tabus: aquilo que não se espera de uma mulher. Assim como seu par masculino, a *trickster* não deseja se tornar uma boa cidadã, contraria a civilidade e despreza as regras da imitação para alcançar o pertencimento. A sua obsessão com temas tabu, como sexo e excreções, opera, segundo a autora, como repelente da *persona*: ao trazer caos na ordem existente, aponta para a reforma e a renovação. A natureza dual do *trickster*, assinalada por Jung (OC 9/1), opera psiquicamente como símbolo demoníaco e de salvação.

Note-se que, para Jung (OC 17), a disposição de abrir mão do normativo imitado faz parte do processo de diferenciação da personalidade de toda pessoa que se singulariza, e a primitividade da figura, que tende a confundir, defronta o eu com a sombra pessoal e cultural; além disso, como apontam Bassil-Morozow (2020) e Tannen (2007), assinala modos de alcançar a desafiadora constituição do eu de uma forma anticonvencional. A mulher na sociedade androgênica precisaria dessa energia contestadora, exuberante e desprovida de vergonha em uma sociedade que a relega à marginalidade e lhe impõe modos de se conduzir que rebaixam sua autoestima. A vergonha de não ser perfeita, de esconder um corpo ofertado ao prazer, incide nos sintomas de inferioridade de muitas meninas, jovens e mulheres maduras.

Pode-se questionar se o humor sagaz mencionado por Tannen (2007) se enquadra na descrição de *trickster*, o qual parece, na mulher, mais próximo ao sentido de abjeto de Kristeva (1982). A mulher, segundo a psicanalista francesa, circula no discurso social simbolizante (o simbólico, a fala) e no semiótico (pré-verbal, primário). Fundida inconscientemente à mãe e ao corpo gestador, é-lhe difícil superar a semiótica do abjeto corporal e fica sujeita a estados afetivos sem objeto definido, sem alteridade: “Escura revolta do ser dirigida contra uma ameaça que parece emanar de um exorbitante fora ou dentro, ejetado além do escopo do possível, do tolerável, do pensável” (Kristeva, 1982, p. 1). A mãe fantasmagórica com seu corpo impuro precisa ser nomeada, pois os rituais de purificação exercidos pela sociedade e pela lei paterna a submergem e condenam.

Em entrevista a Alain Braconnier (2006), Kristeva se refere à escritora Colette e fala da capacidade de adaptação da mulher e da flexibilidade psicossomática da maturidade depois de ter atravessado as armadilhas da reivindicação fálica e da inveja; incita suas leitoras a não serem "como", mas a se buscarem incomparáveis, pois esse imensurável que é o gênio não se realiza a não ser nos riscos que cada um é capaz de tomar, questionando seu pensamento, sua linguagem, seu tempo e toda identidade (sexual, nacional, étnica, profissional, religiosa, filosófica...) que lá se abriga.

A mulher pós-moderna, ao ostentar o tabu, ao vincular abertamente o interdito feminino ao corpo potente sexuado, incorpora o abjeto para extravasar e afirmar: esta sou eu, assim me faço.

Duas artistas brasileiras de renome nas letras e no teatro souberam evidenciar as nuances desse *trickster* revolucionário e irreverente com ousadia e criatividade. Na literatura, Hilda Hilst, e no teatro de revista, inicialmente, Dercy Gonçalves. Aguda contestação está presente em ambas, com forte humor que podemos denominar de tricksteriano bruto (Dercy Gonçalves e Hilda Hilst) e de humor refinado (Hilda Hilst).

Dolores Gonçalves Costa (1907-2008), nascida no Rio de Janeiro, foi atriz de teatro de revista, uma comediante espontânea e intuitiva. Fez carreira na década de 1930 e, na década de 1940, trabalhou nos espetáculos de teatro de revista de Walter Pinto. Na década de 1950 fez uma transição para o teatro e na década seguinte definiu sua atuação na comédia em *shows* solo; considerada uma das grandes comediantes populares puramente intuitivas, nos anos 1960 destacou-se na TV com o programa *Brasil de verdade*, que, no início dos anos 1970, por pressão do governo militar, foi retirado do ar.

É considerada o maior expoente do teatro de improviso no Brasil, com longa vida de atuação no teatro, no cinema e na televisão ("Dercy Gonçalves", 2017). Em 1985 ganhou o Troféu Mambembe numa categoria criada especificamente para homenageá-la: Melhor Personagem de Teatro. Sua biografia *Dercy de cabo a rabo*, de 1994, e a minissérie *Dercy de verdade*, de 2012, foram escritas por Maria Adelaide Amaral (2011, 2012). Em 2007, cumprindo 100 anos, atuou na comédia teatral *Pout-PourRir*, na qual comemorou "Cem Anos de Humor". Irreverência e liberdade foram suas marcas.

Sua comicidade bufa, em diálogo direto com o espectador, usa o palavrão fortemente aplaudido que, segundo Magaldi (1983), adquire função "de ária de ópera". Imperceptivelmente, começa-se a sentir porque Dercy sintoniza tanto com o público. Segundo o autor, ela assume a própria marginalidade, erigindo-a como um troféu, assim como o povo brasileiro marginalizado, que se identifica com a Dercy perseguida, incompreendida e marginalizada, superando-se no deboche e no sarcasmo. O riso provoca a catarse; rindo, aprende-se com ela uma profunda lição de brasilidade (Magaldi, 1983).

O teatro de revista criava cenários e imagens exuberantes sexualizando as vedetes e bailarinas, muitas delas transformistas. Consequentemente, havia um julgamento moralista da parcela social conservadora, associando as artistas à prostituição. Aqui reside o primeiro ato transgressor do corpo feminino, que afirma sua liberdade em detrimento da mulher pura "do lar", ainda imperante em discursos machistas atuais. Com 74 anos, Dercy desfilou numa escola de samba expondo os seios.

Esse tipo de teatro, segundo Mate (2012), necessita reconhecimento na história do teatro brasileiro, dada sua repercussão. Dercy teve ampla liberdade criativa usando a extravagância e o extravasamento do inconsciente de artista; a força da criação é premida pela irreverência, pela iconoclastia, pela ludicidade e pela provocação, apesar de críticos que referem a "rebaixamentos e escatologias verbais, ambiguidades e insinuações sexuais, apologias gratuitas ao baixo ventre ou ao grotesco, incitação a comportamentos transgressivos ao bom gosto e à moral vigentes" (Mate, 2012, p. 47). Citando Décio de Almeida Prado, Mate refere que bastava Dercy aparecer em cena para o público ficar transportado em divertimento ímpar.

O crítico citado, segundo Santos (2017), teria um posicionamento duplo à respeito da atriz. De um lado, considera-a parte dos atores e atrizes que não incorporaram elementos de modernização teatral, permanecendo na subjetividade. De outro, admira sua criatividade e a graça brasileira popular que vem do circo e da bufonaria das ruas. Surpreendendo pela comicidade, pela espontaneidade e pela autenticidade, ela "anarquizou o próprio teatro, zombou de seus critérios, subverteu suas hierarquias" (Prado, 1956 como citado em Santos, 2017, p. 6).

Dercy respondia por meio da burla e do riso às mazelas de sua própria vida e da sociedade, depondo que viera ao mundo sem nenhuma cultura, mas com muita curiosidade. Afirmava também que, apesar de sua vertente bem-humorada e seu amor às crianças, mantinha ceticismo com respeito à natureza humana:

> Eu nunca fui de sexo, nunca fui mulher sexuada, que ficasse apaixonada. Em primeiro lugar, eu não acredito em sexo. Pela natureza, nós somos feitos de uma matéria ordinária, muito vagabunda, que Ele ia jogar fora, mas decidiu aproveitar para fazer a humanidade. É disso que é feita a humanidade. Se a humanidade é feita disso, nós não somos nada (Santos, & Sampaio, 2007).

Ela nos encanta e presentifica o *trickster* feminino com sua exuberância, sua instintividade de prima matéria, o abjeto de Kristeva; pregando peças e subvertendo ordens constituídas, provoca o riso do deboche para mostrar a seriedade da injustiça e o preconceito, transfigurada em saltimbanco que surpreende e que proclama que não deve ser levada a sério, justamente para lançar a indagação do que é sério, o que é autêntico por trás de convenções e poderes.

Luke (1992, p. 12) escreve sobre "o riso no coração das coisas", frase extraída de comentário de T. S. Eliot a respeito de histórias de Charles Williams:

> Para os leitores que puderam apreciá-las, há terror no abismo da escuridão na qual ele pode nos fazer olhar; mas no final, nós somos trazidos para mais perto daquilo que outro explorador moderno da escuridão chamou "o riso no coração das coisas".

Luke (1992, p. 14) vincula o senso de humor ao senso de proporção e à capacidade de discriminar e responder à relação das partes com o todo; há um riso que cura e que integra, um caminho de liberdade e da "alegria de ver a desproporção restituída à proporção". A espiritualidade transparece com o riso do humor espontâneo.

O humor desnorteador permeia parte da obra de Hilda Hilst, que escreve a respeito do que se tem como sério de modo engraçado, ao passo que aquilo considerado engraçado adquire tons graves.

Hilda de Almeida Prado Hilst (1930-2004), poetisa, cronista, dramaturga e ficcionista, com mais de 40 obras e premiações, é considerada uma das maiores escritoras brasileiras e da língua portuguesa do século XX. Estudiosa de ciência, filosofia e linguística, tem uma obra complexa que o público teve dificuldade em compreender. A sua residência, Casa do Sol, foi tombada pelo patrimônio histórico de Campinas como sede do Instituto Hilda Hilst. Em 2018, dois filmes foram produzidos sobre a autora: *Unicórnio* (Nunes, 2018), baseado nos contos "Matamoros (da fantasia)" e "O unicórnio" (Hilst, 2022a), e o documentário *Hilda Hilst pede contato* (Greeb, 2018).

Hilda Hilst (2002, 2022b) compôs uma trilogia erótica entre 1990 e 1992 que compreende as obras *O caderno rosa de Lori Lamby*, *Contos d'escárnio: textos grotescos* e *Cartas de um sedutor*. Em *O caderno rosa de Lori Lamby*, consegue atingir o ápice da contravenção ao criar uma personagem prostituída de oito anos de idade, cínica e devassa. Marchetto (2018) descreve que, apesar do impacto do tema de pedofilia – a menina se prostitui para ajudar o pai –, o livro traz críticas ao mercado editorial e brinca com a obscenidade aos olhos do leitor. Segundo Blumberg (2015), a escritora enunciou o campo do "desbocamento feminino" sem se identificar como uma autora propriamente feminista.

O autor vê na literatura erótica escrita por mulheres uma intenção consciente para subverter valores arraigados, em que o tema do amor absoluto, por exemplo, em Cecília Meireles, foi substituído nesse tipo de literatura pelo erotismo em busca de uma nova identidade feminina. Esse modo de escrita proclama a liberdade sexual, tingida de obscenidade e de pornografia, por vezes entremeada de sentimentos religiosos. Uma das precursoras é Anaïs Nin (2013), na França, com o livro *Delta de Vênus*, escrito dos anos 1940 e publicado em 1977.

A fusão de erótico e divino se apresenta em Adélia Prado e na poesia e na prosa de Hilda Hilst. A autora, após uma poesia erótica inspirada em cantigas medievais, dedica-se a uma trilogia erótica. A busca pela fusão com o outro impossível perpassa esses escritos, seja com deus ou com um amado inalcançável. Em *A obscena Senhora D*, de 1993, a personagem se funde à aspiração de união divina, nega-se ao marido e se entrega a gestos obscenos. "Hilda se libera do peso do mundo com uma risada sonora" (Blumberg, 2015, p. 128). Diante da crueldade divina, que permite tanto sofrimento, e da superficialidade humana interessada no seu próprio prazer e poder, ela usa a provocação da obscenidade transgressora (Blumberg, 2015). A transgressão obscena é veículo do interdito, o porta-voz da crítica política e social, que Hilda ferozmente aplicava ao Brasil e à sua "bandalha". O obsceno na arte seria um artifício técnico para sacudir e despertar para a realidade.

Diferentemente da pornografia crua, a obscenidade está vinculada à aversão estética moral e vital, ao imoral, ao nojento, uma estética do grotesco chegando ao absurdo, entremeando sexualidade explícita ao cômico. Essa forma da estética do feio, mediante sátira e blasfêmia, confunde o leitor em busca de prazer nas cenas eróticas explícitas e abundantes entremeadas de reflexões sobre o humano. Hilda Hilst dizia que tentou chocar e provocar sensações.

A provocação buscando reações ao amortecido habitual, aos costumes tradicionais e preconceituosos, seria uma das marcas tricksterianas. A escritora expõe o dilema religioso de quem não é crente e suas próprias frustrações em não ser reconhecida pelo mercado editorial e pelo grande público. *O caderno rosa de Lori Lamby* tem início com o pai de Lori, escritor genial que não consegue vender seus livros e é forçado pelo editor a escrever sobre orgias. A frustração é da própria Hilda, que se ressente da falta de aceitação e "se vinga" na escrita provocativa e desafiadora, atingindo o clímax do tabu da pedofilia: "Por que será que não dão dinheiro pro papi que é tão gênio e pra mim eles dão, só dizendo que sou uma cachorrinha?"

Pécora (2001) introduz *Contos d'escárnio: textos grotescos* como um gênero de prosa satírica, com construção de tipos mistos e heterogêneos em que o vicioso, o execrável e o repugnante estão entremeados a ponderações morais, ainda que sarcásticas, de forte ação demolidora dos costumes e da hipocrisia social. A combinação refinada de sarcasmo, erotismo e humor constituem um testemunho, que, segundo Blumberg (2015), denota uma resposta grotesca à perda de esperança e de sentido com relação ao mundo e à espécie humana.

Ambas as artistas expressam algo como um mau humor quando trazem à tona a estupidez das pessoas. Personagens mal-humorados em contos (irmãs de Cinderela) e em histórias em quadrinhos (o Pato Donald) permitem conscientizar a sombra, o indesejável e as inferioridades relegadas. A qualidade espiritual, definida por Jung (OC 9/1) como substância imaterial, soma dos fenômenos do pensamento e do intelecto, a vontade, a memória, a imaginação, o poder criador, a aspiração motivada por ideais, apresenta-se nas rajadas de mau humor que impelem a uma mudança. Seria um espírito cínico (gr *kyon*: cão), assim como pregado pela filosofia do cinismo, valorizando a liberdade moral em busca da virtude, com desprendimento da ganância, da propriedade, dos costumes sociais (Wahba, 1992).

> Evidentemente que O Deslumbrante não mandou recados de assassinatos e torpezas, torpe é a nossa natureza, imundo e dilacerado é o homem, imundo sou eu, Crasso, mas querem saber? Não vou falar disso não, imundos são

> vocês também, todos nós e se eu continuar falando não vou conseguir nunca mais foder. E foder é tudo é tudo o que resta a homens e mulheres. Vamos às fodas, senhores. Só mais um minutinho: para mim o homem foi feito pelo demo (Hilst, 2002, p. 23).

> Não deviam postar-se nus numa praça e ali permanecer até que os homens entendessem que é preciso acabar com todas as cloacas do poder? Mas vamos às nossas orgásticas, gentis e menos imundas putarias (Hilst, 2002, p. 23).

> Sabia História como ninguém, e boa parte de sua antes--surdez e melancolia era devido à História. Dizia à Líria que a Humanidade continuará seu caminho demente, que somente um idiota não vê que os homens continuarão *per secula seculorum* a cometer desatinos imundícies baixezas escroterias, e que as religiões e as Igrejas haviam criado as guerras a miséria a loucura a culpa (Hilst, 2002, p. 70).

Sobre a literatura propriamente, o estilo tricksteriano, de acordo com Bassil-Morozow (2020), segue uma estrutura narrativa com elementos imprevisíveis introduzidos na ordem existencial das coisas, a qual é desafiada e demolida. Os personagens podem assumir comportamentos inusuais e dizer estupidezes. As narrativas mostram quebra de limites, falta de controle, criatividade livre, piadas escatológicas e promíscuas. Os personagens recusam a vergonha ao tratar de temas tabus ocultos pela *persona* socialmente aceita, como excreção, sexo, reprodução; os fluidos corporais põem em evidência o corpo e sua materialidade. Em suma, contrastam com as *personas* de mulheres que exibem modéstia, gentileza, silenciamento e fragilidade e chocam despudoradamente esses atributos valorizados em sociedade.

Surge a pergunta sobre uma escrita tida como feminina, para a qual Jensen (2000) comenta que seria um fenômeno histórico da década de 1970, quando uma geração de mulheres se reconheceu nesse tipo de escrita, mas essa afirmação identitária não caberia atualmente, apesar de ter sido importante como tomada de consciência. Haveria grande diversidade estética e temática, que ultrapassa campos delimitados.

A expressão *écriture féminine* adquiriu difusão com a obra liminar de Hélène Cixous a partir de textos de 1975, *Le rire de la Méduse* (*O riso da medusa*), no qual incita as mulheres a escreverem sobre sua experiência e seus corpos, a achar uma escrita à margem do formato e das imposições falocêntricas. Propõe que não se fale da mulher, mas das mulheres, cada uma com sua riqueza particular, em que a experimentação do corpo, do erotismo e do prazer acompanha as formas da escrita; a censura do corpo atinge também o sopro, a palavra: "cada tempo de gozo inscrevendo uma visão sonora, uma composição, uma coisa bela" (Cixous, 2010, p. 38). Ela critica as editoras que relegam as mulheres escritoras a segundo plano. Incita a que retornem do "continente negro" no qual foram excluídas como em um *apartheid*, lócus de terror interiorizado. A escrita, segundo a autora, tem a força de operar mudanças sociais e culturais tanto para as mulheres como para os homens. O protesto veemente denuncia a reclusão da mulher nesse "continente negro", que não é negro nem inexplorável, no qual a mulher ficou congelada entre dois mitos horripilantes: o da Medusa e o do abismo. Entretanto, ela pode reagir e mostrar seus *sextes* [neologismo mesclando *sexe* e *texte*], mostrar aos homens que ela não é castrada, contrapondo seu riso ao absurdo que lhe foi imposto. "Basta olhar de frente a Medusa para vê-la: e ela não é mortal. Ela é bela e ela ri" (Cixous, 2010, p. 54).

Nas palavras de Kristeva (1982, p. 206) sobre a escrita:

> Sua única substância reside na beleza do gesto que, aqui, na página, compele a linguagem a se aproximar do enigma humano, ao lugar onde ela mata, pensa e experiencia o gozo, tudo ao mesmo tempo. Uma linguagem do abjeto da qual o escritor é tanto sujeito como vítima, testemunha e derrotado. [...] Uma brilhante e perigosa beleza, frágil anverso de um niilismo radical que somente pode desaparecer "nas borbulhantes profundidades que cancelam nossa existência". Música, ritmo, *rigaudon*, sem fim, sem nenhuma razão.

As borbulhantes profundidades, o ritmo, a sensualidade e a sonoridade da palavra, o espanto com o ser e o desprezo pela ignorância do poder arbitrário estão magnificamente descritos por Hilda Hilst, e podemos acompanhar a figura da *trickster* que ri das convenções em trechos de *Contos d'escárnio* (Hilst, 2002)[38]. A autora entremeia a elaborada erudição – com citações de filósofos, escritores e escritoras, cinematografia –, exibindo a palavra metamorfoseada e lapidada, com o deboche e a obscenidade permeados de humor, a impiedosa crítica social e religiosa, a injustiça que a atormenta, o desalojamento e o desamparo humano.

> Sentei-me num dos bancos vazios e comecei a pensar no pau e na vida. O que era isso de ter um pau e ficar metendo nos buracos? Que coisa idiota o sexo. Eu que na mocidade havia lido Spinoza, Kierkegaard, e amado Keats, Yeats (H., p. 23).

> Clódia, se você lesse os inéditos de Hans! Aquele de Lisa é o mais alegrinho. Há agonias sem fim, homens e mulheres debruçando-se sobre o Nada, o Fim, o ódio, a desesperança (H., p. 59).

38. Nos trechos citados a seguir, H. se refere a Hilst (2002).

Por vezes se aproxima dos contos satírico-picarescos do *Decameron* de Boccaccio, outras lembram um *8 ½* de Fellini com cenas insurgentes. Quando o leitor está envolvido na excitação voyeurística erótica, é assaltado, tomado de surpresa e assombro com a angústia da mortalidade, do desespero. Salta de um cenário para o outro sem aviso prévio: vívidas cópulas, morte, tesões, deus, vaginas, suicídio, metafísica, pênis, literatura, comicidade, tragédia. A *trickster* primitiva e lasciva de imediato submete o leitor à sua brincadeira preferida: esconder-se e revelar-se prontamente em toda a grandiosidade da palavra trabalhada, agenciada pelo espírito estético e filosófico. A estética transgressora gargalha ou soluça, da pornografia à dor, das entranhas, das umedecências orgiásticas ao ápice da comiseração pelo humano sofrente, do sarcasmo à amargura.

A história de fundo é narrada em primeira pessoa, Crasso, um *alter ego* de gênero masculino que decide ser escritor. Órfão desde bebê, foi criado por um tio devasso, e o próprio pai morreu em um bordel. A narrativa é fragmentada em textos intercalados, aparentemente sem sequência – cabe ao leitor buscar o fio de Ariadne. Acompanhamos as incursões eróticas do personagem que, apesar de parecer machista, está subjugado à exuberante pujança da sexualidade da mulher, mulheres que o fascinam. "Como que eu podia fazer com as mulheres além de foder? Quando eram cultas, simplesmente me enojavam [...] meu pau vai minguar com essa doida pensante" (H., p. 15, 24);

Já nas primeiras linhas, Hilda ironiza a função da escrita: "Resolvi escrever este livro porque ao longo da minha vida tenho lido tanto lixo que resolvi escrever o meu" (H., p. 13). Entretanto, avisa ao leitor o que ela entende por literatura:

> Hans, vamos escrever a quatro mãos uma história porneia, vamos inventar uma pornocracia, Brasil meu caro, vamos pombear os passos de Clódia e exaltar a terra dos pornógrafos, dos pulhas, dos velhacos, dos vis, não posso. Literatura para mim é paixão. Verdade. Conhecimento. (H. p. 30).

No decorrer da narrativa de aparência desordenada e caótica, há a mensagem de fastio e desapontamento com o mercado editorial e a superficialidade dos leitores.

> Quem sabe se aos poucos vou preparando uma lista desses canalhas editores. Quem sabe se na ilha encontro o meu porco. Porque cada um de nós, Clódia, tem que achar o seu próprio porco. (Atenção, não confundir com corpo.) Porco, gente, porco, o corpo às avessas (H., p. 58).

> (Vide o pobre do Hans Haeckel.) Morreu porque pensava. Editor só pensa com a cabeça do pau, eh gente escrota! (H., p. 75).

Segue narrando sequências de encontro com mulheres (Clódia, Otávia, Flora, Josete, Líria...) pelas quais tem irresistível atração, quando descreve intercursos erotizados e obscenos. Essas cenas são intercaladas com reflexões sobre a vida, a condição humana, a morte, a loucura. Um segundo personagem, escritor genial incompreendido que se suicida, Hans Haeckel, poderia representar, na linguagem da psicologia analítica, o animus desalentado da escritora. Deixa entrever que Crasso deseja a vida que escapa a Hans, ainda que devassamente: "Não me beijou com a boca, me beijou com a boceta" (H., p. 13).

> [Flora] Abria discreta e elegante as pernas nas boates, embaixo da mesa, enquanto engolia com avidez aqueles vinhos caríssimos. Sorrindo soltava um pífio arroto de tordos e ostras abafado entre os seus dois dedinhos, enquanto os meus (dedos, naturalmente) beliscavam lhe a cona (H., p. 16).

> Tio Vlad morreu quando estava sendo chupado por um coroinha lá na Gota do Touro, um lugarejo muito longe daqui (H., p. 19).

> Tinha jeito de mesa de cirurgia aquilo tudo (*sorry*, médicos). Liló só queria a cona e ejaculava espasmódico na boca da outra no tapete, enquanto Bina gozava na boca de Liló. Em seguida Liló levantava-se com um grande sorriso e dizia: "Meu nome é Liló, o lambefundo" (H., p. 22).

Ela também brinca com a literatura e a construção da palavra:

> Meu pau fremiu (essa frase aí é uma sequela minha por ter lido antanho o D.H. Lawrence). Digo talvez meu pau estremeceu? Meu pau agitou-se? Meu pau levantou a cabeça? Esse negócio de escrever é penoso. É preciso definir com clareza, movimento e emoção. E o estremecer do pau é indefinível. Dizer um arrepio do pau não é bom. Fremir é pedantesco. Eu devo ter lido uma má tradução do Lawrence, porque está aqui no dicionário: fremir (do latim *fremere*) ter rumor surdo e áspero (H. p. 24).

E como deixar de admirar as pinturas de vaginas e de pênis que transcendem a anatomia?

> As pinturas de Clódia eram vaginas imensas, algumas de densidade espessa, outras transparentes, algumas de um rubi-carmim enegrecido mas tênue, vaginas estendidas sobre as mesas, sobre colunas barrocas, vaginas dentro de caixas, dentro dos troncos das árvores, os grandes lábios estufados iguais à seda esticada, umas feito fornalhas, algumas tristes, pendentes, pentelhos aguados, ou iguais a caracóis, de um escuro nobre. A variedade de clitóris era inigualável: pequenos, textura de tafetá brilhoso, mínimos, cravados de ínfimos espinhos ou grandes, iguais a dedos mindinhos, duros de sensualidade e robustez. Pintava dedos tocando clitóris. Ou dedos isolados e tristes sobre as camas. Ou um único dedo tocando um clitóris-dedo. Dizia ter se inspirado no dedo de Deus da capela Sistina. Aquele do teto (H., p. 28).

> Pintou paus de todos os tamanhos e expressões. Havia-os tão solitários, tão exangues que chegavam a causar compaixão. Outros afetados, pedantes. Havia-os desgarrados de si mesmos como se suplicassem pela própria existência. Alguns ostensivos, caralhudos vaidosos. Alguns muito, muito alegrinhos. Clódia sentia vontade de pintar, sobre esses últimos, guirlandas de amor-perfeito. Outros dramáticos, quase ofegantes. Foi presa no dia seguinte por atentado ao pudor. Encontrou um mendigo no banco da praça de flores e pediu (como sempre, aliás) que o cara lhe mostrasse o pau (H., p. 33).
>
> [quando pintou o pênis do mendigo] O mendigo exultava. Dava saltos grotescos e gritava: posso ver o riscado do meu pau, dona? Posso ver o retrato do meu pau? (H., p. 34).

Todas essas aparentes obscenidades confluem tanto poeticamente como em arrebatamento sádico: “Para alcançar orgasmos impudentes, devo fazer que gesto, ó celerada?”; “E se eu te matasse agora? de que jeito? Com várias facadas” (H., p. 66-67).

> As coxas de Líria falam. Mexem-se de tal jeito, abrem-se com sóbria voluptuosidade, lentamente, depois juntam-se, esfregam-se, um movimento de magnífica harmonia. Lembro-me neste instante de uns versos de Pessoa: “apetece como um barco, tem qualquer coisa de gomo, meu Deus quando é que eu embarco? ó fome, quando é que eu como?” (H., p. 70).

Repentinamente, há fragmentos, mas estes são recolhidos na casa de loucos, onde Clódia, que pintava paus de homens na rua, é recolhida por atentado ao pudor quando desenhava o mendigo, e quis fazer o mesmo com os policiais. Reclúída por um mês com os loucos, escreve receitas de culinária, contos curtos, peças teatrais, que se mesclam à narrativa central. Esse aparente *nonsense* faz críticas mordazes à sociedade, ao divino e à ignorância, retrata a loucura e o peso do viver, a mortalidade.

O sarcasmo das receitas nos ajuda a rir de nós mesmos.

> Recolha num vidro de boca larga um pouco do ar de Cubatão e um traque do seu nenê. Compre uma "Bicicleta Azul" e adentre-se algum tempo nas "Brumas de Avalon". É uma boa receita se você quiser ser um escritor vendável (H., p. 39).
>
> Coloque duas alcachofras cruas dentro de uma vasilha com água fria. Fique ali esperando as folhas de alcachofra se soltarem e medite sobre a tua condição de ser humano mortal e deteriorável. Quando enfim todas as folhas estiverem sobrenadando, tome um banho, porque, convenhamos, há quantos dias que você está aí (H., p. 36).
>
> Compre manteiga. Passe-a nos dedos. (Esqueça-se de Marlon Brando.) Chupe-os. E diga em tom de oração: que vida solitária, meu Deus. (Contenha-se.) (H., p. 38).

Nas paródias teatrais, há crítica ao Brasil da bandalha, até tons melancólicos.

> quanto à nação, seus sentimentos eram de revolta, dor, absurdez, porque ser brasileiro é ser ninguém, é ser desamparado e grotesco diante de si mesmo e do mundo [...] "E me lembrei, felizmente, que estamos no Brasil. O país bandalho" (H., p. 64).

Nos contos, há variação entre bem-humorada psicanálise, crítica a costumes, até sombrias incursões na depressão, no desespero, na morte.

> *Conto de Crasso*
>
> sempre fui apaixonado por mamãe. Quando completei 16 anos, ela, sabedora do meu infortúnio, sentou-se na sua linda poltrona de cetim perolado, abriu as magníficas coxas rosadas e colocando um cacho de uvas purpúreas nos seus meios sagrados, disse-me: chupe-as, até encontrar o paraíso. Foi o que fiz. Foram semanas felizes... (H., p. 76).

> Como resistir a tudo que dizia aquela perfeitíssima mulher que era mamã? Os ombros soberbos, o pescoço delicioso e vibrátil, os seios polpudos e delicados, eu tocava levemente o seu sagrado meio e ela encharcava a minha mão, ávida. Ma, rainha, estrela, Sirius radiosa. Às vezes dizia-lhe isso mesmo na hora de meter meu pênis na sua cona santa: rainha estrela Sirius radiosa. Ela achava *kitsch*. Dizia que as palavras são nauseabundas nessa hora. Ainda mais essas que você diz, enfatizava. Eu ficava tristinho, amuado. Mas sempre rígido (H., p. 77).
>
> Comíamos pitangas, araçás, amoras, jabuticabas, depois deitávamos nas gramíneas líamos Childe Harold. Ela amava Byron (H., p. 76).

A escrita vai sombreando a mortalidade e o personagem desesperançado, entremeando a narrativa de Crasso e os contos, estes cada vez mais obscuros, até encontro com demônio, anjos da morte e crianças de dilaceradora crueldade mantendo um tom infantil.

De início, morte, sensualidade e humor estão de mãos dadas:

> quando eu morrer, quero que ao invés das bolinhas de algodão que usualmente colocam nas narinas do morto, que você providencie bolinhas de pentelho de virgem. Sei que será uma estafante tarefa porque primeiro: não há virgens. Segundo: as que seriam virgens são impúberes e portanto sem pentelhos [...] Dirás: mas estás morto. *Who knows, my dear*? eu digo. Porque posso estar simplesmente ausente. Indiferente. Impassível. Ou posso estar morto na dimensão dos vivos e vivo entre aqueles, e o teu gesto terá a maciez, o cuidado, a doçura, o inequívoco das últimas despedidas (H., p. 58).

Mas logo a escritora é impiedosa com o leitor, descrevendo a morte como uma menina loira vestida de negro, meninos que arrancam e comem os olhos de uma velha, ou um deus jorrando sangue e sêmen. E exorciza nossa angústia no diálogo com o demônio:

> Assim que resolvi escrever um livro, vi o demônio. Presumo que cada um de nós vê o seu demônio. O meu tomou esta forma: um senhor de meia idade mais pro balofo que pro atlético, linguista, e muito interessado nos esotéricos da semântica, da semiótica, da epistemologia, coisas essas que eu nunca vou saber o que são (H., p. 79).

Quando nosso personagem se deprime com o suicídio do amigo, resolve viajar a Paris, onde é convidado por um nobre em ambiente frívolo para uma festiva orgia em jardins – referência talvez ao *O jardim das delícias*, de El Nefzaui (escrito provavelmente entre os séculos XIV e XV, mas a data exata é imprecisa) – e suntuosas dependências: "e como se cagou naquela festa, e que qualidade que finura de dejetos!" (H., p. 81). A Europa não escapa à crítica social, e no livro a autora já atacara com ferocidade Ezra Pound (norte-americano que viveu na Europa) como facistoide. Finaliza abruptamente com a edição do livro do personagem, nos espelhos da metalinguagem: sexo, pornografia, vida, desespero e morte, tudo é história.

A escrita de Hilda nos transporta e transforma, e as momices de Dercy abrem máscaras por detrás de máscaras, buscando a face oculta. Ambas nos encontram, e nelas nos encontramos.

> Desde criança eu o ouvia dizer: quero que o menino olhe o mundo por um buraco diferente daquele que eu olhei. Eu nunca entendia se o mundo é que seria diferente ou se o buraco seria outro ou se o mundo seria novo olhado por um diferente buraco. A frase era complexa e ambígua demais para mim, tão criancinha (H., p. 32).

Referências

Amaral, M. A. (2011). *Dercy de cabo a rabo* (6. ed.). Globo.

Amaral, M. A. (2012). *Dercy de verdade* [Série de TV]. TV Globo.

Bassil-Morozow, H. (2020). Persona and rebellion in trickster narratives – case study: Fleabag (BBC 2016-2019). *Persona Studies 6*(1), 30-42.

Błociancomo, I. (2020). The archetype of the trickster in the writings of C.G. Jung. *Studia Religiologica 53*(3), 227-238.

Blumberg, M. (2015). Sexualidade e riso: a trilogia obscena de Hilda Hilst. In N. M. Azeredo, & S. Busato (orgs.), *Em torno a Hilda Hilst* (p. 121-137). Editora da Unesp.

Braconnier, A. (2006). Entretien avec Julia Kristeva. *Le Carnet PSY 6*(110), 40-47.

Cixous, H. (2010). *Le rire de la Méduse et autres ironies*. Galilée.

Dercy Gonçalves. (2017). In *Enciclopédia Itaú Cultural*. Https://enciclopedia.itaucultural.org.br/pessoa349444/dercy-goncalves

Faria, D. L., & Pedroso, C. (2019). O *trickster* malandro nas canções de Chico Buarque: um complexo cultural. *Pesquisas e Práticas Psicossociais 14*(4), 1-12.

Greeb, G. (2018). *Hilda Hilst pede contato* [Documentário]. Imovision.

Hilst, H. (2002). *Contos d'escárnio: textos grotescos*. Globo.

Hilst, H. (2022a). *Da prosa* (Vol. 1). Companhia das Letras.

Hilst, H. (2022b). *Da prosa* (Vol. 2). Companhia das Letras.

Jensen, M. S. (2000). La notion de nature dans les théories de l'«écriture féminine». *Clio: Femmes, Genre, Histoire 11*, 1-10.

Jung, C. G. (2011). *Obra completa*. Vozes.

Kristeva, J. (1982). *Powers of horror: an essay on abjection*. Columbia University.

Luke, H. M. (1992). O riso no coração das coisas. *Junguiana 10*, 10-19.

Magaldi, S. (1983, mar. 26). A marginalidade erigida em troféu. *Jornal da Tarde*.

Marchetto, A. (2018, jul. 12). Obscenidades e escárnio em Hilda Hilst. *Escotilha*. https://escotilha.com.br/literatura/livro-o-caderno-rosa-de-lori-lamby-hilda-hilst-resenha-critica/

Mate, A. (2012). Apesar do "passamento" tantas vezes anunciado, a resistência de uma forma teatral (ou) As sobrevidas do teatro de revista brasileiro. *Rebento 3*(3), 45-52.

Nin, A. (2013). *Delta de Vênus*. L&PM Pocket.

Nunes, E. (2018). *Unicórnio* [Filme]. Vitrine Filmes.

Pécora, A. (2002). Nota do organizador. In H. Hilst, *Contos d'escárnio: textos grotescos*. Globo.

Santos, K. P. (2017). Assombro e encanto: personalidades extraordinárias nas críticas teatrais de Décio de Almeida Prado. *Anais do XXIX Simpósio de História Nacional*. Universidade de Brasília.

Santos, V., & Sampaio, P. (2007, abr. 22). "Fui desmoralizada, hoje sou lição de vida": entrevista com Dercy Gonçalves. *Folha de S. Paulo*. https://www1.folha.uol.com.br/fsp/mais/fs2204200706.htm

Tannen, R. S. (2007). *The female trickster: the mask that reveals, post-Jungian and postmodern psychological perspectives on women in contemporary culture*. Routledge.

Wahba, L. L. (1992). O mau humor: um apelo do espírito. *Junguiana 10*, 46-53.

13 Arte e lou(cura)

O inventário do universo de Arthur Bispo – um *trickster*?

Carlos Luis Melo Bichuetti,
Denis Canal Mendes e Fábio Rezeck

Introdução

Um dia eu simplesmente apareci no mundo.
Bispo do Rosário

Os anos de 1980 foram marcados pela descoberta de um artista singular, Arthur Bispo do Rosário, homem simples que passaria despercebido pelo mundo se não fosse a sua obra percebida, e através dela, sua vida e sua história. Sua obra o tornaria famoso, atraindo a atenção do mundo artístico e encantando críticos e curadores que se deslumbravam diante da sua criatividade.

Registrada como de vanguarda, sua obra transcende o convencional e torna-se um convite ao estudo de um homem dotado de uma complexa singularidade. Na tentativa de decifrar suas obras, vários estudiosos têm se dedicado a entender a singularidade de sua arte e quiçá delinear seu processo criativo no mundo. Nessa busca pela vida do artista, descobre-se um homem que passou cerca de 51 anos internado em asilo psiquiátrico e que, mesmo isolado do mundo exterior, conseguiu sobreviver através de suas criações, mantendo vivo o seu mundo interior ou psíquico.

Diagnosticado como portador de esquizofrenia paranoide, Bispo afirmava que criava porque as vozes lhe ordenavam, e essa era sua missão. Glória, fama e riqueza não eram a motivação de suas criações; ele apenas seguia a direção que lhe era dada pelas "vozes sagradas", sem ter qualquer formação em artes plásticas.

Bispo fugiu do tradicional. Suas obras, feitas de materiais desprezados e de objetos sem vida útil, como as sucatas, foram se transformando em arte à medida que bordava, colava, pregava ou costurava a partir dos objetos encontrados. Produziu um total de 800 peças, consideradas de vanguarda pelos críticos, por trazerem um radicalismo e uma criatividade ímpares.

A vida de Bispo e sua obra têm levantado muitas questões acerca da loucura e da arte na vida humana. Teria o Bispo entrado em contato com seu inconsciente profundo, ou simplesmente seria apenas uma arte psicopatológica? Considerado louco, ele se transformaria em um artista reconhecido e, transgredindo o saber de sua época, não se prende às normas da situação asilar, construindo em torno de si toda uma mítica que merece ser estudada.

Bispo sobreviveu à reclusão e ao isolamento asilar graças à sua capacidade criadora. Com sua produção, chamou a atenção do mundo, lançando um novo olhar acerca da loucura e da arte. Sua rica produção é um convite aos pesquisadores a investigarem seu mundo interno, em seu aspecto de homem aventureiro e tricksteriano em detrimento de seu aspecto reservado e impessoal no tocante ao mundo externo, na tentativa de responderem ao fenômeno chamado Arthur Bispo do Rosário.

O artista

> *Ora, ireis saber porque apareço hoje diante de vós nestas vestimentas bizarras; contanto, porém, que não vos canseis de me escutar. Mas não imagineis que exijo aqui de vós aquela atenção com que honrais ordinariamente vossos pregadores.*
> Erasmo de Roterdã (2003)

Quem é Arthur Bispo do Rosário? Essa é uma pergunta que desafia o próprio texto. Será o prisioneiro da passagem? Quando pensamos nele, remetemo-nos à pergunta de quem o procura, como se fosse o enigma da esfinge. Diz ele: "Qual a cor do meu semblante?" Bispo, assim como o pintor Miró, evocado por perguntas que questionam o seu trabalho, responde: "Esta é a cor do meu revés" (Burrowes, 1999).

Mas qual seria o limite entre arte e loucura? Ao separarmos a arte da lou(cura), seria impossível deixar de citar Bispo sem contextualizar a sua trajetória pessoal e artística, como também sem reimaginá-lo na personificação do arquétipo de *trickster*.

Arthur Bispo do Rosário tem origem incerta. Foi registrado duas vezes, uma em 1909, em Sergipe, e outra em 1911, em Minas Gerais. Morreu no Rio de Janeiro, em 1989. Considerado artista visual, transformou-se no arquiteto inquietante das demandas inconscientes. Em 1925, muda-se para o Rio de Janeiro, onde trabalha na Marinha Brasileira e na Companhia Light de eletricidade. Em 1938, após um delírio místico, sob uma voz ordenadora, apresenta-se a um mosteiro, mas este lhe encaminha para internação no Hospital dos Alienados na Praia Vermelha. Diagnosticado como esquizofrênico-paranoide, é internado na Colônia Juliano Moreira, no bairro de Jacarepaguá, no Rio de Janeiro. As informações, disponíveis no *site* do Museu Bispo do Rosário (Aquino, 2005), assim seguem:

> Foge da Colônia Juliano Moreira em 23 de março. Durante esse período, exerce diferentes atividade profissionais. [...] Em 1955, teria estado, por cerca de dois anos, em atividade mineradora na região Centro-Oeste. No início dos anos 60, Bispo emprega-se na clínica pediátrica Amiu, localizada [...] em Botafogo. Lá, nos porões da clínica, Bispo do Rosário se dedica intensamente à produção de seus objetos.

Entre 1940 e 1960, alterna momentos no hospício e períodos em que exerce alguns ofícios em residências cariocas, mas é no quartinho do sótão onde vive que realiza a produção dos seus trabalhos. Ali, inicia sua arte, utilizando materiais rudimentares: diversas miniaturas, objetos, como de navios de guerra, automóveis, peças avulsas, plástico, madeira e vários bordados. Em 1964, com a ditadura militar, regressa à Colônia, onde permanece até a sua morte.

Como olhar para esse homem sem imaginar a interlocução entre arte e lou(cura)? Estaria ele afortunado no mundo, onde seria responsável por realizar uma "grande obra divina" para a humanidade, assim como sua produção artística, com o papel de reproduzir tudo que existe nesse mundo? Esse era o seu legado.

O passado de Arthur Bispo do Rosário é praticamente desconhecido. Sabe-se apenas que era negro, marinheiro, pugilista, lavador de ônibus e guarda-costas. No já citado ano de 1938, às vésperas do Natal de 1938, teve um delírio místico, no qual Deus havia solicitado a ele que reproduzisse tudo que existe aqui na terra, utilizando recursos diversos. Como já dito, ele depois foi internado na Colônia Juliano Moreira, em Jacarepaguá, onde, entre muitas permanências e saídas, viveu por mais de 40 anos; onde executou a maior parte de sua obra; e onde ela está guardada até hoje.

Os trabalhos de Bispo diversificam-se entre justaposições de objetos e bordados. Nos primeiros, utiliza geralmente utensílios do cotidiano da Colônia, como canecas de alumínio, botões, colheres, madeira de caixas de fruta, garrafas de plástico, calçados, e materiais comprados por ele ou pessoas amigas. Para os bordados, usa os tecidos disponíveis, como lençóis ou roupas, e consegue os fios desfiando o uniforme azul de interno. Essa desconstrução e reconstrução das diversas coisas do mundo prepara seus trabalhos, uma espécie de inventário do mundo para o dia do Juízo Final. Esta era a sua maior demanda do inconsciente: "o inventário do mundo".

Sim, no dia do Juízo Final, Bispo se apresentaria a Deus com um manto especial, como representante dos homens e das coisas existentes. O manto bordado traria o nome das pessoas conhecidas, para não se esquecer de interceder junto a Deus por elas, dando possibilidades de uma vida melhor no além. Bispo faz também estandartes, fardões, faixas de miss, fichários, entre outros, nos quais borda desenhos, nomes de pessoas e lugares, frases com respeito a notícias de jornal ou episódios bíblicos, reunindo-os em uma espécie de cartografia e que contabiliza uma produção intensa e volumosa (Aquino, 2005).

A criação das peças, para ele, é uma tarefa imposta por vozes; seriam seus complexos autônomos, que lhe diziam o que fazer e como fazer. Esses aspectos multifacetados, complexos com total autonomia, falam, ordenam e o fazem agir e confeccionar. Com isso, ele produz por volta de mil peças com objetos do cotidiano: roupas, peças e lençóis bordados, entre outras tantas coisas.

No início da década de 1980, com as questões levantadas pela arte contemporânea e com a antipsiquiatria e as novas teorias sobre a loucura, os trabalhos de Bispo começam a ser valorizados e integrados ao circuito de arte. Ainda em 1980, o *Fantástico*, programa da TV Globo, faz uma matéria na Colônia Juliano Moreira, na qual Bispo mostra suas obras, agrupadas no quartinho em que vive. No mesmo ano, o psicanalista e fotógrafo Hugo Denizart (1946) dirige o filme *O prisioneiro da passagem*, sobre Bispo ("Arthur Bispo do Rosário", 2024).

Com a sua divulgação, veio o reconhecimento artístico das obras, contribuindo para, dois anos depois, o crítico de arte Frederico Morais incluir suas obras na exposição "À margem da vida", no Museu de Arte Moderna do Rio de Janeiro (MAM), com trabalhos de presidiários, menores infratores, idosos e internos da Colônia. Posteriormente é realizada sua primeira exposição individual, também no MAM. Em 1989, é fundada a Associação dos Artistas da Colônia Juliano Moreira, que visa à preservação de sua obra, tombada em 1992 pelo Instituto Estadual do Patrimônio Artístico e Cultural (Inepac).

Sua produção está reunida no Museu Bispo do Rosário, denominado anteriormente Museu Nise da Silveira, localizado na antiga Colônia Juliano Moreira. Bispo, "o artista", tem sido enfocado em filmes de curta e média-metragens; em livros, como *Arthur Bispo do Rosário: o Senhor do Labirinto*, de Luciana Hidalgo (2011); e ainda em peças teatrais.

O crítico de arte Frederico Morais, ao escrever sobre o trabalho dele, liga-o à arte de vanguarda, à arte pop e ao novo realismo, comparando-o especialmente com a obra de Marcel Duchamp (1887-1968). Em 1995, com uma vasta seleção de peças, Bispo representa o Brasil na Bienal de Veneza e obtém reconhecimento internacional. Sua obra torna-se, assim, uma das referências para as gerações de artistas brasileiros dos anos 1980 e 1990.

Essa é uma espécie de arte considerada "bruta", em alguma medida marginal, mas que, na possibilidade de sua expressão, implica a circulação de intensidades e torna a produção de Bispo inquietante. É como se, nesse instante ínfimo em que os prisioneiros da passagem, os alienados, com todas suas dificuldades e limitações, ultrapassassem a si mesmos, e mesmo mergulhados na prisão da construção delirante, com seus complexos autônomos, veem-se interligados com o mundo e reconectados pelo lugar do louco poético, artista. A sua lou(-cura) realiza-se na inserção pela arte, pelo lugar daquele que expressa anima(sidade).

Para a psicologia junguiana, há no mínimo uma perplexidade: Bispo foi devastado pelo inconsciente? Ou se viu constelado pelo arquétipo do *trickster*? Quando olhamos para a sua vida "neste mundo", percebemos uma relação direta com a lou(cura). É no mundo interno, no "seu mundo" que toda a produção e a interlocução artística acontece, mas só é possível dar-lhe algum sentido quando esse material sai dos porões do asilamento psiquiátrico para o mundo externo e se apresenta; tem voz, som e luz, encontrando eco nos artistas contemporâneos.

Outro ponto que aparece é o olhar da sociedade sobre ele pois, é só após quase 50 anos de doença psíquica que seu trabalho é revelado como sua criação artística. Na arte e na lou(cura) sob as quais ele é considerado, ele é visto dentro de um processo maior de transformação.

Por que considerar seu trabalho arte? O paradoxo anímico desses aspectos manifestos da sua produção compõe com o que já se viu da clausura interna, ou seja, o pior dos produtos a serem vivenciados. Porém, após a crise aguda, da enxurrada de complexos autônomos e de imagens arquetípicas, típicas na psicose grave, ocorre um silenciamento, um embotamento, o fechamento com o contato exterior e, por fim, um isolamento.

A vida ainda resiste, com sua potência vital, congelada. O silêncio repressor da loucura pode ser quebrado com o sutil rumor expressivo através dessas vidas (vozes). Para ouvir, faz-se necessário o desvio do olhar, do hospital no qual Bispo conviveu, pois foi lá uma espécie de Bienal; um arquivo vivo e itinerante desses aspectos que chamaremos à atenção: de um artista/paciente para esse universo e o mundo.

Arthur Bispo do Rosário é uma espécie de desafio a ser estudado, e a pesquisa sobre ele para o campo da psicologia junguiana torna-se um desafio futuro, um empreendimento de aprofundamento nas camadas mais profundas do inconsciente. Curiosamente, ele nunca frequentou a terapêutica ocupacional de Nise da Silveira, "passou" como um itinerante do mundo e se propôs, através da sua arte, a dar materialidade, fazer falar os complexos autônomos (vozes) que o dominavam, dando um sentido amplo e diferenciado para o seu propósito maior: "Deus e o Juízo final".

O campo da arte é livre, não se fixa, vende ou carrega. Nesse campo, a lou(cura) é sua maior parceira. O ser desviante caminha por lugares jamais percorridos, e assim é esse dueto arte e loucura (Anspach, 2000).

A obra do paciente/artista Bispo faz um convite ao prisioneiro *trickster* da passagem, pois através do caleidoscópio junguiano podemos perceber a perspectiva criativa da experiência psicótica, a capacidade de suportar e dar vazão ao sofrimento psíquico. Nela, há um convite intuitivo para ir além; aqui se faz necessário convidar todos a olharmos de maneira ímpar para os diversos aspectos desviantes, das variações mentais, de delírios religiosos e da criação artística, na maneira de se confrontar com os paradigmas presentes e considerar a possibilidade de incluir a lou(cura).

O trickster

> *Os doentes mentais são como beija-flores, nunca pousam, ficam a dois metros do chão.*
> Bispo do Rosário (1989)

Considerado um arquétipo, o *trickster*, utilizando de astúcia e inteligência, é responsável por quebrar as regras e convenções culturais estabelecidas. À sua figura, seria possibilitado circular entre dimensões diversas, mantendo modos de interligação entre eles. Em muitas culturas, o *trickster* e o herói manteriam combinações únicas.

O *trickster* é um dos múltiplos elementos que povoam o inconsciente coletivo, encarnado por personagens de inúmeras histórias da mitologia, do folclore, da literatura, presente na poesia, no teatro, no cinema e nas produções da cultura criativa em geral.

Sobre essas dimensões, Burket (1973, p. 273) observa que a mitologia grega apresenta dois modos coordenados de existência estrutural: o homem e os animais; e o aqui e o além. Tal entendimento também se assemelha ao das sociedades que praticam o xamanismo, fazendo-nos refletir como tal "estrutura" não fosse nada mais que um desdobramento de algo mais profundo.

Jung (OC 9/1, § 456, 457) faz referência a esse aspecto, quando pontua o *trickster* como aquele que preenche e circula lugares opostos por meio da "sua mutabilidade, sua dupla natureza animal-divina, sua vulnerabilidade a todo tipo de tortura e [...] sua proximidade da figura de um salvador" (posicionamento muitas vezes adotado por Bispo), permitindo ao ferido e àquele que fere remediar o sofrimento, entendendo-se aqui a função curativa de sua arte.

Quando consideramos que os heróis ensinariam aos homens modos e técnicas de sobrevivência mediante as mais diversas adversidades, permitindo à humanidade transformar as misérias das quais padece por um modo de existência melhor, encontramos aí características do *trickster*, porque, alterando essa ordem, ele burla o *status quo*. E por assim proceder, essa figura corresponderia a uma função simbólica responsável por reequilibrar o homem com a natureza, na medida em que aquele, utilizando-se de astúcia, poderia submeter esta a fim de lhe garantir a própria sobrevivência.

Ainda em Jung (OC 9/1) encontramos a afirmação de que o *trickster* representaria declaradamente um grau de consciência em vias de extinção, destacando-se num movimento crescente a falta da força necessária que lhe garanta configurar-se e evidenciar-se. Citando o entendimento de Paul Radin, Jung afirma que o próprio processo civilizatório (em que pese seu progresso ou regresso) inicia-se com o ciclo do *trickster*, numa nítida superação de seu estado original.

A figura do *trickster* nos apresenta temas referenciados a subversão não violenta, mediação de opostos, identidade e sentido da alma brasileira, como herói, na medida em que aproxima seu diálogo às mais variadas formas de socialização que guardam, em seu bojo, possibilidades para um recomeço; pois, como motivo arquetípico, ele é ao mesmo tempo criador e destruidor, trapaceiro e trapaceado, o aspecto duplo: criativo e destrutivo do processo maior do desenvolvimento psíquico.

Símbolos vivos

> *Eu já fui transparente. Às vezes, quando deixo de trabalhar, fico transparente de novo. Mas normalmente sou cheio de cores.*
> Bispo do Rosário (1986)

A vida é um processo belíssimo. Por mais que existam dificuldades e tremendas lacunas na dimensão da existência, imaginamos sempre o melhor em nós. Jung, como um grande erudito e desbravador da psique humana, constituiu o seu trabalho teórico a partir da concepção empírica da vida. Jamais se omitiu dos motivos maiores da existência humana e, quando concebeu o conceito de arquétipo, dimensionou que a sua maior expressão é de uma imagem arcaica, que é possível manifestar-se no homem em qualquer tempo, espaço ou época (OC 18/2).

Assim, na dimensão do nosso trabalho, reavivamos e "imaginamos" a maioria dos trabalhos materializados por Bispo, como sendo representações simbólicas da sua natureza psíquica. Quando em sua existência, invadido por um complexo autônomo, torna-se o porta-voz de "Deus" e o suplício da experiência futura do "Juízo final", numa disposição de subserviência, mantém-se conectado com dimensão maior do seu reino psíquico: armadilha ou libertação?

Assim, do mesmo modo que Bispo, os poetas e "artistas já demonstraram que o seu ímpeto criativo era tão grande que se apoderava de tudo o que era humano, colocando-o a serviço da obra, mesmo à custa da saúde" (OC 15, § 115). Embora sua história existencial estivesse cheia de eventos dramáticos que pudessem levá-lo ao vácuo buraco negro da loucura, muito pelo contrário, a Bispo se enveredava uma biografia marcada pelas entranhas da produção artística, de um mundo mítico e fascinante. Como artista ou poeta, compartilhava com o mundo a sua melhor expressão.

A essa disposição maior, num olhar junguiano, o processo criativo estava ativado, pois:

> Um símbolo é vivo só quando é para o observador a expressão melhor e mais plena possível do pressentido e ainda não consciente. Nestas condições operacionaliza a participação do inconsciente. Tem efeito gerador e promotor de vida (OC 6, § 909).

Enfim, a cultura dos materiais artísticos propostos por Bispo toma um corpo diferenciado, autônomo, vivo, disponível e visual. Quando pressupomos os trabalhos visuais desenvolvidos pelo olhar dos artistas e dos interessados na obra de Bispo, creditamos a essa interlocução a atuação do visitante perplexo da novidade do achado artístico, mas nos esquecemos de que o próprio Bispo tinha uma missão maior – a do legado de "Deus e do Juízo Final", pois "*toda referência ao arquétipo, seja experimentada ou apenas dita, é 'perturbadora', isto é, ela atua, pois ela solta em nós uma voz muito mais poderosa do que a nossa. Quem fala através de imagens primordiais, fala como se tivesse mil vozes; comove e subjuga*" (OC 15, § 129).

Reflexões finais

> *Ao considerar o desviante um "pobre coitado", perco o trem da mudança, porque certamente atuarei de modo paternalista. [...] O indivíduo desviante, através do seu sofrimento e da sua maneira única de expressá-lo, está fazendo um apelo por ajuda, mesmo que da forma mais insólita possível. Se respondo a esta comunicação de um jeito padronizado, com fórmulas inflexíveis, desconsiderando a originalidade do outro, desperdiço a chance de descobri-lo, conhecer a sua loucura, a minha loucura, a loucura social.*
> Jaques Delgado (1991)

A dimensão arquetípica do *trickster* faz do nosso artista um paciente não desviante, mas um membro da encruzilhada entre a arte e a lou(cura). Sim, porque nunca soubemos se Bispo gostaria de ser considerado artista, tampouco poeta, mas, na versão de Frederico Morais, a vontade do autor era manipular objetos, transformar o meio e operar ativamente no mundo em que vivia.

Essa dimensão maior da assimilação das suas alucinações visuais e auditivas e das suas concepções delirantes, em que "Deus" o ordenava para essa imensa instalação de vida, caracterizava a elaboração de um processo criativo. Assim, como algo mercurial, o *trickster* se faz ao criar-se em instalações e descobertas, contendo certa ordenação: pondo uma ordem na desordem, evidenciando a fluidez do inconsciente.

Imaginemos a obra... Visualizamos algumas peças, panos e vestimentas... Jung diz que é muitas vezes impossível diferenciar a obra do artista (OC 15). Reconhecemos, na vasta base material de Bispo, os elementos: madeira, plástico, pano, massa, barro, papel, papelão; em disposições, montagens, palavras e escritas; frases compondo o cenário da sua obra, nomes de pessoas e uma vasta identidade alegórica. Esse material dá a ideia da importância de lidarmos com a vasta alquimia dos elementos.

Dificilmente tabularemos o trabalho de Bispo, pois não é a nossa intenção. Também não consideraremos realizar uma cartografia da sua obra, tampouco racionalizá-la, tentando elaborar uma síntese dela. No nosso modo de ver, desenvolver uma percepção do espírito, como diria Jung, daria assim o caráter dual do *trickster*, refletindo a luta do homem com seu mundo interno e também com o mundo em que vive, fazendo do autor seu intérprete fabuloso.

> Este é o segredo da ação da arte. O processo criativo consiste (até onde nos é dado segui-lo) numa ativação inconsciente do arquétipo e numa elaboração e formalização na obra acabada. De certo modo a formação da imagem primordial é uma transcrição para a linguagem do presente pelo artista, dando novamente a cada um a possibilidade de encontrar o acesso às fontes mais profundas da vida

> que, de outro modo, seria-lhe negado. É ai que está o significado social da obra de arte: ela trabalha continuamente na educação do espírito da época (OC 15, § 130).

Assim, desmembraríamos os aspectos curativos do conceito lou(cura), pois é no *trickster*-herói que se encontra Bispo – na artimanha de não deixar-se congelar pela desfiguração e pela confirmação da doença mental, mas sim evidenciar a voz maior da transformação psicológica, no sentido maior dos complexos delirantes e das manifestações inconscientes.

Norteamos as nossas reflexões pautando-nos numa perspectiva principal, mas que sugere três campos: o *trickster*-herói, a dimensão dos complexos autônomos inferindo "Deus e o Juízo Final" e, por último, a disposição criativa e curativa da psique pautada na ideia de lou(cura), em que a manifestação artística seria essa ponte simbólica para a transformação curativa da psique.

Acreditamos que Arthur Bispo do Rosário é o *trickster*-herói da passagem, transcendendo a sombra coletiva e ampliando a discussão sobre arte e lou(cura), tão amparada a partir dos anos 1950/1960, inusitadamente concedida, no Brasil, na voz dos seus dois principais percursores: Dr. Osorio, no Complexo do Juqueri, em São Paulo, e a Dra. Nise, no Complexo do Engenho de Dentro, no Rio de Janeiro.

Enfim, ao olharmos o nosso artista, refletimos: "*Assim como no indivíduo a unilateralidade de sua atitude consciente é corrigida por reações inconscientes, assim a arte representa um processo de autorregulação espiritual na vida das épocas e das nações*" (OC 15, § 131).

Referências e indicações bibliográficas

Alcantara, A. de. (2008). Saci-Pererê: um estudo sobre o arquétipo do *trickster*. *Cadernos Junguianos 4*(4), 90-108.

Anspach, S. (2000). *Arte, cura, loucura: uma trajetória rumo à identidade individuada*. Annablume.

Aquino, R. (2005). *Museu Bispo do Rosário*. Museu Oscar Niemeyer. https://museubispodorosario.com/timelines/arthur-bispo-do-rosario/

Arthur Bispo do Rosário (2024). *Enciclopédia Itaú Cultural*. https://enciclopedia.itaucultural.org.br/pessoa10811/arthur-bispo-do-rosario

Bigarella, I. K. (2009). *O grande enigma*. Bigarella.

Burket, W. (1973). Le mythe de Gérion: perspectives pré-historiques et traditionritueile. In *Ilmito greco*. Ed. deli Ateneo e Bizarri.

Burrowes, P. (1999). *O universo segundo Arthur Bispo do Rosário*. FGV.

Delgado, J. (1991). *A loucura na sala de jantar*. Resenha.

Denizart, H. (1946). *O prisioneiro da passagem* [Filme]. CNPI.

Ferraz, M. H. C. T. (1998). *Arte e loucura: limites do imprevisível*. Lemos.

Frayze-Pereira, J. (1982). *O que é loucura*. Brasiliense.

Frayze-Pereira, J. (1995). *Olho d'agua: arte e loucura em exposição*. Escuta.

Hidalgo, L. (2011). *Arthur Bispo do Rosário: o Senhor do Labirinto* (2. ed.). Rocco.

Jung, C. G. (2011). *Obra completa*. Vozes.

Melgar, M. C., & Gomara, E. L. (2000). Arte brut – Arte psicótico. In M. C. Melgar, E. L. Gomara, & R. D. M. Eguia, *Arte y locura* (p. 53-73). Lúmen.

Motta, A. A. (2008). Humana, demasiadamente humana. *Revista Ciência e Vida – Psique 3*(7), 14-23.

Erasmo de Roterdã (2003). *Elogio da loucura*. L&PM.

Silva, J. A. e. (1998). *Arte e loucura: Arthur Bispo do Rosário*. Educ.

14 Quando subverter é a norma

Aproximações entre a perversão e o *trickster* na clínica junguiana

Douglas Kawaguchi, Mateus Donia Martinez,
Ricardo Nogueira Ribeiro e Wellington Zangari

Introdução

A perversão é uma estrutura fugidia na psicologia profunda. Quase não abordada por Jung e pelos pós-junguianos e até mesmo por algumas escolas da psicanálise, está praticamente ausente dos consultórios onde se praticam as psicologias do inconsciente, por uma série de motivos, entre os quais um intrínseco: o perverso em geral não entende que tem um problema e, quando entende, dificilmente concederá a uma outra pessoa a confiança, a autoridade e a alteridade necessárias a qualquer trabalho analítico. Essa situação, em si, já justificaria seu estudo em uma publicação junguiana.

Mas há mais um motivo para abordarmos esse tema. Decorre do fato de que, na psicologia analítica, não existem casos perdidos. Toda alma se relaciona a um si-mesmo, e nele reside o potencial para a individuação e, portanto, para o tratamento de qualquer patologia oriunda de uma descompensação psíquica. Assim, diferentemente de outras abordagens, entendemos que a clínica junguiana é, antes de tudo, uma clínica para a esperança da realização vital. Colocar essa premissa à prova tratando de um assunto pelo qual nem mesmo Jung se interessou pode parecer uma empreitada ousada. Nossa intenção, contudo, é a de apenas contribuir com o início de um diálogo sobre a perversão, aproximando-a do principal arquétipo que parece a ela relacionado: o *trickster*.

Para tanto, procedemos a um breve delineamento desse arquétipo e sua atribulada presença na cultura moderna ocidental para, em seguida, visitarmos a clínica da perversão a partir de uma ótica junguiana. A seguir, apresentamos a vinheta de um caso clínico, enquadrado dentro da estrutura da perversão, atendido por um dos autores do estudo. Por fim, discutimos limites e possibilidades de uma compreensão dessa forma de patologia a partir dos referenciais da psicologia analítica.

Trickster, o criador de mundos

Para entender mais apropriadamente o mito do *trickster* e seus aspectos psicológicos, precisamos estudar suas várias expressões em seus contextos históricos e culturais específicos (Radin, 1956). Dessa maneira, os indígenas Winnebago, de Wisconsin central e Nebraska oriental, nos Estados Unidos, retratam uma das formas mais antigas do mito do *trickster*, configurando, portanto, um bom ponto de partida para compreendê-lo. Nessa versão, o mito é encadeado em quatro estágios ou ciclos heroicos. O primeiro é o ciclo *Trickster* propriamente dito, o segundo é o ciclo *Hare*, o terceiro é *Red Horn*, e o quarto, *Twin*.

O ciclo *Trickster* corresponde aos períodos iniciais, mais primitivos e infantis da vida, quando a satisfação instintual dos apetites e desejos é mais premente. O personagem desse ciclo, Wakdjunkaga, tem a mentalidade de uma criança, e seu propósito é satisfazer suas necessidades mais elementares, como as sexuais e alimentares, sendo, para isso, irônico, cruel, cínico e insensível (Henderson, 1964; Radin, 1956). No início da história, *Trickster* assemelha-se a um animal e, no fim, tem características de um homem adulto. Ele pode ser representado por uma raposa ou um coelho, por exemplo. No ciclo seguinte, *Hare*, também pode ser representado pela imagem de um animal, como a lebre ou o coiote. Embora *Hare* apresente características humanas, ainda não atingiu "a plenitude da estatura humana [...] [e surge] como o fundador da cultura – o transformador", sendo um personagem mais amadurecido e civilizado que o *Trickster* e, portanto, menos impulsivo do que o anterior (Henderson, 1964, p. 113). Para os Winnebago, foi *Hare* quem lhes deu seu rito medicinal, tornando-se, assim, uma espécie de herói cultural, um salvador (Henderson, 1964; Radin, 1911).

No terceiro ciclo, *Red Horn* apresenta características de um herói arquetípico. É o caçula de 10 irmãos que, por ter poder sobre-humano, marcado por astúcia e força, vence difíceis provas, batalhas e corridas. Para isso, um vigoroso pássaro-trovão o acompanha e compensa qualquer possível fraqueza. Mesmo que de modo arcaico, *Red Horn* representa o mundo do humano, no qual deuses e poderes sobre-humanos auxiliam na vitória do homem sobre as forças do mal (Henderson, 1964). Ao fim do mito, o herói e seus filhos são deixados na Terra com a ajuda divina (Radin, 1956). A partir desse momento, "os perigos que ameaçam a felicidade e a segurança do homem nascem [...] do próprio homem" (Henderson, 1964, p. 113). Já no quarto ciclo, *Twin*, os gêmeos (*twins*) são essencialmente humanos. Separados no nascimento, suas personalidades se complementam, o que os faz constituir uma só pessoa. Enquanto Flesh é conciliador e brando, mais introvertido, Stump é rebelde e dinâmico, tendendo à extroversão. "Tanto apresentados como dois personagens distintos ou como dois em um, nada lhes resiste" (Henderson, 1964, p. 113). São invencíveis e, de tanto abusar de sua força, mataram todos os monstros da face da Terra, inclusive um dos quatro animais sobre os quais se sustentava o mundo, o que rendeu aos gêmeos a morte como castigo merecido (Henderson, 1964). Tanto no ciclo *Red Horn* como no *Twin*, está presente a questão da *hybris*, ou seja, da inflação egoica e do abuso irrefletido da força. A solução para tal vício é o sacrifício ou a morte dos heróis. Os gêmeos, ao se darem conta do abuso cometido, "concordaram em viver em estado de repouso permanente, permitindo aos dois aspectos contraditórios da natureza humana reencontrarem, assim, seu equilíbrio" (Henderson, 1964, p. 114).

Evidencia-se, nos quatro ciclos do mito do *trickster* nos Winnebago, a transição de uma figura animalizada e primitiva para uma figura humana, diferenciada. Em todos os ciclos a *desmedida* aparece, seja instintualmente, seja no uso da astúcia e da força, ultrapassando sempre a norma. Os motivos e enredos mitológicos presentes nos quatros ciclos do mito do *trickster* desse povo também se apresentam em outras tradições, como Ganesha, na mitologia hindu; Tote, na egípcia; o Coelho Quincas, afro-americano; e o Coringa, sobretudo em suas versões cinematográficas mais recentes, como as de 2008 e 2019. Hyde (2017, p. 28) apresenta ainda outras variações:

> Da Europa o nórdico Loki e o grego Hermes (com uma reverência a Prometeu, o ladrão do fogo, e várias reverências a Odisseu); dos mitos dos nativos norte-americanos, o Coiote, o Corvo e o [próprio] *trickster* winnebago (Wakdjunkaga); da Índia, Krishna – ou melhor, o Krishna não sânscrito que, quando criança e adolescente, é um ladrão de manteiga e de corações; da África Ocidental Exu e Legba [...]; e finalmente o Rei Macaco da China. *Tricksters* afro-americanos incluem o Coelho Quincas e o Macaco Significante. Outros são mencionados de passagem – o japonês Susa-nö-o, por exemplo, e Mercúrio, o descendente romano de Hermes, que mais tarde se tornou Mercurius, na doutrina alquímica.

Outras e outros *tricksters* históricos e contemporâneos poderiam ser mencionados, já que "uma lista completa de *tricksters* ao redor do mundo seria praticamente interminável. Se *tricksters* são figuras que *cruzam* fronteiras, então haverá algum representante onde quer que humanos inventem fronteiras, o que equivale a dizer em todos os lugares" (Hyde, 2017, p. 28). Tanto o cruzamento das fronteiras quanto a criação e o deslocamento delas são funções tricksterianas. Por vezes, o *trickster* traz à luz distinções antes ocultas. Ele move, atravessa e subverte os limites estabelecidos, corporificando miticamente a ambiguidade, a ambivalência, a duplicidade, a dubiedade, a contradição e o paradoxo (Hyde, 2017).

Nas culturas contemporâneas, o *trickster* se faz presente nas relações com pessoas, instituições e tradições, ao perturbar a insistência de que suas fronteiras devem ser respeitadas – o que configura um jogo de opostos. Ele ludibria, seduz e engana, mesmo que com atitude pueril, com a finalidade de "abrir caminhos para possíveis novos mundos" (Hyde, 2017, p. 25). Apesar de enganar e trapacear, mesmo que perversamente e com insensibilidade, busca transformar o estabelecido. "Se *trickster* em algum momento ganha poder, deixa de ser *trickster*" (Hyde, 2017, p. 25). Ele não conhece nem o bem nem o mal, mas é responsável por ambos (Radin, 1956); não é feio nem bonito, nem moral nem imoral, é *amoral* (Hyde, 2017); pode estar entre as polaridades e nelas transita fugazmente entre opostos e se corporifica neles. Enquanto Exu, diz-se que *trickster* "mata um pássaro ontem com a pedra que atirou hoje, ou que compra azeite no mercado, leva para casa em uma peneira e nem uma gota sequer se perde" (Zacharias, 2019, p. 19), corrompendo os limites do tempo e do espaço.

Para Jung (OC 9/1, § 465), a figura do *trickster* se constitui como um "psicologema", isto é, "uma estrutura psíquica arquetípica antiquíssima", cuja manifestação reflete "uma consciência humana indiferenciada", que "ainda não deixou o nível animal". Dessa maneira, o *trickster* se expressa em diferentes tempos, lugares e situações. Inverte a ordem, rompe o estabelecido e traz, portanto, diferenciação e a possibilidade de amadurecimento da consciência. Arquetipicamente, o motivo do *trickster* não aparece apenas em "primitivos", mas também, inesperada e ingenuamente, "no cidadão desavisado; isto sempre ocorre onde este está à mercê dos acasos, que perturbam seu querer e fazer, aparentemente com uma intenção maléfica" (OC 9/1, §469). Quando algo inesperado acontece, faz-se presente uma ação tricksteriana, que representa tendências opostas à consciência, que é regida por ordem e previsibilidade. Gafes, deslizes, lapsos e esquecimentos, por exemplo, são considerados defeitos pela personalidade consciente, manifestações sombrias (OC 9/1).

No ciclo *Trickster* dos Winnebago, a infância da humanidade é animalesca, regida pelo instinto e pela indiferenciação ou, psicologicamente, identificada com a sombra, que indica "a existência de um estágio de consciência muito mais antigo, anterior ao mito, quando o índio ainda se encontrava em uma obscuridade mental quase completa" (OC 9/1, § 470). Se os Winnebago puderam contar o mito, é porque adquiriram um nível de consciência mais desenvolvido do que o ciclo *Trickster*, afinal, a linguagem denota um nível mental superior à obscuridade quase completa. O olhar em direção a um nível inferior representa um fenômeno civilizatório, possibilitado pelo *trickster* (Radin, 1956), e, ao mesmo tempo, o início e o prosseguimento do processo de individuação, que "deve ter-se repetido muitas vezes no decorrer da história da evolução espiritual" (OC 9/1, § 470).

Delineado o arquétipo do *trickster*, passamos agora a uma apreciação de sua presença na cultura ocidental.

O passado na sombra: a negação coletiva do trickster na cultura ocidental

Antinomias, eis do que são feitas as imagens. A mitologia grega, raiz da cultura ocidental, divide a cosmologia em antes e depois da cultura humana. Os deuses antigos, primordiais e com ligação direta com a natureza, são sumariamente derrotados pela nova ordem, que exalta as capacidades da cultura humana, em especial quanto ao controle da *hybris*, relacionada às paixões de nossa origem natural, animalesca. Séculos mais tarde, a criação do mundo narrada no Gênesis – primeira parte do livro mais vendido de toda a história, a Bíblia judaico-cristã – vai além, desalojando a animalidade de qualquer parentesco com o divino: o humano é feito à imagem e semelhança de Deus que, por sua vez, tem forma totalmente antropocêntrica. A história começa assim:

> E disse Deus: façamos o Homem à nossa imagem, conforme a nossa semelhança; e domine sobre os peixes do mar, e sobre as aves dos céus, e sobre o gado, e sobre toda a terra, e sobre todo réptil que se move sobre a terra (Gn 1,26).

Em ocasiões prévias (Kawaguchi, 2021; Kawaguchi; Guimarães, 2019), analisamos as formas como a narrativa de criação de mundo bíblica representa a animalidade como destituída de subjetividade e a opõe à divindade, de modo que o humano tem uma origem divina, mas padece justamente por sua contrapartida animal, corpórea, terrena, à qual foi condenado pelo contato com a animalidade da serpente e por ceder ao apetite da fome e da sexualidade. Essa matriz mítica é consonante com a busca, na cultura ocidental, pela purificação da alma e pelo afastamento daquilo que nos liga à animalidade e à corporeidade. Não surpreende, por exemplo, que o fato de a alimentação provocar a morte de outros seres, sejam animais ou vegetais, expresse um dos mais evidentes tabus em nossa cultura. O mito não oferece os recursos para a elaboração desse paradoxo inerente à alimentação: mato para viver, quando me alimento; morro para que outro viva, quando sirvo de alimento. Não há intersubjetividade na alimentação em nossa cultura: alimentamo-nos de "produtos", e não de partes de outros seres. Estamos tratando aqui, naturalmente, de uma sombra coletiva.

Lembremo-nos das características de apetite, voracidade, transformação (inerente a qualquer ato de alimentação), sexualidade, corporeidade e animalidade primordiais do *trickster*, e deveremos concordar com Jung que "o assim chamado homem culto esqueceu-se do 'trickster' [...] Ele nem suspeita que em sua própria sombra, escondida e aparentemente inofensiva, há propriedades cujo perigo nem de longe imagina" (OC 9/1, § 478).

Situação totalmente diferente é encontrada nas assim chamadas culturas tradicionais, como as ameríndias[39]. Na visão de mundo dos Yanomami (Kopenawa; Albert, 2015), por exemplo, temos uma ancestralidade animal imanente, jamais superada, da qual descendem todos os seres. O contato com o divino é feito por intermédio dos "espíritos" *xapiri*, que são, assim como o xamã com quem se comunicam, metade humanos, metade animais. Existe uma consciência não apenas da animalidade presente em nós, mas também da "humanidade", ou seja, da *subjetividade* presente nos outros animais e em todos os seres. É por isso que o grande xamã Davi Kopenawa diz que os animais que hoje flechamos, para nossa alimentação, são os mesmos dos quais descendemos: são nossos parentes.

Há ainda outra característica do *trickster* que parece estar na sombra coletiva da cultura ocidental: a criança travessa. Educamos nossas crianças para que se comportem, não façam barulho e não causem muita desordem. Novamente, situação diferente se vê nas crianças yanomami, criadas com muito

39. O termo "ameríndio" se refere aos povos nativos, ou indígenas, dos continentes americanos.

mais liberdade e espontaneidade, o que também aparece explicitamente legitimado no mito: Omama, o demiurgo, aquele que organiza a criação do novo mundo[40] e determina as formas fixas de cada ser, é bom; seu irmão gêmeo, Yoasi, porém, é travesso e, por pura diversão, cria a doença e a morte, aproveitando-se de um descuido do irmão (Kopenawa; Albert, 2015). Isso não provoca ira em Omama, tampouco o leva a punir o irmão: as travessuras infantis são, como a morte, parte da vida.

O contraste comparativo entre os dois mitos salienta o aspecto de sombra do *trickster* na cultura ocidental. Se assim for, o que pode acontecer quando ele for constelado?

Perversão, o filho-problema da psicologia profunda

Ainda em seus textos iniciatórios, Jung ressalta o quanto, segundo seu temperamento naturalístico e empírico, a doença não deve ser compreendida enquanto elemento completamente isolado (*ens per se*) da totalidade da psique (OC 18/1), uma vez que os fenômenos patológicos, assim como quaisquer outros, consistiriam numa resposta do inconsciente visando adaptação – diferentemente deles, porém, não obtendo êxito. Assim, não diferem dos fenômenos não patológicos em termos qualitativos, mas apenas quantitativos: há diferença não substancial, e sim de grau, entre a fantasia de infligir mal a outrem (que não é raro de verificar) e o planejamento e a execução até as últimas consequências de tal intento, identificado em certos casos de perversão.

---

40. Assim como em muitos outros mitos de criação ameríndios, para os Yanomami o velho mundo não foi criado, mas sempre existiu, com os seres ancestrais monstruosos se metamorfoseando sem parar, até que um demiurgo decide fixar cada ser em uma forma (tatu, arara, árvore, Yanomami etc.), criando, assim, o novo mundo.

O problema do diagnóstico clínico é um tema tratado com reserva na psicologia analítica, pelo fato de este envolver um olhar direcionado aos fatos psicológicos, propenso a generalizá-los em categorias esvaziadas de sentido, aparentando servir mais ao interesse do exercício intelectual do responsável pelo diagnóstico do que à compreensão do paciente e ao tratamento em si, por conta de abstrair o fenômeno psíquico vivo – perdendo-se de vista a gênese, a função e os desdobramentos do conteúdo anímico (Jesuino, 2009). Feita tal ressalva, importa afirmar que o diagnóstico propriamente psicológico – tal como a identificação de que a paciente seria alguém que "ficou para titia" ou uma viúva rabugenta, por exemplo – era defendido por Jung, que, a despeito da crítica mencionada, não deixou de sustentar, do ponto de vista psicopatológico, ao menos uma distinção entre neurose e psicose, por exemplo.

Para Jung, a doença consiste numa perturbação da relação de equilíbrio entre consciência e inconsciente, de modo que este veja sua atividade avançar de modo avassalador sobre aquela (OC 3). Apesar de reconhecer predisposições nos sujeitos que se veem acometidos por doenças mentais, essa perturbação seria o elemento central, estando ela associada a algum tipo de crise, como um choque emocional ou um conflito moral diante de uma situação na qual o sujeito se vê impotente. Daí a defesa de Jung da causalidade psíquica (psicogênese), e não material, na maior parte dos fenômenos psicopatológicos, uma vez que dificilmente se identifica algum tipo de lesão física relacionada (OC 3). Nesses casos, a finalidade última da compensação da atitude consciente pelo inconsciente não difere da dinâmica observada nos sujeitos que não padecem de uma psicopatologia: sua autonomia é preservada, mas, graças a uma postura de resistência de uma consciência excessivamente unilateral, o inconsciente ganha mais e mais força, produzindo sonhos, lapsos linguísticos, atos falhos e, finalmente, sintomas (OC 3).

Contrastando com o percurso de Freud, com quem manteve relação de colaboração e posterior divergência, Jung pautou sua atuação inicialmente no paradigma da psicose, incluindo a perversão, em função principalmente de sua formação psiquiátrica, até voltar-se ao problema da *neurose*, muito em função da fundação da psicoterapia por ele proposta. Há, contudo, que se reconhecer que o lugar dedicado por Jung ao tema da perversão é mínimo, se comparado àquele por Freud: o termo é utilizado apenas 13 vezes, sendo quatro referências passageiras; quatro para criticar a psicanálise; duas usando-o como descrição por analogia ("perversão do animus", por exemplo); uma para aludir à homossexualidade; uma aceitando-o com ressalvas na infância; e, por fim, uma incentivando seu abandono definitivo (Ross, 2013). Não se pode ignorar também que uma razão plausível para isso possa estar relacionada às fragilidades presentes na categoria de perversão, uma vez que as evidências que a sustentam por vezes se originam exclusivamente de relatos de observações demasiado limitadas de alguns analistas.

Por um lado, isso se dá por uma questão de definição. Se na concepção psicanalítica a estrutura perversa inclui um desejo incapaz de ser interdito e o gozo sem qualquer consideração à alteridade – resultando num prazer sexual a ser obtido por meios que inflijam sofrimento e flagelo –, numa acepção psicológico-analítica não ortodoxa (Ross, 2013, p. 18) a própria etimologia de "perversão" alude a "significados religiosos, morais, sexuais e psicológicos", expandindo o conceito, portanto, a uma dimensão para muito além da meramente sexual. Por outro lado, os colaboradores do círculo mais imediato de Jung, e mesmo seus continuadores, parecem ter perpetuado sua postura em relação ao problema da perversão, sobretudo por conta do entendimento da teoria psicanalítica sobre a perversão se dar em uma esfera mais estritamente sexual – o que por si só constituíra um motivo a menos para encará-lo, já que se avaliava que Freud expandira de maneira desmedida a sexualidade, tendo o fator numinoso nela projetado deslumbrado o fundador da psicanálise (Ross, 2013).

É necessário reconhecermos os ganhos heurísticos de uma interpretação da sexualidade não apenas redutiva, mas também sintética e prospectiva, buscando compreender e elaborar a imagem mais do que explicá-la (Pieri, 2002). Um exemplo disso seria a visão de Jung (OC 17) acerca da criança não enquanto perversa polimorfa, mas como dotada de uma *disposição natural polivalente*, ainda que nela a energia psíquica esteja fundada no corpo. Assim, a sexualidade termina por ser simbolicamente compreendida enquanto função de relacionamento (Ross, 2013).

Isso permite formular que a perversão pode ser compreendida como um *malogro da função transcendente*, que, ao realizar tentativas de aproximação e colaboração entre a consciência e o inconsciente, encontraria um *eu fragilizado* e incapaz de integrar uma espécie de complexo vingativo, cuja formação se deu graças a experiências de intensa violência psicológica e/ou sexual na infância, por parte dos pais ou responsáveis, quedando impedido o desenvolvimento da personalidade de acordo com a atividade organizadora do Si-mesmo, corrompendo, assim, a própria individuação (Ross, 2013).

Estariam envolvidos nesse bloqueio, ainda, outros dois arquétipos intimamente relacionados: a sombra, responsável pela subversão da hierarquia psíquica, e o *trickster*, que, em seu aspecto psicopompo, facilitaria a expressão de fantasias malignas e negativas mais indiferenciadas, como o ímpeto infantil e cruel de destruir e infligir sofrimento (OC 9/1, 13). O referido complexo de vingança cindido sequestraria, com frequência, o restante da personalidade que conseguiu desenvolver-se, mantendo-a refém de sua infantilidade característica: daí estar enredada à fixação, à mononarrativa e à compulsão, as quais, somadas a um complexo do eu rígido e "hermeticamente" defensivo, resultam numa alma incapaz de diferenciar-se moralmente. "Não se tem a experiência de agir errado, agir errado é sentido como agir certo" (Ross, 2013, p. 75).

Esse quadro evidencia a enorme dificuldade em se tratar os casos de perversão, uma vez que, via de regra, o paciente se mantém avesso a qualquer elaboração via transferência de sua consciência moral (Oliveira, 2011), já que a dependência do outro é prontamente repelida. A lida com figuras de autoridade, como a do próprio analista, vê-se dificultada pelo fato de que a reiterada experiência de vingança contra seus abusadores da infância, por meio dos atos e fantasias realizadas, significou, em termos psicológicos, uma *assimilação da função moral* (que deveria se esperar dos pais ou cuidadores) *pela sombra*, de modo a beirar a anomia.

A título de exemplo, Ross (2013) menciona o caso emblemático de um perverso chamado Fred West, condenado por estupro, tortura e assassinato de pelo menos 12 mulheres, incluindo sua esposa e sua filha. Ele denominava suas vítimas de *it* ("isso"), enquanto os membros e partes corporais por ele esquartejados recebiam os pronomes *him* ("ele") ou *her* ("ela"). Dessa forma, West reproduzia o episódio de violência em que foi objetificado por seus abusadores, projetando, nas partes de suas vítimas, complexos inconscientes responsáveis pelo entrave que caracteriza sua situação psicológica.

Agora que apresentamos, de um lado, o *trickster* e sua presença na cultura ocidental e, de outro, a perversão e sua presença na clínica da psicanálise e da psicologia analítica, podemos iniciar uma tentativa de aproximação entre esse arquétipo e essa estrutura clínica.

Perversão: identificação com o polo negativo do trickster?

A perversão pode ser compreendida como uma forma de fixação anormal no passado: repete-se de modo compulsivo uma ou mais cenas da infância, justamente pela dificuldade de se confrontá-las conscientemente. Além disso, há também um desprezo pelas regras, lei e autoridade, o que acaba naturalizando a mentira e a trapaça. Todas essas características estão presentes no *trickster*, em seus aspectos de criança-animal.

Essa aproximação pôde ser observada no caso de um paciente, próximo dos 30 anos de idade, que foi atendido ao longo de alguns meses por um dos autores do estudo. De início, o rapaz não trouxe uma queixa específica, e sua demanda parecia confusa, assim como seu discurso. Confrontá-lo sobre o que lhe trazia à clínica parecia inútil, suscitando respostas vagas e megalomaníacas sobre potência, "tornar-se Sol" e atingir o "controle completo" – mencionando, também, algo sobre "usar" o terapeuta como um "índex de sonhos". O paciente apresentava uma voracidade na fala e com frequência confrontava o terapeuta, tornando os atendimentos fatigantes ao extremo, psíquica e fisicamente. Sua produção de sonhos e desenhos era vasta e trazia quase sempre figuras infantis masculinas em situações de abuso por parte de adultos. Ora ele era a criança, ora o adulto. Não tardou para que relatasse ter sofrido diversos episódios de violência por parte do pai, a quem odiava/desprezava, e, mais tarde, ter vivenciado episódios de abuso sexual praticados por ele contra crianças do sexo masculino e animais. O paciente se dizia incapaz de refrear os impulsos que o levavam a cometer tais atos, embora afirmasse não mais os cometer havia alguns anos, quando do tratamento.

Isto suscita as características de compulsão e desejo de vingança, típicas da perversão. Igualmente, no *trickster*, temos a característica de apetite desenfreado. O paciente, além das situações sexuais já mencionadas, apresentava as mais distintas compulsões, seja por substâncias psicotrópicas, alimentos, pessoas idealizadas ou por uma série de ideias persecutórias. Além disso, podemos relacionar sua fixação à infância à característica da perversão da impossibilidade de se superar o passado, que, por sua vez, se relaciona ao *trickster* em seu aspecto de ter “a função de não nos deixar esquecer do ontem” (Jung, 1954/2000). A crueldade e a inconsequência, presentes tanto na perversão quanto no *trickster*, apresentavam-se também no paciente em uma série de excessos e vícios, relativos a horários, cigarros, álcool, alimentação e no trato com suas vítimas.

Temos tanto no perverso quanto no *trickster* a ardilosidade, a engenhosidade, a sedução e a manipulação, simbolizadas, por exemplo, na rede do *trickster* que prende e seduz (Hyde, 2017). O paciente sempre tentava estender o tempo da sessão, tentava sugerir que a quantidade de sessões fosse estendida, sem acréscimo no pagamento, além de também atrasar os pagamentos – e, quando era cobrado pelos atrasos, reagia com rispidez. A proximidade do término das sessões provocava, com frequência, ira, choro e uma espécie de birra no atendido, o que parecia uma forma de manipulação do terapeuta, ao lado dos elogios e desafios que fazia a este. O paciente também se exibia usando termos em latim e em inglês, fazendo referências a conceitos científicos complicados e a seus feitos no campo dos estudos.

Enquanto na perversão temos o fetiche, as bizarrices e a fixação sexuais (Ross, 2013), como a coprofilia, que se relacionam com a escatologia do *trickster* (Hyde, 2017), no paciente tínhamos uma estranha fixação em urina, que era um assunto de todas as sessões. Ele guardava garrafas com sua própria urina durante vários dias. Observamos também, tanto na perversão quanto no *trickster*, a instabilidade e o movimento constantes, o que se apresentava no paciente na forma de mudanças muito frequentes de estado, país e emprego.

A androginia e a homossexualidade, características da perversão e do *trickster*, estavam também ambas presentes no paciente, embora este também se relacionasse com mulheres, configurando algo mais próximo da pansexualidade. O mesmo pode igualmente ser dito da recusa à hierarquia e à moralidade, características do arquétipo e da estrutura clínica aqui examinados, que se apresentavam no paciente em frequentes conflitos com chefes e companheiros de moradia e nos comportamentos sexuais já mencionados.

Um exame apressado do que discorremos até aqui poderia levar à conclusão de que perversão e *trickster* se equivalem. Isso seria equivocado, pois há uma diferença fundamental: o *trickster*, sendo um arquétipo, é composto dos polos positivo e negativo. No caso aqui relatado, o polo positivo, relativo ao *movimento* e à *transformação*, parecia totalmente bloqueado. As relações entre opostos pareciam se dar pela via da enantiodromia: tanto durante as sessões quanto em suas atividades semanais relatadas, o paciente ora parecia possuído pelo polo negativo do *trickster*, agindo de forma inconsequente, cruel, manipuladora e excessiva; ora retornando abruptamente a si, despossuído de qualquer desejo, prazer, ou motivação, relatando uma profunda depressão, que chegava a incapacitá-lo de se levantar da cama por dias. A energia psíquica parecia toda drenada pelo arquétipo inflacionado do *trickster*, agindo, dessa forma, como um arquétipo dissociado, um sabotador do sistema psíquico. A própria mudança constante de casa, trabalho e relações interpessoais, além de associada à indiferença do perverso, parecia também, antes de tudo, uma forma de compensação, externa, a uma terrível estagnação interna.

É esse contraste radical que nos trouxe o *insight* quanto a um possível desdobramento positivo para o caso e, de forma geral, para as raras situações de perversão atendidas pela clínica da psicologia analítica.

Discussão: o paradoxo vida/morte como elaboração tricksteriana da perversão

Como qualquer arquétipo, o *trickster* tem uma função primordial de catalisar a conciliação entre opostos fundamentais que insistem em se apresentar à humanidade em sua longa trajetória, como no caso do paradoxo da vida e da morte. O *trickster*, ao mesmo tempo que produz a confusão, a desordem e a imprevisibilidade, faz isso criando as possibilidades do novo, do rearranjo e da reestruturação, inerentes à pujança da vida. Assim, aponta justamente para esse mistério da transformação, da morte que cria o novo. A perversão, ao contrário, identifica-se apenas com o polo da morte pela morte, que nada cria – pelo contrário, busca destruir o passado por meio de uma repetição que acaba, ironicamente, por eternizá-lo.

O *trickster* é passagem. Hermes, o mensageiro dos deuses do Olimpo, é uma criança que cresce, ou seja, que realiza seu "sacrifício" de deixar a infância para trás, como Jung tão bem conceituou há mais de um século, no texto que também simboliza seu sacrifício rumo ao crescimento independente de Freud. Toda criança é uma semente viva da transformação criativa, ensinando aos demais e possibilitando o nascimento de *nóos*, a mente (Hyde, 2017). Mas não é possível viver virando a mesa o tempo todo: toda criança também precisa ir embora em algum momento. Se fica para sempre, já não é mais uma semente de transformação, mas apenas um agente do caos e representativo da desorientação.

O *trickster* é subversão da ordem. Por meio do roubo do gado de Apolo, Hermes altera a ordem do mundo, lembrando-nos de que nada ficará do jeito como está para sempre. A perversão, ao contrário, é a *compulsão pela subversão*: ao trazer o polo negativo da repetição morta, a fixação enterra justamente o aspecto mutativo da subversão. O *trickster* é a independência, conquistada às custas da decepção dos pais, como acontece com Hermes, que atinge, assim, sua exuberante liberdade.

O movimento, a independência e a liberdade parecem justamente as portas de saída da prisão psíquica que corresponde à perversão paralisante e compulsiva. A partir da criatividade e do potencial transformativo do *trickster*, é possível que se consiga colocar em movimento o Si-mesmo de uma pessoa escravizada pelos polos negativos desse arquétipo. De fato, no caso aqui apresentado, alguma evolução pôde começar a ser vislumbrada justamente quando começamos a iluminar tais possibilidades criativas contidas no próprio arquétipo do *trickster*.

Considerações finais

Buscamos tecer algumas aproximações que permitem vislumbrar uma possibilidade de tratamento dos casos graves de perversão por meio de um contato criativo com o polo positivo do arquétipo do *trickster*. Uma limitação do trabalho foi o espaço de tempo relativamente curto que durou o atendimento, aqui relatado na forma de uma vinheta, que possibilitou o início do vislumbre de uma possível elaboração do caso, mas não a ponto de permitir uma conclusão definitiva. Todavia, esperamos ter contribuído com o avanço da clínica na psicologia analítica em um campo ainda muito pouco explorado.

Desenvolvimentos futuros poderiam relacionar o quadro da perversão e do *trickster* inflacionado a outros arquétipos auxiliares; bem como estabelecer um possível diálogo entre o *trickster* negativo e a situação psicológica do brasileiro, tendo em vista nossas raízes culturais de trapaça, criatividade e manipulação; tanto no enquadre teórico e metodológico aqui utilizado como a partir de outras abordagens, criando novas aberturas e passagens na rede dos conhecimentos que constituem o campo da psicologia analítica.

Referências

Bíblia de Jerusalém. (2002). Paulus.

Henderson, J. L. (1964). Os mitos antigos e o homem moderno. In C. G. Jung (org.), *O homem e seus símbolos* (p. 133-206). Nova Fronteira.

Hyde, L. (2017). *A astúcia cria o mundo: trickster: trapaça, mito e arte*. Civilização Brasileira.

Jesuino, F. M. (2009). *O delírio segundo Freud e Jung: aportes recíprocos e distinções*. Edições UFC.

Jung, C. G. (2011). *Obra completa*. Vozes.

Kawaguchi, D. (2021). Lições do xamanismo Yanomami para a construção de uma subjetividade pós-antropocêntrica. *Revista da Abordagem Gestáltica 27*(3), 328-338.

Kawaguchi, D., & Guimarães, D. S. (2019). Is everybody human? The relationship between humanity and animality in Western and Amerindian myth narratives. *Culture & Psychology 25*(3), 375-396.

Kopenawa, D., & Albert, B. (2015). *A queda do céu: palavras de um xamã yanomami*. Companhia das Letras.

Oliveira, J. D. Q. F. (2011). *A função moral da alma segundo a psicologia analítica* [Monografia de graduação, Universidade Federal do Ceará].

Pieri, P. F. (2002). *Dicionário junguiano*. Paulus.

Radin, P. (1911). The ritual and significance of the Winnebago medicine dance. *The Journal of American Folklore 24*(92), 149-208.

Radin, P. (1956). *The trickster: a study in American Indian mythology*. Philosophical Library.

Ross, F. (2013). *Perversion: a Jungian approach*. Karnac.

Zacharias, J. J. M. (2019). *Exu, meu compadre: uma abordagem analítica*. Sattva.

Sobre os autores

Barbara Tancetti

Psicóloga clínica pela Pontifícia Universidade Católica de São Paulo (PUC-SP), aprimoramento em Psicologia da Maternidade pelo Hospital e Maternidade São Luiz e mestre em Psicologia Clínica no Núcleo de Estudos Junguianos (NEJ/PUC-SP) com o trabalho *Uma câmera toda delas – a mulher nos filmes de Petra Costa: um estudo junguiano*. Coordenadora, desde 2019, de um grupo de estudos sobre psicologia analítica, gênero e feminismo.

Carlos Eduardo Pedroso

Psicólogo pela PUC-SP, atuante na saúde pública (SUS) e mestre em Ensino em Ciências da Saúde pela Universidade Federal de São Paulo (Unifesp).

Carlos Luis Melo Bichuetti

Psiquiatra, membro da Associação Brasileira de Psiquiatria (ABP) e pesquisador do Núcleo de Estudos Junguianos (NEJ) em Psicologia Clínica pela PUC-SP.

Davi de Almeida Lira

Psicólogo pela Universidade Federal do Ceará (UFC) e integrante do Grupo Caminhos Junguianos.

Douglas Kawaguchi

Psicólogo pela Universidade de São Paulo (USP) e professor da Universidade Cruzeiro do Sul (Unicsul), responsável pela disciplina Psicologia da Personalidade, Mestre em Psicologia Experimental pela USP. Doutorando em Psicologia Social e pesquisador do grupo de Ciência Cognitiva da Religião da USP.

Eduardo Arruda Sautchuk

Psicólogo pela Pontifícia Universidade Católica do Paraná (PUC-PR), pesquisador de Psicologia Clínica no Núcleo de Estudos Junguianos (NEJ/PUC-SP), psicoterapeuta clínico e integrante da equipe técnica do Lar Antônia, instituição de acolhimento de crianças em Curitiba/PR.

Fábio Rezeck

Psicólogo, docente do curso de Psicologia da Universidade José do Rosário Vellano (Unifenas), mestre em Ciência da Religião pela PUC-SP, especialista em Teoria Analítica pela Unifenas, especialista em Psico-oncologia pela Faculdade de Ciências Médicas de Minas Gerais e pesquisador do Núcleo de Estudos Junguianos (NEJ/PUC-SP) em Psicologia Clínica.

Gilzete Passos Magalhães

Psicóloga, mestre pelo Programa de Estudos Pós-Graduados em Psicologia Clínica – Núcleo de Estudos Junguianos (NEJ/PUC-SP), docente do curso de Graduação em Psicologia da Faculdade Católica Salesiana (Macaé, RJ) e psicóloga da Associação de Pais e Amigos dos Excepcionais (Apae – Macaé, RJ). Exerce atividades clínicas, de pesquisa e extensão acadêmica.

Giselli Gonçalves

Doutoranda e mestre em Psicologia Clínica pela PUC-SP, vinculada ao Núcleo de Estudos Junguianos (NEJ). Docente de Pós-Graduação em Psicologia Analítica no Instituto Multiprofissional em Clínica e Pós-Graduação (IMCP – Londrina, PR), historiadora, psicóloga clínica, supervisora clínica e coordenadora de grupos de estudo. Pesquisadora de fenômenos religiosos, históricos e culturais sob o enfoque da psicologia analítica.

Irene Gaeta

Psicóloga (1989) e doutora em Psicologia Clínica (2009), ambos pela PUC-SP, professora no curso de Psicologia da PUC-SP, coordenadora da Pós-Graduação em Psicologia Junguiana e Arteterapia na Universidade Paulista (Unip), analista junguiana do Instituto Junguiano de São Paulo – Associação Junguiana do Brasil (AJB), membro da International Association for Analytical Psychology (IAAP), coordenadora do departamento de Arte e Psicologia Analítica da AJB. www.estudos junguianos.com.br

Leonardo Tondato

Psicólogo e historiador. Especialista em psicologia junguiana e psicanálise dos contos de fadas, mestre em Gerontologia Social, membro efetivo da Sociedade Brasileira de Estudos Clássicos (SBEC) e da Associação Brasileira de Estudos Medievais (Abrem), diretor clínico da organização não governamental Or Avrohom e docente convidado dos cursos de pós-graduação em Psicologia Analítica da Unip.

Liliana Liviano Wahba

Doutora em Psicologia. Analista junguiana, membro da Sociedade Brasileira de Psicologia Analítica (SBPA) e da International Association for Analytical Psychology (IAAP). Pós-doutorado pela Faculdade de Medicina da Universidade de São Paulo (FMUSP), professora da PUC-SP, membro da Academia Paulista de Psicologia, diretora de Psicologia da Associação Ser em Cena: Teatro de Afásicos. Pesquisadora de arte e criatividade, desenvolvimento psicológico, cultura e complexos culturais.

Luna Gimenez

Psicóloga pela PUC-SP e mestre em Psicologia Clínica no Núcleo de Estudos Junguianos (NEJ/PUC-SP), com o trabalho *A mulher contemporânea e o feminino: um estudo com mulheres inseridas no mercado de trabalho*. Coordenadora, desde 2019, de um grupo de estudos sobre psicologia analítica, gênero e feminismo.

Mateus Donia Martinez

Psicólogo pela PUC-SP, mestre e doutor em Psicologia Social pela USP. É membro do InterPsi – Laboratório de Processos Psicossociais: crença, subjetividade, cultura & saúde, da USP.

Michel Alexandre Fillus

Psicólogo, mestre e doutor em Psicologia Clínica no Núcleo de Estudos Junguianos (NEJ/PUC-SP), atua como docente do curso de Psicologia da PUC-PR e em cursos de especialização em Psicologia Analítica pelo Brasil. Pesquisador de sonhos, desenvolvimento e métodos em psicologia clínica. Atuante em consultório particular em Curitiba, PR, no atendimento de crianças, adolescentes e adultos. Supervisor clínico.

Patricia Cristina De Conti

Doutora e Mestre em Psicologia Clínica pela PUC-SP, no Núcleo de Estudos Junguianos (NEJ). Especialista em Psicologia Analítica pela Coordenadoria Geral de Especialização, Aperfeiçoamento e Extensão (Cogeae) pela mesma universidade. Psicóloga clínica, supervisora de casos clínicos e coordenadora de grupos de estudo. Autora de livros e pesquisas sobre relacionamentos amorosos e mitologias sobre o enfoque da psicologia analítica.

Raul Alves Barreto Lima

Psicólogo, Mestre e Doutor em Psicologia Clínica no Núcleo de Estudos Junguianos (NEJ/PUC-SP) e assessor técnico na Secretaria Municipal de Assistência e Desenvolvimento Social (Coordenação de Proteção Social Especial). Autor do livro *Vozes do feminismo e a psicologia analítica*.

Ricardo Nogueira Ribeiro

Psicólogo e professor assistente da Universidade Estadual do Ceará (UECE), lotado na Faculdade de Educação de Itapipoca (Facedi). Mestre em Psicologia Social pela USP e membro do InterPsi – Laboratório de Processos Psicossociais: crença, subjetividade, cultura & saúde, da USP.

Sylvia Mello Silvia Baptista

Psicóloga pela PUC-SP, analista junguiana membro da Sociedade Brasileira de Psicologia Analítica (SBPA) e da International Association for Analytical Psychology (IAAP), mestre em Psicologia Clínica pela PUC-SP, professora, escritora, supervisora clínica, coordenadora do Núcleo de Mitologia e Psicologia Analítica (MiPA) da SBPA (2009-2018). Autora dos livros *Arquétipo do caminho* (Casa do Psicólogo), *Venenos e antídotos: ensaios sobre a clínica junguiana e mitologia grega* (Appris), entre outros.

Teresinha Zimbrão da Silva

Graduação em Letras (1990) pela Universidade do Estado do Rio de Janeiro (Uerj), graduação em Matemática (1987) pela Universidade Federal do Rio de Janeiro (UFRJ), doutorado em Literatura (1994) pela University of Newcastle Upon Tyne, especialização em Psicologia Junguiana (2006) pelo IBMR-RJ, pós-doutorado em Literatura (2007) pela Pontifícia Universidade Católica do Rio de Janeiro (PUC-RJ), pós-doutorado com a pesquisa *Literatura, psicologia e espiritualidade* (2017), em Ciência da Religião da Universidade Federal de Juiz de Fora (UFJF) e Psicologia da Universidade Federal de São João del-Rei (UFSJ). Desde 2015, professora titular da UFJF, onde trabalha desde 1997 como professora da graduação e da pós-graduação em Letras (mestrado na área e, desde 2007, doutorado em Estudos Literários). Experiência na área dos Estudos Literários, com ênfase em Literatura Brasileira (Machado de Assis, Guimarães Rosa e Clarice Lispector), com produção bibliográfica nos seguintes temas: apropriações literárias, identidade cultural, interdisciplinaridade, literatura e psicologia junguiana, literatura e espiritualidade.

Walter Mello

Docente no Departamento de Psicologia da UFSJ, docente do Programa de Pós-Graduação em Psicologia da UFSJ e docente do Programa de Pós-Graduação em Psicologia da UFJF. Coordenador do Grupo Caminhos Junguianos, inscrito no Diretório de Grupos de Pesquisa do CNPq. Coordenador do GT Epistemologia e Interfaces da Psicologia Analítica, de 2016 a 2020, vinculado à Associação Nacional de Pesquisa e Pós-graduação em Psicologia (Anpepp) e atual integrante dela. Membro do Conselho Pedagógico do Groupe Carl Gustav Jung de Paris. Psicólogo pela Uerj. Mestre em Psicologia Clínica pela Pontifícia Universidade Católica do Rio de Janeiro (PUC-Rio). Doutor em Psicologia Social pela Uerj. Pós-doutor pela Sorbonne.

Wellington Zangari

Psicólogo, mestre em Ciências da Religião pela PUC-SP, doutor em Psicologia Social pela USP e pós-doutorado em Psicologia Social pela USP, com estágio na Division of Personality Studies – University of Virginia. Professor Doutor do Departamento de Psicologia Social e do Trabalho do Instituto de Psicologia da USP, com dedicação exclusiva à docência e à pesquisa, ministrando aulas na graduação e na pós-graduação, bem como orientando pesquisas de iniciação científica, mestrado, doutorado e pós-doutorado. Coordenador do Programa de Pós-Graduação em Psicologia Social do Instituto de Psicologia da USP. Segundo líder do Laboratório de Psicologia Social da Religião e coordenador do InterPsi – Laboratório de Estudos Psicossociais: crença, subjetividade, cultura & saúde. Coordenador do Grupo de Estudos Ci.Cress: Ciência, Crença, Sentido e Saúde, do Instituto de Estudos Avançados da USP. Honorary research fellow do Brain, Belief and Behaviour Lab – Coventry University. Vice-coordenador do GT Psicologia & Religião da Associação Nacional de Pesquisa e Pós-Graduação em Psicologia (Anpepp) e colaborador da Comissão de Orientação e Fiscalização do Conselho Regional de Psicologia de São Paulo (2014-2016).

EDITORA VOZES LTDA.
Rua Frei Luís, 100 – Centro – Cep 25689-900 – Petrópolis, RJ
Tel.: (24) 2233-9000 – E-mail: vendas@vozes.com.br